저는 마음속으로 이런 책이 나오기를 간절히 바라고 있었습니다. 이 책을 읽는 내내 마음속에서 어떤 시원함이 밀려오는 것을 느꼈습니다. 선교적으로 혹은 목회적으로 벽에 부딪힌 한계 상황을 성령 운동으로 극복해 보려는 성장의 욕구들이 여러 불건전한 신비주의를 조장하고 있습니다. 역사적으로 불건전한 신비주의가 건강한 교회의 성장에 이바지한 적은 거의 없습니다. 모든 경건은 모든 신비입니다. 그리고 그 경건은 분명한 성경과 신학을 통해 역사하시는 성령의 은혜로 인한 것입니다. 이 책은 지난날 토론토 블레싱으로부터 시작해서 치유, 방언 논쟁 심지어 금니 소동까지 다루고 있습니다. 그리고 참으로 온전한 성령의 역사가 교회 안에서 일어날 때 교회가 어떤 모습이 되는지를 그리고 있습니다. 이 책은 그리스도의 몸인 교회를 향한 저자의 사랑을 보여 줍니다. 강학에 파묻힌 메마른 학자가 아니라 목회적 따스함과 신학적 명쾌함을 동시에 갖춘 책입니다. 모든 목회자들이 그리고 평신도들이 함께 이 책을 읽으며 분별력을 갖기 바랍니다.

김남준 | 열린교회 담임목사, 총신대 실천신학 교수

기독교 신앙의 자랑과 기쁨을 나누는 일은 행복한 일입니다. 반면 기독교 신앙 생활에서 일어나는 왜곡과 오해를 지적하는 일은 괴로운 일입니다. 잘못을 지적할 때면 부끄러운 허물이 드러나기 때문입니다. 이런 고통을 감수하며 성령과 관련된 한국 교회의 신앙 문제를 지적하는 박영돈 교수의 작업은 정죄를 위한 것이 아닙니다. 이 수고는 잘못을 교정하는 괴로운 과정을 거쳐야 누릴 수 있는 신앙의 부요함으로 우리를 인도합니다.

    성령과 그분의 일하심에 관한 문제는 다만 신앙의 체험과 확인의 문제로 그치는 것이 아닙니다. 이 주제는 성경 이해의 틀과 관련되며 하나님이 일하시는 방식과 긴밀히 연결된다는 점에서 매우 중요한 사안입니다. 또한 성령의 역사는 신앙 생활의 독특한 한 국면으로 축소될 수 있는 것이 아닙니다. 신자가 성경으로 돌아

가 하나님의 일하시는 방법을 바르게 이해하고 그 방법에 순종으로 반응하는 일, 곧 신앙 생활의 본질 자체가 성령 사역의 목적이라고 할 것입니다.

현실이라는 숨 가쁜 신앙의 도전 앞에 내몰리다 보면 우리는 눈을 들어 멀리 보며 자신의 위치를 점검할 여유가 없고 방향을 놓칠 수도 있습니다. 이런 신앙 현실에서 다시금 우리가 처한 자리를 점검하고 나아갈 길을 찾는 데 이 책이 많은 도움이 될 것이라 생각합니다. 진심과 열정 그리고 헌신이 가득한 한국 교회가 이 책을 통해 성경이 그려내는 깊고 건강한 신앙으로 안내받길 바랍니다.

박영선 | 남포교회 담임목사, 합동신학대학원 실천신학 교수

이성과 이데올로기의 우상들이 무너진 포스트모던 시대에는 감성과 영성이 새로운 우상으로 떠올랐습니다. 교회로 하여금 극단으로 치우치지 않도록 하나님의 말씀을 바탕으로 한 성경적 성령론이 그 어느 때보다도 필요합니다. 박영돈 교수의 「일그러진 성령의 얼굴」은 일그러진 교회의 얼굴을 교정하는 데 크게 유익한 책입니다.

이문식 | 광교산울교회 담임목사

진리와 생명의 영이자 그리스도의 영이신 보혜사 성령의 역사가 뜨거운 감자가 되어버린 안타까운 현실을 바라보며 성령의 역사를 균형 잡힌 참여자의 시각에서 풀어가는 시의적절한 책입니다. 우리 자신과 주변에서 흔히 경험할 수 있는 영적 현상들을 바로 이해할 수 있는 안목과 이에 대한 성경적 대안을 명확하게 제시하고 있습니다. 성령의 인도와 충만함으로 건강하고 역동적인 그리스도인의 삶을 살기 원하는 모든 분들께 필독을 권합니다.

성주진 | 합동신학대학원대학교 구약학 교수

한국 교회에 불건전한 성령 운동과 집회로 인해 성령에 대한 오해와 혼란이 증폭되고 있는 상황에서 이 책은 잘못된 성령 운동과 건전한 성령의 사역을 잘 분별할 수 있도록 가이드 역할을 해줍니다. 목회자들과 교인들이 가장 궁금해하는 혼란스러운 문제들을 성경적으로 분별할 수 있는 예리한 통찰이 빛나는 책입니다. 균형 잡힌 시각에서 성령의 은사와 체험을 조명했을 뿐 아니라 평신도까지도 읽을 수 있게 쉽게 썼다는 점이 이 책의 묘미입니다.

한정건 | 고려신학대학원 구약학 교수

박영돈 교수의 「일그러진 성령의 얼굴」은 무분별한 '성령 운동'으로 영적 혼란에 빠져 있는 한국 교회에 하나의 길잡이가 될 수 있는 좋은 안내서입니다. 그는 극단적인 은사주의와 극단적인 은사중지론 사이에서 성경적인 관점으로 균형을 잡아 나갑니다. 독자들은 저자가 이 책에서 다루고 있는 쟁점들에 대한 주장에 모두 동의할 수는 없을지도 모릅니다. 그러나 저자가 성경적 관점에서 필사적으로 유지하려고 하는 건전한 균형 감각을 배우는 것이 필요할 것입니다.

현요한 | 장신대 조직신학 교수

일그러진 성령의 얼굴

IVP(InterVarsity Press)는
캠퍼스와 세상 속의 하나님 나라 운동을 지향하는
IVF(InterVarsity Christian Fellowship)의 출판부로서
생각하는 그리스도인을 위한 문서 운동을 실천합니다.

일그러진 성령의 얼굴

박영돈

차례

머리말 11

1장 뒤틀린 성령의 음성 15

직통 계시를 받는 사람들 | 천국을 들락거리는 사람들 | 예언자인가, 점쟁이인가 | 정말 하나님이 말씀하셨을까 | 세미한 음성 가운데 계시는 성령 | 영적인 폭력 | 성령의 약하심

2장 성령의 얼굴에 나타나는 수줍음 55

거룩한 수줍음 | 금니 소동 | 성령의 원리인가, 무신론의 원리인가 | 과연 성령의 뜻일까 | 성령을 팔아서 사기 치는 자들 | 기독교 신앙의 근간을 뒤흔드는 성령 운동 | 성부 하나님이 소외된 성령 체험 | 성령 체험의 삼박자

3장 치유는 과연 하늘의 터치인가 85

성행하는 치유 집회 | 월요 치유 집회 방문기 | 방문 후기 | 지금도 기적적인 치유가 일어나는가 | 성경 시대의 치유 | 성경 시대의 치유와 오늘날의 치유의 연속성과 불연속성 | 왜 오늘날에는 치유 기적이 잘 나타나지 않을까 | 기적인가, 의술인가 | 왜 많은 사람들이 고침받지 못하는가 | 고쳐 주시지 않는 신비 | 영광의 신학 | 영적인 사기 | 치유 사역의 필요성 | 치유 사역의 지침

4장　방언은 과연 하늘의 언어인가 141

한국 교회를 다시 강타한 방언 열풍 | 하늘의 언어 | 방언, 정말 하늘의 언어인가 | 방언은 고귀한 하늘의 언어 | 방언은 모든 신자가 받아야 할 은사인가 | 지금도 방언은 존재하는가 | 방언에 대한 잘못된 견해 | 방언에 대한 균형 잡힌 견해

5장　성령의 불세례를 받았는가 189

성령의 불세례를 받은 제자들에게 나타난 놀라운 변화 | 구약에도 계셨던 성령이 오셨다는 말은 무슨 뜻인가 | 지금도 성령의 불세례를 기다려야 하는가 | 믿은 후에 성령 세례를 받은 사례가 있는가 | 믿은 후 성령을 받은 유일한 사례 | 성령 세례에 대한 확실한 성경적 증거는 전무하다 | 성령 세례 교리가 이 시대에 유행하는 이유 | 전무후무한 은혜를 헛되게 하지 말라

6장　오순절로 돌아가는 길 219

오순절에 임하신 성령 | 오순절로 돌아가는 길을 막는 새로운 십자가 | 십자가의 능력이 떠난 강단 | 시들게 하는 성령의 바람 | 죽음을 통한 새 생명 | 살았다고 하나 죽은 교회 | 열린 하늘 체험 | 성령으로 충만하라 | 실패한 이들을 위한 은혜

주 249

머리말

최근 한국 교회에 성령에 대한 관심이 크게 고조되고 있다. 수십 년 전에 한국 교회를 휩쓸고 지나간 방언 열풍이 다시 불고 신유 집회가 인산인해를 이루며 예언과 환상과 신비 체험을 추구하는 이들의 수가 부쩍 늘어나고 있다. 이에 부응하여 온갖 은사 집회에서 나타나는 기이하고 무질서한 현상들이 성령에 대한 오해와 혼란을 증폭시키고 있다. 어디까지가 성령의 역사이고 어디서부터가 미혹하는 영의 장난인지 분별하기가 어렵다. 소위 '성령 집회'라는 곳에서도 성령의 얼굴을 분간하기가 어렵다. 그만큼 왜곡된 가르침과 사역으로 인해 성령의 형상이 일그러져 있기 때문이다. 광명의 천사로 위장하는 데 명수인 마귀는 성령의 얼굴도 모방한다. 성령 집회라는 모임에서 성령의 얼굴과 마귀의 얼굴이 혼재되어 나타나며 성령의 사역자라는 이들에게서 두 얼굴이 교차되어 나타나기도 한다. 그러므로 그 어느 때보다 성령의 얼굴과 거짓 영의 얼굴을 구별하는 날카로운 영적 분별력이 절실히 요구된다. 신비로운 성령의 역사라는 베일 속에 숨어 똬리를 틀고 있는, 미혹하는 영의 정체를 파헤쳐 드러내고 성경 말씀을 통하여 참된 성령의 얼굴을 재발견하는 것은 한국 교회가 직면한 긴급한 과제다.

소위 '성령 운동'을 한다는 이들은 성경으로 입증될 수 없는 영적인 현상을 비판하면 성령의 역사를 훼방한다고 겁박하며, 신기하고 초자연적인 현상으로 사람들을 제압하여 객관적이고 냉철한 판단력을 마비시킨다. 성령의 주권적이고 자유로운 역사하심이라는 허울 아래 성경의 레이더망을 교묘히 피해 가려 한다. 그러나 진리를 혼잡하게 하는 미혹의 영이 활개치는 영적인 세계에서 진리의 잣대를 가지고 다양한 영적인 현상을 진단하는 것은 우리에게 주어진 중대한 사명이다. 성령의 자유로운 역사를 제한한다는 생각으로 성경적인 검증을 회피하는 것은 오히려 성령의 뜻을 거스르는 행위다.

그럼에도 이렇게 혼란스러운 영적 현상들을 성경적으로 진단하여 교인들이 올바르게 판단하도록 돕는 글이나 책을 발견하기가 힘든 실정이다. 영적인 체험이나 성령의 사역이 워낙 신비하고 주관적이다 보니 이론 신학을 연구하는 이들이 다루기를 꺼리기 때문이기도 하다. 게다가 괜한 시비에 말려들기 싫은 보신주의도 여기에 한몫을 한다고 볼 수 있다. 사실 필자도 지금까지 그런 성가신 일에 끼어들기 싫어 나 아니라도 누군가 하겠지 하는 생각으로 방관해 왔다. 그러나 사태가 더욱 혼란스러워지는 것을 보면서 계속 뒷짐만 지고 있을 수는 없게 되어 부득불 이 책을 쓰게 되었다.

본서에서 필자는 최근 한국 교회에 일어나고 있는 영적인 현상들을 성경적으로 분석해 보았다. 금니 소동, 쓰러지는 현상, 천국 증언, 예언, 방언, 치유, 성령의 불세례 등 교인들이 매우 혼란스러워하면서도 어떻게 받아들여야 할지 몰라 심히 당혹스러워하는 문제들을 다루었다. 그런 현상에서 과연 성령의 얼굴을 엿볼 수 있는지를 탐색해 보았고 성경을 통해 참된 성령의 얼굴을 분별하는 척도가 무엇인지를 살펴보았다. 더불어 지금 한국 교회가 가장 필요로 하는 성령 체험이 무엇인지를 밝혔다.

비록 필자는 보수적 신학을 가르치고 있지만 성령의 초자연적이고 신비한 역사에 대해 성경이 허용하는 한도 내에서는 열린 자세를 취하려고 한다. 극단적인 입장을 따르는 이들과는 달리, 방언과 치유의 은사가 중지되었다고 보지 않는다. 이 책에서도 은사에 대해 지나치게 치우친 견해와 은사의 남용을 비판하였으나 그 은사 자체를 부인하거나 은사 사역의 중요성을 무시하지는 않았다. 오히려 은사를 올바르게 이해하고 활용할 수 있도록 성경적인 가이드를 제시하였다.

본서는 특정한 사람들만을 위한 전문적인 신학 도서가 아니라 모든 그리스도인들을 대상으로 한다. 그래서 일반 교우들도 부담 없이 읽을 수 있도록 복잡한 신학적인 개념과 논의를 최대한 쉬운 언어로 풀어 보려고 노력하였다. 부디 영적으로 혼탁한 이 시대에, 부드러운 성령의 얼굴을 분별하기 원하는 모든 이들에게 이 책이 작게나마 도움이 되기를 바란다.

끝으로, 그동안 이 책의 저술을 위해 기도해 주신 교우들과 신학생들 그리고 기꺼이 책 출간을 허락해 주신 IVP에 심심한 감사를 표한다.

2010년 12월

박영돈

1장

뒤틀린
성령의 음성

직통 계시를 받는 사람들

우리는 성경을 통해서만 성령의 근본적인 사역이 무엇이며, 그 사역의 특성과 패턴이 무엇인지를 파악할 수 있다. 성경은 그리스도 안에서 하나님의 가장 깊은 비밀인 삼위일체와, 삼위 하나님이 계획하신 구원의 경륜과 뜻을 밝히 계시해 준다. 성령은 성경에 계시된 이 진리를 따라 역사하신다. 그러므로 성령은 진리의 영이시다(요 14:17 참조). 예수님은 "그[성령]가…내 것을 가지고 너희에게 알리시겠음이라"(요 16:14)라고 말씀하셨다. 곧 예수님과 그분의 구속 사역에 관한 진리를 증거하신다는 말씀이다. 성령은 자유하시지만 그리스도 안에 계시된 진리의 테두리를 벗어나 일하시지 않는다. 이것이 성령이 예수님과의 관계 그리고 그분을 증거하는 성경 말씀과의 관계에서 보이시는 겸손하심이다.

그러므로 어떤 영적인 현상이 성령의 역사인지 아니면 미혹의 영의 장난인지를 분별하는 척도는 성경이다. 성령의 자유로운 역사를 제한하면 안 된다는 논리로 냉철한 성경적 검증과 분별을 거부할 때, 교회 안에는 봇물 터지듯 온갖 종류의 사이비 가르침과 미혹하는 영의 역사가 밀려들게 될 것이다. 그러므로 말씀의 굴레에서 벗어난 성령 운동은 이단들이 득실거리는 온상이 된다. 성경으로 입증되지 않은 영적인 현상과 체험을 비판이라도 하면 성령의 역사를 훼방하고 성령을 소멸한다는 식으로 위협하고 저주하는 것이 사이비 성령 운동의 상투적인 수법이다. 그들은 항상 성령의 주권적이고 자유로운 역사하심이라는 허울 아래 성경의 가르침을 교묘히 피해 가려 한다.

그러므로 아무리 굉장한 표적과 기적이 일어났을지라도 그것을 무턱대고 성령의 역사로 받아들여서는 안 된다. 성경은 거짓 선지자와 사탄도 이적과 기사를 행하니 거기에 미혹되지 말라고 가르친다(마 7:15-16; 딤전 4:1, 7; 살후 2:9-10 참조). 성경은 분명히 "영을 다 믿지 말고 오직 영들이 하나님께 속하였나 분별하라. 많은 거짓 선지자가 세상에 나왔음이라"(요일 4:1)라고 가르친다. 따라서 진리의 잣대를 가지고 잡다한 영적인 현상을 진단하는 것은 우리에게 주어진 중대한 사명이다. 성령의 자유로운 역사를 제한할까 두려워 성경적인 검증을 회피하는 것은 어리석은 일이며 오히려 성령의 뜻을 거스르는 것이다. 성령을 가장하는 미혹의 영의 자유로운 역사에 문을 활짝 열어 주는 것이나 다름없다.

성령은 성경에 계시된 진리와 상충되는 가르침을 통해 역사하시지 않는다. 그분은 그 누구에게도 재림 날짜를 계시하지 않으신다. 그것은 그때와 시기는 아무도 모른다는 예수님의 말씀이 성경에 분명히 기록되어 있기 때문이다. 과거 한국 교회를 떠들썩하게 한 시한부 종말론을 주장했던 '다미 선교회'라는 집단은 1992년 10월 28일에 주님이 재림하신다는 계시를 받았다고 굳게 믿었다. 그러나 그날 아무 일도 일어나지 않았고 그들이 받았다는 계시는 결국 성령으로부터 받은 것이 아님이 드러났다. 이 사건은 성경 말씀과 상충되는 메시지는 그것이 아무리 신비한 체험을 통해 들려 올지라도 성령의 음성이 아니라 다른 영의 속삭임이라는 사실을 분명하게 보여 준다.

또한 성령은 성경이 알려 주지 않은 것을 계시하시지 않는다. 바울에게 있었던 가시가 무엇이었는가에 대해 궁금해하는 이들이 많다. 그에 대한 많은 추측과 해석이 있다. 그러나 그 모든 이론은 하나의 가설에 불과할 뿐이다. 어느 누구도 그것이 무엇이었는지 확실히 알 수 없다. 성경이 침묵하고 있기 때문이다. 그러면 성령도 성경 말씀을 따라 침묵하신다.

천안에 있는 어떤 교회의 목사는 바울에게 있었던 육체의 가시가 무엇이냐고 하나님께 여쭈었더니 그것이 욕창이었다고 성령이 말씀하셨다고 한다. 하나님이 아직 아무에게도 알려 주지 않았는데 자신에게만 특별히 알려 주는 것이라고 하시며 가르쳐 주셨다는 것이다. 그는 과연 성령의 계시를 받은 것인가? 그는, 성령이 아니라 미혹의 영이나 자신 안의 어떤 음성을 들은 것이 틀림없다.

필자가 교수 사역을 하고 있는 신학대학원에 그 목사를 추종하는 한 여자 신학생이 있었다. 그녀는 직통 계시를 받는다는 그에게 완전히 매료되어 그를 거의 하나님 수준으로 추앙했다. 필자는 학생처장을 맡고 있었기에 그녀와 몇 차례 면담을 했다. 그녀를 설득해 보려 했으나 도무지 필자의 말에 귀를 기울이려 하지 않았다. '신학 나부랭이나 논하며 땅에서 박박 기는 신학 교수가 높은 영계를 자유자재로 넘나들며 하나님과 직통하는 신령한 주의 사자를 어찌 알겠는가'라고 생각하는 모양이었다.

그 목사는 하루가 멀게 입신하여 천국과 지옥을 갔다 온다고 한다. 그리고 거기서 본 것들을 교인들에게 자주 이야기해 주는데, 지금 지옥에서 박정희 대통령이 극심한 고통을 받고 있고 천국의 삼층천에서는 솔로몬이 술람미 여인과 열애 중에 있다고 한다. 그런 말이 대부분의 교인들에게는 황당하게 들리겠지만 그 영계의 거성에게 푹 빠져 있는 그녀와 그 교회의 교인들에게는 어떤 성경 말씀보다 은혜가 되는 천상의 메시지로 들린다.

천국을 들락거리는 사람들

요즘 입신하여 천국에 다녀온다는 이들이 많다. 토머스 주남(Choo Thomas) 여사가 쓴 「천국은 확실히 있다」(*Heaven Is So Real*, 서울말씀사 역간)라는 책이 날개 돋친 듯이 팔렸다. 영문판이 세계 각국어로 번역되었고 필자가 가지고 있는 한글 번역본은 무려 83쇄본이다. 그만큼 천국 체험담에 대한 사람들의 관심이 많은 모양이다.

주남 여사는 그 책에서 자신이 과거 7년 동안 천국을 열일곱 번 다녀온 경험을 기록하였다. 예전에 시한부 종말론이 기승을 부릴 때도 천국을 보았다고 증언하는 책들이 쏟아져 나왔다. 하지만 재림 날짜에 대한 예언이 빗나가자 사람들의 관심을 그토록 끌던 그들의 천국 체험담은 외면당하고 거의 폐기처분되었다. 그러다가 주남 여사의 책으로 다시 천국 체험에 대한 관심이 일어나기 시작한 것이다.

그리스도인들은 이런 책을 어떻게 평가해야 할까? 이런 천국 체험담을 검증할 수 있는 어떤 잣대나 기준을 성경에서 발견할 수 있을까? 물론 어떤 특별한 영적 체험의 가능성을 완전히 부인할 수는 없다. 그러나 그런 경험은 극히 주관적일 뿐 아니라 환상적인 것이어서 그것이 참된 영적 체험인지를 입증할 만한 객관적인 근거가 전혀 없다. 그녀의 말이 참일 수도 있고 새빨간 거짓말일 수도 있다. 전적으로 독자가 어떻게 믿느냐에 달려 있다.

만약 그것이 꾸며냈거나 환각에서 비롯된 것이라면 순진하게도 그 말을 굳게 믿은 이들은 완전히 바보가 되는 셈이다. 반면에 그 말이 그녀의 영적 체험에서 나온 진술인데도 믿지 않았다면 성령의 계시를 의심하고 불신한 과오를 범한 것인가? 그렇지 않다. 비록 그 진술이 그녀의 어떤 영적 체험에서 나온 것이라 할지라도 그것이 성령의 계시나 역사라는 확실한 성경적 근거가 없기 때문이다. 의심스러운 것은 그대로 믿기보다는 의구심을 가지는 편이 훨씬 지혜로운 일이며 성경 말씀을 신앙과 체험의 척도로 삼는 것이 올바른 신앙의 자세다. 그녀는 주님이 친히 그 책을 쓰라고 말씀하셨다는 것을 거듭 강조한다. 주님이 마지막 때에 많은 영혼들을 주님께 돌아오게 하는 지상 명령을 성취하시기 위해 그 책을 쓰게 하셨다는 것이다.[1] 과연 그럴까? 그녀는 지옥의 불구덩이에서 자신의 어머니와 친구들이 고통받는 장면을 보았다고 한다. 그 비참한 광경을 목격하고 슬퍼하는 자신을 위로하며 주님이 이렇게 말씀하셨다고 한다.

딸아, 나는 네가 그들을 보는 것이 얼마나 가슴 아픈지 알고 있다. 그러나 너는 나를 위해 쓰는 책에 이 체험을 반드시 기록하여야 한다. 이것이 네 부모와 친구들을 보여 준 이유다. 너는 세상 사람들에게 지옥의 실상을 경고해야만 한다. 내가 나의 교회를 내게로 거두어들이기 위해 재림하기 전에 될 수 있는 한 많은 영혼들이 구원받기를 원한다.[2]

이 대목에서 베일에 가려진 미혹의 영이 그 모습을 슬며시 드러낸다. 주님이 하셨다는 이 말은 성경에 기록된 주님의 말씀과는 아주 다르다. 누가복음 16장에 보면 나사로와 부자의 예화가 등장한다. 여기에서 나사로는 죽어 하늘에 올라가 아브라함의 품에 안겼고 부자는 죽어 음부에 내려가 고통을 받으며 아브라함을 보고 이렇게 애원한다.

그러면 아버지여, 구하노니 나사로를 내 아버지의 집에 보내소서. 내 형제 다섯이 있으니 그들에게 증언하게 하여 그들로 이 고통받는 곳에 오지 않게 하소서. 아브라함이 이르되 그들에게 모세와 선지자들이 있으니 그들에게 들을지니라. 이르되 그렇지 아니하니이다. 아버지 아브라함이여, 만일 죽은 자에게서 그들에게 가는 자가 있으면 회개하리이다. 이르되 모세와 선지자들에게 듣지 아니하면 비록 죽은 자 가운데서 살아나는 자가 있을지라도 권함을 받지 아니하리라. (눅 16:27-31)

이 예화를 통해 주님이 우리에게 가르쳐 주시는 진리는 무엇인가? 성경 말씀, 즉 모세와 선지자들로 대변되는 구약 성경의 말씀을 듣지 않으면 아무리 죽은 자가 살아나서 지옥의 고통을 생생하게 증언해도 별 효과가 없다는 것이다. 사람들은 일반적으로 예화 속의 부자같이 성경 말씀보다는 죽었다가 살아난 자가 전하는 지옥과 천국에 대한 생생한 증언을 사람들이 더 잘 믿으리라 생각한다. 그러나 주님의 판단은 그렇지 않다. 주남 여사는 이러한 주님의 말씀과 상충되는 세상적인 생각을 주님의 음성과 말씀인 것처럼 위장하여 전하고 있다. 이것은 전형적인 미혹의 영의 역사다.

주님은 죽어서 실제 천국을 경험하고 지옥을 목격한 사람이 살아서 지상으로 돌아와 그 본 것을 증언해도 별 효과가 없다고 하셨다. 그렇다면 주남 여사의 증언은 훨씬 더 효과가 없을 것이다. 그녀는 죽어서 실제 천국과 지옥을 체험하고 부활해서 그것을 증언하는 것이 아니기 때문이다. 단지 어떤 환상 속에서 체험한 것을 진술하고 있을 뿐이다. 그러니 죽었다가 부활한 사람의 증언보다 훨씬 더 신빙성이 떨어질 것이다. 이런 황당한 이야기를 통해 사람들을 주님께로 돌이키게 하는 것이 주님의 뜻이라는 주장은 성경에 분명히 계시된 주님의 말씀을 뒤집어엎는 것이다.

그리스도 안에서 완성된 계시의 말씀을 통해 사람들을 믿게 하는 것이 성경에 분명히 밝혀진 주님의 뜻이다. 이 복음을 듣고 믿지 않는 이들은 천국과 지옥에 대한 어떤 증언을 들어도 믿지 않는다. 믿음은 오직 성령의 감동으로만 가능한 것이다. 성령의 감동은 복음의 진리를 통해 역사한다. 이 복음의 진리를 제쳐놓고 허황된 천국 이야기에 집착하는 이들에게는 미혹하게 하는 어둠의 영의 은밀한 역사가 함께한다. 천국을 봤다거나 경험했다고 주장하는 것이 이단의 상투적인 특징이다. 제칠일 안식교의 여선지자로 잘 알려진 앨런 화이트(Allen White)도 천국을 자주 들락거렸다고 한다. 하루는 하늘의 지성소에 들어가 십계명 돌비를 보았는데 제4계명(안식일을 기억하여 거룩하게 지키라)에만 특별히 황금 띠가 둘려 있는 것을 보았다고 한다.[3] 이런 천국 체험담이 성경 말씀보다 더 권위 있게 받아들여져 안식교에서는 제4계명에 특별한 역점을 둔다. 몰몬교의 창시자인 조셉 스미스(Joseph Smith)도 자신이 받았다는 하늘의 계시와 환상을 성경과 동등하게 취급하였다.

천국에 관한 이야기는 사람들의 호기심을 자극할지는 모르나 하나님에 대한 온전한 믿음을 갖게 하지는 못한다. 오히려 사람들의 관심을 성경 말씀에서 분리시켜 허황된 신화에 쏠리게 하고 말씀을 통해 믿음을 자라게 하시는 성령의 역사를 방해하며 복음의 진리를 혼잡하게 하는 결과를 초래할 수 있다.

주남 여사는 천국을 방문할 때마다 몸에 심한 진동과 진통을 경험했다고 한다.

> 나는 내 몸이 침대에서 들려지는 것 같은 이상한 느낌이 들었습니다. 무슨 일이 일어나는지도 모르면서 나는 비명을 지르며 두 팔을 마구 휘두르기 시작했습니다. 뱃속에 있는 것들이 떨어져 나가는 것 같았습니다.[4]···잠자리에 들려고 할 때 내 몸이 매일 저녁 8시쯤 되면 주님의 권능으로 인해 진동을 시작한다는 것을 깨달았습니다. 이렇게 진동이 오는 동안에는 성경을 읽거나 기도를 했습니다. 그런 다음에 침대에 누우면 5분 내지 10분 동안 나의 몸은 아주 격렬하게 진동했습니다. 그 과정에서 나의 위장은 조여들고 복부에 경련이 일어나곤 했습니다.[5]···때로 초저녁에 주님과 두서너 시간을 함께 일하는 경우에도 나는 지쳐 잠들어 버렸고 그러면 주님은 새벽 2시나 3시에 나를 깨우셔서 다시 두세 시간 일을 하게 하셨습니다. 그런 밤을 보내고 난 다음 날에는 몸이 너무나 지쳐서 얼굴이 수면 부족으로 인해 퉁퉁 부어올라 있었습니다.···주님은 내 손을 사용하셔서 머리끝에서부터 발끝까지 내 몸의 모든 부분을 반복해서 만지셨습니다. 나는 마치 때를 씻어 내는 것처럼 손으로 나의 몸 전체를 문지른 다음 다시 더러워진 손을 씻어 내는 것같이 양손을 잡곤 하였습니다. 이 모든 것들을 내게 지시하신 분은 성령이셨습니다.[6]

이렇게 몸을 만지거나 괴롭게 하는 것이 과연 성령의 역사라고 할 수 있는가? 그녀의 책에는 이같이 도저히 성경적이라고 볼 수 없는 해괴한 이야기들로 가득하다. 성경은 신비한 체험을 자세히 간증하거나 진술하는 것을 전혀 권장하지 않는다. 오히려 그런 행동이 아무런 유익과 의미가 없고 역효과만 자아낼 수 있다는 점을 주지시킨다. 그렇기에 바울 사도는 참으로 삼층천에 다녀온 체험을 했음에도 그것에 대해 침묵하였다. 사람들이 지나치게 생각할까 봐 그에 대해 말하는 것을 자제하였다(고후 12:1-6 참조).

어째서 바울 사도는 그 놀라운 천국 체험담을 주남 여사처럼 그의 서신서에 기록하지 않았을까? 왜 그는 자신이 보고 경험한 천국을 전함으로 사람들을 주님께 인도하려 하지 않았는가? 그것은 주님이 말씀하신 바와 같이 그렇게 하는 것이 복음 전도와 영적 성숙에 별 도움이 되지 않는다는 것을 잘 알았기 때문이다. 또한 사람들이 그를 지나치게 높여 우상화할 수 있었고 영적 세계에 대한 수많은 억측과 공상들이 난무하게 될 것이기 때문이었다. 이런 바울의 태도가 성경에 분명히 명시된 주님의 말씀과 부합된 자세이며 말씀의 인도함을 받는 성령 사역자의 모습이다.

우리는 성경에 계시된 것으로 만족하는 신앙 생활을 해야 한다. 아직도 허락되지 않은 천상의 세계를 엿보려는 영적 관음증을 경계해야 한다. 이는 너무 성급하게 천국을 청구하려는 영적 조급함의 결과다.

교인들이 천국에 대한 그런 증언을 잘 분별하도록 지도해야 할 목사들 중에서도 그런 증언을 대단한 권위라도 있는 계시처럼 신봉하는 이들이 있다. 어떤 목사는 그가 쓴 책「지옥에 가는 크리스천들」(큰믿음출판사)에 주남 여사의 추천서를 실었다. 그 책의 표지에 예수님이 주남 여사에게 하셨다는 말씀을 인용하였다.

「지옥에 가는 크리스천들」은「천국은 확실히 있다」와 연결되어 있다. 마지막 때 내가 변 목사를 쓸 것이다. 그래서 이 책을 쓰게 하였다. 나의 재림 전에 많은 사람들로 하여금 깨닫고 회개하게 하려고 이 책을 쓰게 하였다. 이 책은 내가 기뻐하는 책이며 내게 매우 중요한 책이다.

또한 그 책의 마지막 부분에는 샨 볼츠라는 사람이 천국 도서관에 그 책이 있는 것을 보았다는 말이 기록되어 있다.

변 목사님, 하늘나라에 목사님의 책이 많이 있습니다. 천국의 도서관에 목사님의 책들을 위한 책꽂이 같은 섹션이 있는 것을 보았습니다. 하나나 두셋이 아니라 매우 많은 책들이 거기에 꽂혀 있었습니다. 「지옥에 가는 크리스천들」도 천국의 도서관에 꽂혀 있는 것을 보았습니다. 그리고 한국어뿐 아니라 많은 다른 언어로, 많은 나라에 목사님의 책이 번역될 것이고 전 세계로 그 책들이 뻗어나갈 것입니다.

이 말이 사실이라면 실로 그 목사의 책은 대단한 책이라 아니할 수 없다. 아마 지상에서 유일무이한 책일 것이다. 다른 책들은 기껏해야 권위 있는 학자나 유명 인사의 추천을 받는 정도지만, 그 목사의 책은 주님의 강력한 추천까지 받았을 뿐 아니라 천국 도서관에 영구히 보관될 책이니 말이다!

그 목사는 그들의 말이 과연 사실인지를 판명할 아무런 객관적이고 성경적인 근거가 없음에도 그 말을 마치 주님의 말씀인 양 인용하였다. 우리는 여기서 주님의 말씀이라는 주장이 얼마나 남용되기 쉬운지, 자칫 잘못하면 한 개인의 선전용으로도 이용될 수 있다는 사실을 보게 된다.

예언자인가, 점쟁이인가

얼마 전 한 텔레비전 프로그램에 청년 점술가가 출연했다. 그는 같이 출연한 연예인들의 과거와 현재의 문제를 족집게처럼 잘 집어내고 그들의 미래를 예언했다. 모두 그의 신통력에 놀라 입을 다물지 못했다. 그는 어떤 이를 보면 그의 운이 바닥을 치고 있고 재물이 흩어지며 사람들도 그를 배신하고 떠나는 것이 보인다고 했다. 그에게는 17세 때부터 이런 신기가 나타났는데 하루는 학교에서 한 선생님을 보는데 그가 큰 교통 사고를 당하는 것이 보였다고 한다. 자신도 그런 기이한 체험은 처음이고 그것이 미래를 예시하는 것인지 확실치 않아 미처 말해 주지 못했는데 그 선생님이 자신이 본 그대로 성수대교에서 대형 사고를 당했다는 것이다. 그 후부터 그는 개인의 운명뿐 아니라 사회의 정치, 경제의 미래까지 예측할 수 있게 되었다고 한다. 그는 주식이 언제 오르고 내릴지, 앞으로 어떤 사업을 해야 할지, 어디에 투자해야 할지를 예언한다.

필자는 그를 보면서 요즘 한국 교회에서 활개치고 있는 자칭 예언자들이 이 점술가와 얼마나 흡사한지를 새삼 발견하게 되었다. 어떤 예언자라는 이들은 기독교라는 탈을 쓴 점쟁이와 다름없다. 자녀들이 어떤 학교에 가야 하고 무슨 사업을 해야 하며 심지어 어디로 이사해야 하는지까지 예언한다. 그러니 중요한 결정을 내려야 할 때나 미래가 불안하고 궁금할 때마다 점쟁이를 찾아가듯이 이런 예언자들을 찾아다니는 교인들이 꽤 많다. 필자와 상담했던 한 여성은 예언하는 신통력이 있다는 여전도사가 자신이 만나고 있는 청년이 결혼할 대상이 아니니 헤어져야 한다고 했다는 것이다. 평소 여전도사의 예언을 거의 절대적으로 믿고 따르는 그녀의 어머니가 한사코 그 청년과 결별할 것을 강요하니 어찌해야 좋을지 몰라 난

감하다고 했다. 청년이 그리스도인인데다가 혼인해서는 안 될 만한 사유가 전혀 없는데도 결혼 대상에서 완전히 제외된 것이다. 단순히 미래를 미리 내다보는 점괘가 그렇게 나왔기 때문이다. 과연 이러한 예언은 성령으로부터 온 것일까?

성경에서 이런 유의 예언은 전혀 찾아볼 수 없다. 하나님은 그런 식으로 우리의 미래를 알려 주시지 않는다. 하나님은 우리가 미래를 알지 못하도록 하셨다. 그래서 내일 일과 염려는 다 주님께 맡기고 오늘 하루 주님과 동행하는 삶을 살기 원하신다. "내일 일은 난 몰라요. 하루하루 살아요"라는 찬양 가사처럼 말이다. 그러나 우리는 이렇게 하나님을 신뢰하는 모험보다는 우리의 앞날을 미리 아는 안전을 원한다. 이것은 피조물의 한계를 벗어나 미래를 마음대로 조정할 수 있도록 우리 휘하에 두고 싶어 하는 교만의 발로이며 하나님의 신실하심과 선하심을 온전히 신뢰하지 못하는 불신의 결과다.

미래를 미리 안다면 하나님이 원하시는 믿음의 삶은 불가능해진다. 그뿐 아니라 믿음의 삶 속에서 누리는 무한한 선택의 자유를 누리지 못하며 그 선택의 책임을 다하는 인간으로 성숙할 기회를 박탈당한다. 만약 우리가 원하는 대로 미래를 훤히 내다본다면 우리는 이미 정해져 어찌할 수 없는 냉혹한 운명의 꼭두각시가 될 것이다. 운명의 주사위가 이미 던져졌으니 이제 달리 선택할 자유는 전혀 없다. 미래가 탄탄대로임을 안다면 안일과 나태에 빠질 것이며, 반대로 고통스럽고 암울한 미래가 보인다면 자포자기한 채 그 불운한 말로를 기다리며 공포와 불안에 떠는 삶을 살게 될 것이다. 알려진 미래는 더 이상 우리의 꿈과 비전을 펼칠 수 있는 자유의 전당이 아니라, 모든 꿈을 앗아가고 우리를 가두는 감옥이 된다. 미래가 우리에게 알려질 때 그것은 모든 희망과 믿음과 가능성에 대해 닫힌 냉혹한 운명이 된다. 그러면 우리는 더 이상 미래를 만들어 가는 자유로운 개척자가 아니라 그 미래에 철저히 억압당하는 비참한 노예로 전락하고 만다.

하나님은 미래를 알지 못하게 하심으로 우리의 자유를 보장해 주시고 믿음과 소망의 삶을 살게 하셨다. 희망찬 미래를 바라보며 사랑의 수고와 책임을 다하는 성숙의 기회를 주셨다. 이렇게 미래를 우리 앞에 열린 상태로 놓아 두심으로, 하나님의 뜻에 맞춘 우리의 비전과 갈망에 의해 미래를 빚어 가게 하신 것이다. 미지의 미래가 우리 앞에 하얀 종이처럼 펼쳐져 있기에 우리는 그 화폭 위에 우리의 비전과 꿈의 나래를 한껏 펼쳐 나간다. 하나님은 미래를 우리에게 숨기심으로 장래에 예비해 두신 풍성한 은혜의 깜짝쇼를 즐기게 하신 것이다.

미래가 우리에게 드러나지 않았기에 우리 앞에는 놀라운 자유의 길이 열려 있다. 우리가 결혼할 대상은 무한히 많다. 이 사람과 결혼할 수도 있고 저 사람과 결혼할 수도 있다. 그러나 우리는 하나님이 어떤 사람과 결혼하도록 운명론적으로 점지해 두셨다고 생각하기에 그를 꼭 찾아내야 한다는 일종의 강박에 사로잡힌다. 그래서 금지된 미래를 엿보려는 강한 충동을 느낀다. 기도를 통해 계시를 받거나 예언자들의 신통한 예측을 듣기 원한다.

물론 하나님은 모든 것을 예정하셨다. 그러나 그 예정하신 것을 우리가 미리 다 알지 못하도록 하셨다. 마치 우리의 자유로운 선택에 의해 미래가 결정되기라도 하듯이 우리의 자유를 전혀 침해하지 않는 신비로운 방법으로 우리의 미래를 예정하셨다. 그러므로 우리가 현재 하나님의 뜻 가운데

거하며 성령의 인도하심을 따라 책임 있게 우리의 자유를 활용한다면 우리가 어떤 선택을 할지라도 그것이 하나님의 뜻과 부합될 수 있다.

두 사람의 결혼 상대가 있는데 아무리 생각해 보아도 둘 다 좋고 호감이 간다고 하자. 실제 이런 상황은 드물겠지만 한번 가정을 해 본다면 당신은 어떻게 할 것인가? 둘 중에 한 사람은 분명 하나님이 정해 두신 배필이 아니니 그를 어떻게 해서든 속출해 내야 할까? 아무리 기도를 해도 어느 쪽을 택하는 것이 하나님의 뜻인지 알 수 없을 때라면 어떻게 해야 할까? 예언자를 찾아가야 할까? 열심히 기도하고 최대한 지혜를 모아 하나님의 뜻이 무엇인지 가늠해 보는 노력은 물론 필요하다. 성령이 당신의 마음과 판단을 인도하시어 점차 어느 한쪽에게 더 끌리게 하실 수도 있다. 그러나 그렇지 않을 경우에는 어떻게 해야 할까? 아무리 애써 봐도 확실한 판단이 서지 않을 때는 두 사람 중 누구를 택하든 그것이 당신을 향한 하나님의 뜻이 될 수 있다고 생각하는 것이 하나님이 정해 두신 사람을 찾아내야 한다는 강박에서 벗어나 자유롭게 당신의 미래를 펼쳐갈 수 있는 지혜다.

성경에 분명히 계시된 하나님의 뜻에는 선택의 여지가 전혀 없다. 우리가 거룩하게 살며 그리스도의 형상을 본받는 것이 우리를 향하신 하나님의 기쁘신 뜻이다. 여기에는 전혀 융통성이 없다. 그러나 성경에 계시되지 않은 하나님의 뜻, 예를 들어 어떤 직장을 택하며 누구와 결혼하며 자녀를 몇이나 낳아야 하는지에 대해서는 많은 선택의 자유가 주어졌다. 하나님의 뜻이 꼭 이 직장을 선택하는 것이라고 못 박아버릴 수는 없다. 하나님은 우리가 이 길을 택할 수도 있고 저 길을 택할 수도 있도록 우리의 미래에 대해 놀라울 정도로 융통성을 허용하신다. 어떤 길을 택하든 하나님을 중심에 둔 삶의 목적과 원리 가운데 내린 선택이라면 그것이 바로 우리를 향한 하나님의 선하신 뜻이 될 수 있다.

그래서 하나님은 정해진 미래로 우리를 옴짝달싹하지 못하게 묶어 두지 않으시고 미래를 열어 두셨다. 당신은 A와 결혼할 수도 있고 B와 결혼할 수도 있다. 둘 다 하나님이 금하신 결혼 상대가 아니라면 누구와 결혼하든 하나님이 그 결혼을 축복하실 것이며 그것이 당신을 향한 하나님의 선하신 뜻이 될 것이다. 혹여 A가 하나님이 정하신 배필인데 B와 결혼했기에 자신의 결혼 생활이 불행해질지도 모른다는 불안감은 깨끗이 떨쳐버려야 한다. 그러나 당신의 자유로운 선택에는 책임이 따른다. 하나님의 영광과 뜻을 우선적으로 구하는 가운데 내린 선택이어야 한다. 성령의 인도하심을 따라 당신의 지혜를 최대한 활용하여 내린 판단에 근거한 선택이어야 한다.

그러므로 하나님이 알려 주시지 않는 미래를 미리 훔쳐보게 하여 하나님이 뜻하신 모든 유익을 앗아가며, 자유를 박탈하고 믿음과 소망의 삶을 파괴하는 것은 분명한 마귀의 짓이다. 성경에 기록된 미래에 대한 예언은 모두 하나님의 구원 역사를 이루는 특별한 목적을 띠고 있다. 이 구속사와 직접 관련이 없는 개인의 사적인 일을 점치듯 예언하는 예를 성경에서는 전혀 찾아볼 수 없다.

정말 하나님이 말씀하셨을까

최근 들어서 한국 교회에 자칭 예언자들이 부쩍 늘어나고 있다. 우후죽순처럼 일어나는 예언 훈련 학교에서 선무당 같은 어설픈 예언자들을 무더기로 배출하기 때문이다. 그들의 공통된 특징은 하나님 또는 주님이 말씀하셨다는 말을 서슴없이 사용한다는 것이다. 여기에서 엄청난 혼란이 야기된다. 자기 머리 속에서 떠오른 생각이 주님의 말씀으로 둔갑하는가 하면 마귀적 음성까지 주님의 말씀으로 위장되기 일쑤다. 순진한 교인들은 그들이 직통으로 계시된 말씀을 전파하는 것 같아 성경 말씀보다 그들의 예언에 더 솔깃하게 된다. 더 심각한 문제는 성경의 진리에 의해 전혀 입증될 수 없는 온갖 허튼소리들이 주님의 말씀이라는 명분으로 범람하여 교회를 혼란하게 한다는 점이다.

주님이 말씀하셨다는 말은 오직 하나님으로부터 계시를 받은 구약의 선지자들과 신약의 사도들만이 사용할 수 있었다. 우리는 그 계시가 기록된 성경 말씀을 전할 때에 한해서만 주님이 말씀하셨다고 말할 수 있다. 성경 말씀과 다른 말을 하면서 주님이 말씀하셨다고 선언하는 것은 성경 외에 다른 계시를 주장하는 것과 다름없다. 자칭 예언자들은 자신들의 예언이 성경 말씀과 같은 권위를 가진 것은 아니라고 말한다. 그러나 실제로는 교인들이 성경 말씀보다 그들의 예언에 더 의존하게 만든다. 그러니 성경보다 그들의 예언이 훨씬 더 실질적인 권위가 있는 셈이다.

성경 말씀을 듣기는 원하지 않으나 예언자들의 말을 들으려고 모여드는 이들은 많다. 성경을 강해하는 설교에는 은혜를 못 받아도 직통으로 주님의 말씀을 전달하는 것 같은 예언자의 말에는 엄청난 은혜를 받는다. 평소에 늘 설교를 통해 들어도 별 감흥이 없던 말도 예언자의 입을 통해 들으면 큰 감동으로 와 닿는다. 작은 일에 충성하는 것을 하나님이 귀히 보신다는 말씀을 설교를 통해 수없이 들어 보았을 것이다. 그러나 똑같은 말씀을 예언자가 "네가 지금 작은 일에 충성하고 있구나. 착한 종아, 내가 너를 귀히 여기노라. 내가 앞으로 너에게 더 큰 일을 맡기리라"는 식으로 말한다면 설교를 통해 누리지 못한 큰 위로를 받는다. 왜 그럴까? 만약 예언자들이 하나님이 말씀하셨다고 말하는 대신 내 마음에 이런 감동이 왔다는 식으로 솔직하게 말한다면 교인들이 그렇게 큰 은혜를 받을까? 주님이 말씀하셨다고 단언함으로써 마치 주님이 예언자의 입을 통해 나에게 직접 말씀하신다고 믿도록 교인들의 심리를 교묘히 조종하기 때문이 아니겠는가?

그들이 일부러 사람들을 속이기 위해 그렇게 주장한다고 생각하고 싶지는 않다. 그들 중에는 교인들을 위로하고 권면하기 위한 선한 의도를 가지고 그런 예언 사역을 하는 이들도 있으리라고 본다. 필자가 염려하는 것은 그들의 주장이 야기하는 혼란이다. 성령의 인도하심을 따라 사는 그리스도인에게는 특별한 성령의 감동이나 메시지가 마음에 떠오를 때가 있다. 그러나 지혜로운 그리스도인들은 자신의 확신과 마음의 감동이 틀릴 수도 있다는 것을 알기에 섣불리 그것이 주님의 말씀이라고 주장하지 않는다. 우리 마음은 성령뿐 아니라 육신의 욕망과 마귀적인 세력에 의해 자극된 온갖 잡다한 생각과 메시지가 복잡하게 교차하는 곳이기에 어떤 생각이 하나님으로부터 온 것이라고 쉽게 단정해서는 안 된다.

요즘 예언하는 이들에게는 이런 지혜와 신중함이 결여되어 있다. 자기 마음에 일어난 감동을 주님의 말씀이라고 함부로 확언하는 것은 아주 경솔할 뿐 아니라 진실하지 못한 태도다. 병 고침 집회에서 "주님이 지금 눈에 문제가 있는 사람을 만지고 계십니다. 방금 무릎 관절을 치유받은 이가 있습니다. 주님이 신장에 이상이 있는 이를 고치고 계십니다"라고 말하는 것을 자주 듣게 된다. 정말 하나님이 그 사실을 자신에게 알려 주셨기에 그렇게 말한 것인가? 만약 그렇다면 어떤 식으로 알려 주신 것일까? 소리를 들은 것인가, 아니면 마음속에 어떤 인상을 받은 것인가? 그 계시가 확실하다는 것을 어떻게 아는가? 참으로 하나님이 알려 주신 것이라면 왜 의심의 여지가 없도록 좀더 확실하게 계시해 주지 않으셨는가? 왜 정확히 누가, 어떤 병에서 나았다고 알려 주시지는 못하는가?

과거 미국의 한 교회에서 열린 집회에서 강사가 회중 가운데 한 사람의 이름과 그의 사정을 정확하게 말하면서 주님이 그를 치유하기 원하신다는 메시지를 전했다. 그 복음 사역자는 자신도 전혀 예상치 못했던 일이라고 했다. 하나님이 그렇게 특별한 방식으로 일하실 수 있는 가능성을 부인할 수는 없다. 그러나 대부분의 예언은 마음속에 즉흥적으로 일어난 감동이나 느낌 또는 예측을 발설하는 것이다. 그것이 100퍼센트 주님의 말씀인지 자신도 확실히 알지 못하면서 하나님께로부터 온 메시지라고 과감히 믿고 선언하는 것이다. 그러나 확실치 않은 것을 직통 계시를 받은 것같이 말하는 것은 진실하지 못한 행위이며 청중을 교묘히 조종하고 기만하는 것이다. 비록 의도하지는 않았을지라도 그런 말을 듣는 사람들은 그를 굉장한 존재로 생각하게 된다. 이는 미국의 신유 집회에서 허풍쟁이 사역자들이 즐겨하던 행위인데 한국의 사역자들이 그것을 아무런 성경적인 검증도 없이 그대로 따라 하고 있다.

예언 집회나 예언 훈련 학교에서는 예언받기를 원하는 이들에게 일일이 예언을 해준다. 수많은 예언 집회를 쫓아다니며 예언을 받았던 한 교인은 이렇게 증언한다.

대부분 가서 받아 보면 "하나님이 우리 형제님의 삶 속에 함께하시는데요, 지금 앞에 일곱 가지 빛이 보입니다" 혹은 "사랑하는 아들아, 사랑하는 딸아, 네 하나님 여호와가 너를 축복하고 축복하노라. 네 사업이 번창할 것이다" 혹은 "네 눈물과 기도를 들었노라" 혹은 "지금 예수님의 모습이 보이는데요, 우리 형제님과 부둥켜안고 눈물을 흘리시는 모습이 보입니다. 우리 형제님에게 지금 답답한 문제가 있는데요, 하나님은 결코 외면하지 않으시고 우리 형제님의 삶을 인도하실 것입니다. 계속 꾸준하게 인내하며 기도를 쉬지 말라고 말씀하시는데요, 우리 형제님이 인내하면 그 열매들이 열릴 것입니다. 지금 수많은 포도나무가 보이는데요, 우리 형제님이 지금 물질의 축복을 간구하는 모습이 보입니다. 이제 우리 형제님뿐만 아니라 형제님의 가족도 물질의 궁핍함이 없을 것입니다"라는 등 이런저런 예언을 많이 받았는데 순간적으로 감동을 받았지만 실제로 현실에서는 전혀 이루어지지 않았고 오히려 건강한 몸만 병이 들었습니다.

이 증언을 액면 그대로 받아들이지 않는다고 할지라도 대부분의 예언이 이런 식으로 행해지고 있다는 사실은 부인할 수 없다. 예언을 받으러 나온 사람을 보고 마음에 떠오르는 대로 즉흥적으로 말하고는 그것을 주님의 말씀이라고 하니 얼마나 웃기는 일인가? 성경에서 예언하는 이는 성령이 '주권적으로' 역사하시어 메시지를 주실 때만 예언할 수 있었다. 그런데 요즘 자칭 예언자들은 자신이 원하면 아무 때나 누구에게나 예언을 해준다. 이는 성령을 자기들이 필요할 때 호출하여 마음대로 부릴 수 있는 하수인처럼 취급하는 행위다.

이런 식으로 사이비 예언이 범람하게 되면 한국의 기독교는 머지않아 무당 종교로 변할 것이다. 이러한 혼란을 막기 위해 주님이 말씀하셨다는 말을 함부로 사용하는 것을 금해야 한다. 자기 마음에 떠오른 생각이나 마음속에 일어난 감동을 말하면서 그것을 주님의 말씀이라고 해서는 안 된다. 지금은 그 누구도 구약의 선지자들같이 하나님이 말씀하셨다고 주장할 수 없다. 그들과 같이 절대적인 권위를 가진 무오한 하나님의 계시를 받을 수 없기 때문이다.

고린도 교회에 보내는 서신에서 바울 사도는 예언을 사모하라고 했다(고전 14:1 참조). 자칭 예언자들은 주로 이 말씀에 근거하여 예언의 은사가 중요함을 역설한다. 그러나 고린도 교회에 나타났던 예언은 하나님의 말씀과 동등한 권위를 가진 것이 아니었다. 그것은 오류가 있는 인간의 말이었다. 그래서 바울 사도는 한 사람의 말만 듣지 말고 두세 사람이 예언하게 하고 다른 이들은 그 말을 분별하라고 했다(고전 14:29 참조). 이 말은 예언의 진정성을 검증해 보고 잘 분별하여 참과 거짓을 가려내라는 말이다. 그들의 예언은 사도들의 가르침과 성경 말씀에 의해 항상 점검받아야 했다. 그러므로 성경 말씀보다 열등한 권위를 가진 것이었다.

고린도 교회에 있었던 예언은 덕을 세우고 권면하며 위로하기 위해(고전 14:3 참조) 또는 숨은 죄를 드러내기 위해(고전 14:25 참조) 성령이 마음에 순간적으로 떠오르게 하신 내용을 말한 것이라 할 수 있다. 성령이 떠오르게 하신 인상과 메시지는 인간이 잘못 이해하고 해석하여 잘못 전달할 수 있었다. 그렇기에 바울은 철저한 검증과 분별을 명한 것이다. 이런 유의 예언이 지금도 존재하는지에 대해서는 논란이 많고 아직도 연구해야 할 부분들이 많이 남아 있다. 확실한 결론이 내려질 때까지 이와 유사한 예언을 하는 이들에게 당부하고 싶은 말은 주님이 말씀하셨다고 말하는 것을 자제해 달라는 것이다. 자신의 예언적인 의견과 생각을 하나님의 말씀으로 명명하는 것은 합당치 않다. 자신의 예언적인 통찰을 꼭 말해야 한다면 차라리 "주님이 내 마음에 이런 생각이나 인상이 떠오르게 하시는 것 같다"라는 식으로 말하는 것이 훨씬 더 솔직하고 진실한 태도이며 많은 혼란을 방지할 수 있는 길이다.

성경 말씀을 전할 때는 담대하게 주님이 이렇게 말씀하셨다고 외쳐야 하지만 성경에 기록되지 않은 말을 하면서 그렇게 선언해서는 안 된다. "당신이 지금 하는 일이 번창할 것이라고 주님이 말씀하셨습니다"라는 식으로 말하는 것은 반드시 금지되어야 한다. 이런 사이비 예언이 난무할 때 교회에 극심한 혼란이 일어나며 기독교 신앙을 허무는 미혹의 영이 가장 무섭게 역사한다. 아무리 신통한 예언의 능력이 있을지라도 주님의 말씀이라고 주장하며 예언할 때 교인들은 성경 말씀보다 예언자의 말에 더 귀를 기울이며 그 말을 실제적으로 더 의존하게 된다.

사람은 자신이 가장 의존하는 것에 지배를 받는다. 하나님의 말씀보다 예언자의 말에 더 의존하게 되면 예언자의 오류와 부패를 통해 역사하는 거짓의 영이 수많은 사람들을 미혹할 수 있다. 그렇기에 예언은 교회를 허무는 미혹의 영이 가장 교묘하면서도 무섭게 역사하는 영역이며 교회를 최악의 혼돈으로 몰고 갈 수 있는 위험성을 안고 있다.

그러므로 예언에 관한 한 아무리 주의를 기울여도 부족하다. 어떤 예언적인 의견이나 통찰은 반드시 성경에 의해 점검되어야 한다. 그것을 함부로 하나님의 말씀이라고 선언해서는 안 된다. 교인들이 예언자의 말보다 성경에 기록된 하나님의 분명한 말씀에 의존하는 삶을 살도록 지도해야 한다. 고린도 교회에 예언이 성행했던 이유는 아마도 우리가 지금 가지고 있는 신약 성경 전체가 아직 보급되지 않은 상황에서 그 말씀의 공백을 잠정적으로 메우는 역할을 하기 위함이 아니었을까 하고 조심스럽게 추측해 본다.

지금 우리는 그들이 누리지 못했던 완전한 성경 말씀을 가지고 있다. 이 말씀만으로는 부족하여 예언자들의 엑스트라 말씀을 쫓아다니는 것은 참으로 유감스러운 일이 아닐 수 없다. 고린도 교회에 있었던 예언의 역할을 지금은 성경 말씀을 전파하는 설교가 더 효과적으로 수행할 수 있다. 예언은 덕을 세우며 권면하며 위로하기 위함인데 이 일을 하기에 성경 말씀보다 더 적합한 것이 어디에 있겠는가? 성경은 성도를 세우고 위로하며 주의 계명으로 권면할 은혜로운 말씀으로 가득한 진리의 보고다.

또한 고린도 교회에 있었던 예언은 죄를 드러내는 것이었는데 성경 말씀은 좌우에 날 선 예리한 검처럼 우리의 완악한 마음을 찔러 쪼개어 숨은 죄악을 드러낸다. 성령의 대표적인 사역은 말씀을 통해 우리의 죄를 깨닫게 하시는 것이다. 또한 말씀은 가장 중대한 장래 일을 예언한다. 죽음 후에 심판이 있다는 것과 주님의 재림과 하나님 나라의 도래를 예언한다. 구약의 선지자들이 율법의 말씀에 근거해 이스라엘의 멸망과 회복을 예언했듯이 우리도 하나님의 말씀에 근거해 예언적인 메시지를 전한다. 만약 교인들이 성령을 따라 살면 새 언약의 풍성한 은혜를 누릴 것이나 성령을 거스르고 육신을 따라 살면 과거 이스라엘 민족과 같이 하나님의 혹독한 징계를 받게 될 것이라고 선포한다.

설교를 하고 나면 교인들이 "목사님은 어쩌면 그렇게 내 사정과 고민을 잘 아는지 모르겠다"라고 말하곤 한다. "내 일을 훤히 다 아는 것처럼, 내 마음을 꿰뚫어 보는 것처럼 말씀하신다"라는 말도 심심찮게 듣는다. 또 자신이 처한 상황과 직면한 문제에 꼭 적중한 말씀을 해주어 고맙다는 교우들도 자주 접한다. 바울 사도가 말했듯이 "모든 성경은 하나님의 감동으로 된 것으로 교훈과 책망과 바르게 함과 의로 교육하기에 유익하니 이는 하나님의 사람으로 온전하게 하며 모든 선한 일을 행할 능력을 갖추게 하려 함"(딤후 3:16-17)이다. 성령은 이 성경 말씀을 통해 역사하심으로 교인들 각 사람에게 꼭 필요한 메시지와 은혜를 공급하신다.

그러므로 진정한 영적 부흥은 말씀의 부흥이다. 예언자의 말이 판을 치고 성경 말씀이 뒷전으로 밀려난 최근의 성령 운동은 부흥이 아니라 심각한 영적인 탈선이며 쇠퇴다.

세미한 음성 가운데 계시는 성령

앞에서 살펴보았듯이 성경을 벗어나거나 성경에 의해 검증될 수 없는 천국에 대한 이야기, 신비 체험, 하나님께 받았다는 직통 계시, 주님의 이름을 빙자한 예언은 진리의 영이신 성령의 역사라고 볼 수 없다.

성령은 복음의 세미한 음성을 통하여 말씀하신다. 이것을 무시하고 기적과 환상, 입신과 예언 같은 인간이 보기에 신비하고 경이로운 현상과 경험에서 주로 성령의 임재와 역사하심을 찾는 것은 성경적인 성령 이해가 아니다. 복음의 세미한 음성에 함께하심이 성령이 즐겨 택하시는 방법이다. 이 사실은 성령에 대해 갖는 우리의 통상적인 기대와 생각을 뒤엎는다.

하늘에서 불을 끌어내렸던 불의 사자 엘리야 선지자도 그의 사역 말년에 가서야 이 진리를 터득하였다. 엘리야는 갈멜 산에서 바알과 아세라 선지자 850명과 맞서 제단 위에 불이 떨어지게 하는 놀라운 기사를 통해 여호와가 참 하나님이심을 이스라엘 백성들에게 극적으로 보여 주었다. 엘리야는 이렇게 바알 선지자들과의 대결에서 대승리를 거둠으로써 이스라엘 민족 가운데 오랜 우상숭배의 고질적인 병폐가 척결되고 야훼 신앙이 회복되리라고 믿었다. 그렇기에 그 기대가 여지없이 무너졌을 때 그는 더 이상 사역을 계속할 수 없을 정도로 의욕을 상실하고 깊은 실의에 빠져 "나는 내 조상들보다 낫지 못하니이다"(왕상 19:4)라고 한탄하면서 죽기를 원했다.

하나님은 그렇게 낙심하여 탈진한 엘리야를 위로하시고 양식으로 힘을 북돋워 호렙 산에 이르게 하시고 거기서 그를 만나 주셨다. 하나님이 엘리야에게 산에 서 있으라고 하시고 그 앞을 지나가시는데, 크고 강한 바람이 산을 가르고 바위를 부수었지만 바람 가운데 하나님이 계시지 않았고, 바람 후에 지진이 있었지만 지진 가운데도 하나님이 계시지 않았다. 또 지진 후에 불이 있었지만 불 가운데도 하나님이 계시지 않더니 불 후에 세미한 음성 가운데 하나님이 계셨다(왕상 19:11-13 참조).

왜 하나님은 이런 방식으로 엘리야에게 나타나셨는가? 그것은 엘리야에게 중요한 교훈을 깨우쳐 주시기 위함이다. 엘리야는 하늘에서 불을 끌어내리는 획기적인 기사를 통해 하나님의 일을 성취할 수 있으리라 기대하였다. 그러나 하나님은 사람들을 깜짝 놀라게 하는 기적보다 사람들에게 거의 인지되지 않을 정도로 세미한 음성을 통하여 일하기를 원하신다는 교훈을 엘리야에게 그리고 성경을 읽는 모든 사람들에게 깨우쳐 주고 계신 것이다. 엘리야가 행한 획기적인 기적을 절정으로 하여 구약에서 기적은 서서히 사라졌다. 엘리야와 그의 제자 엘리사 이후에 본격적으로 선지 시대가 도래했는데 거의 모든 선지자들은 불의 기적이 아니라 세미한 음성을 따라 선지 사역을 수행했다. 큰 기사를 행함보다 단순히 하나님의 말씀만을 대언하였다. 아무리 하나님의 말씀을 전해도 귀를 막고 듣지 않고 오히려 하나님의 사자들을 핍박하는 패역한 백성들을 향하여 선지자들은 오래 참음과 눈물로 사역하였다. 자신을 거역하는 자들을 오래 참으심과 인자하심으로 관용하시며 부드럽고 온유한 음성으로 설득하시는 하나님의 방법을 따라 일한 것이다.

　　세미한 음성 가운데 하나님이 함께하신 사건은 구속사적인 깊은 의미를 내포하고 있다. 구약 성경 속에 이미 신약 성경의 하나님이 계시되었다. 예수님의 구속을 통해 죄인들을 복음의 세미한 음성으로 부르시는 은혜와 용서의 하나님이 암시되어 있다. 모세의 율법을 통해서는 죄인들을 향해 진노하시는 무서운 심판의 하나님이 계시되었다. 하나님이 시내 산(호렙 산이라고도 함)에 강림하셔서 모세를 통해 이스라엘 백성들에게 율법을 주실 때 온 산이 진동하고 우레와 번개가 치며 불 가운데 하나님이 임하셨다(출 20:18-25; 신 5:1-6 참조). 그러자 백성들이 심히 두려워 떨며 감히 산에 접근하지 못했다. 만약 죄인들이 가까이하면 하나님의 맹렬한 진노가 그들을 멸할 것이기 때문이었다. 이같이 율법을 통해 계시된 하나님은 죄인들이 근접할 수 없는 무섭고 엄위하신 공의와 심판의 하나님이시다. 죄인들은 하나님의 음성을 직접 듣는 것이 두려워서 도저히 감당할 수 없었다. 그래서 이스라엘 백성들은 모세에게 제발 하나님이 자신들에게 직접 말씀하시지 않게 해달라고 애원하였다. 만약 그렇게 되면 자신들이 죽을까 두렵다고 했다. 결국 그들은 모세라는 중보자를 통해서만 하나님의 말씀을 전해 들을 수 있었던 것이다.

　　엘리야 앞에서 일어난 강한 바람, 지진과 불은 과거 이스라엘 백성들에게 율법을 주실 때 일어난 현상과 유사하다. 온 산이 크게 진동하며 불 가운데 하나님이 강림하신 것을 상징한다고 볼 수 있다. 그런데 이번에는 율법을 통해 말씀하실 때처럼 불 가운데가 아니라 그 후에 들린 세미한 음성 가운데 임하셨다. 이것은 하나님이 복음을 통해 말씀하심을 상징한다고 볼 수 있다. 여기에 예수님의 중보 사역이 예시되어 있는 것이다. 예수님이 우리 죄인들을 대신하여 율법의 저주를 받은 바 되시어 말세에 하나님이 악인들을 향해 쏟아부으실 하나님의 진노의 잔을 남김없이 들이키심으로 죄인들을 향한 하나님의 맹렬한 진노를 진정시키셨다. 예수님의 중보 사역 때문에 우리를 향한 하나님의 무시무시한 진노의 낯빛이 사랑과 기쁨의 얼굴빛으로 변했다. 우리를 향해 노하시던 하나님의 음성이 부드러운 음성으로 바뀐 것이다.

지금 우리가 복음을 통해 우리 마음에 세미하게 들리는 하나님의 온유하고 인자하신 음성을 들으며 사랑과 기쁨이 넘치는 하나님의 빛나는 얼굴을 심령에 느끼며 살게 된 것은 예수님의 대속으로 인해 우리에게 부여된 놀라운 은혜이며 특권이다. 중보자 예수님 없이는, 그분의 피흘리심을 통해 이루어진 중보 사역 없이는 우리 마음에 진정한 평안과 쉼을 주는 온유하신 주님의 음성을 들을 수 없다. 오히려 시내 산의 율법을 통해 계시된 무서운 진노의 하나님의 음성만이 우리를 공포에 떨게 할 뿐이다.

그러므로 이제 그리스도 안에서 하나님은 복음의 세미한 음성 가운데 역사하신다. 이 사실을 인식하지 못하고 복음의 세미한 음성보다 사람들을 놀라게 하는 불 같은 기적과 기이한 현상들로 사람들을 끌려고 하는 것은 예수님의 중보 사역을 헛되게 하는 것이며 하나님이 일하시는 방법을 근본적으로 오해한 것이다. 하나님은 엘리야가 생각했던 것처럼 거창한 기사나 천지개벽 같은 사건을 통해 그분의 일을 성취하시지 않는다. 오히려 세미한 음성같이 사람들이 보기에는 아주 미미하고 약해 보이는 것을 통해, 아주 은밀하고 조용한 방법으로 구원 역사를 진행해 가신다.

예수 그리스도의 십자가처럼 복음의 세미한 음성은 무력해 보인다. 강팍한 사람들을 구원하고 변화시키기에는 너무도 미약하고 효력이 없어 보인다. 사람들이 잘 듣지 않고, 들어도 눈 하나 깜짝하지 않는 십자가의 복음만을 전하는 것은 참 미련해 보이기도 한다. 그에 비해 기적과 표적이 전도에 훨씬 더 효과가 있는 것 같다. 그러나 굉장한 기사를 통해 사람들을 놀라게 하고 두렵게 하여 그들이 꼼짝없이 하나님을 섬길 수밖에 없도록 만들 수 있을지는 모르나 그들 마음속 깊이 도사리고 있는 하나님에 대한 적개심과 원수 된 마음을 새롭게 하지는 못한다. 어떤 기적이나 표적도 인간의 부패한 본성을 변화시키지 못한다. 인간의 강퍅하고 완악한 마음은 오직 십자가의 사랑과 은혜를 전하는 복음의 부드럽고 세미한 음성만이 녹일 수 있다. 그렇기에 바울 사도는 이 십자가의 복음이 그 당시 헬라 사람들에게는 미련하게 보이고 유대인들에게는 거리끼는 것이지만 믿는 자들에게는 구원에 이르게 하는 하나님의 능력이라고 담대히 선언했다 (고전 1:18-25 참조). 십자가 복음의 세미한 음성만이 죄인들을 구원하는 유일한 비결이며 능력이다. 성령은 우선적으로 기적과 표적이 아니라 세미한 음성 가운데 역사하신다.

예수님의 십자가와 복음의 세미한 음성이 모두 약하고 미련해 보이듯이, 복음을 통해 일하시는 성령 또한 약해 보이고 어리석어 보인다. 그러나 십자가에 달리신 예수님의 약하심이 구원의 능력이 되듯이, 성령의 약하심 또한 우리의 구원이 된다. 이 점을 놓칠 때 우리는 과거 유대인들과 같이 큰 오류를 범하게 된다. 구약 성경에서 유대인들이 가장 좋아하는 부분은 아마도 엘리야가 불의 기적을 일으키는 대목일 것이다. 그들은 거기서 자신들이 원하는 메시아 상을 발견하였다. 그들은 엘리야의 능력을 가지고 자신들을 구원해 줄 영광의 메시아를 대망하였다. 그렇기에 십자가에 달려 죽는 약한 메시아를 용납할 수 없었다. 그래서 십자가에 달리신 예수님을 향해 "하나님의 아들이면 너 자신을 구원해 보라"고 외쳤던 것이다. 곧 "네가 참 메시아이면 엘리야가 하늘에서 불을 끌어내려 여호와가 참 하나님이심을 증명했듯이 너의 능력을 보여 달라"고 요구했던 것이다. 유대인들은 엘리야의 불의 기적이 아니라 세미한 음성 속에 예시된 십자가의 메시아를 보지 못했던 것이다.

과거 유대인들뿐만이 아니라 요즘 성령 운동을 하는 이들 중에도 이와 유사한 과오를 범하는 이들이 많다. 그들은 불 같은 기적을 통해 역사하는 만능의 메시아를 원한다. 굉장한 표적과 기적을 동반하는 성령의 강력한 역사를 갈망한다. 십자가 복음의 세미한 음성을 통해 역사하시는 성령의 약한 방법을 꺼리고 부끄러워한다. 그렇게 부드러운 방법으로 사람들을 설복시키는 데는 오랜 시간이 걸린다. 오래 참음과 기다림의 수고가 수반된다. 그렇기에 사람들을 쉽게 제압할 수 있는 길을 택하는 것이다. 시내산에서 불 가운데 임하신 하나님을 보고 두려워하듯이 사람들은 기적, 환상, 예언 등 하나님의 신비한 현현 앞에 경이로움과 두려움으로 압도된다. 이런 방법은 아주 쉽고 간단하게 사람들을 굴복시킬 수 있다. 여기에는 사람들의 불순종을 오래 참아 주며 기다리는 고통을 감수할 필요가 없다. 그런 불순종을 일격에 날려 버릴 수 있기 때문이다. 또한 사람들의 광적 열심을 자극하는 데 효과만점이다. 뿐만 아니라 영적·물질적 에너지와 자원을 유도하는 데도 특효가 있다.

영적인 폭력

복음의 약하고 부드러운 방법보다 율법의 세고 거친 방법이 훨씬 더 효과적이고 실용적인 것 같다. 몇 년 동안 말씀을 열심히 전해도 교인들이 좀처럼 변화되지 않을 때 설교자는 지치고 탈진한다. 복음 전파 사역이 시간과 에너지를 마냥 소모하는 일같이 느껴진다. 자신의 청춘을 낭비하는 것이 아닌가 하는 생각마저 든다. '하나님은 왜 이렇게 맥없는 말을 주셨는가? 불을 좀 내려 주시지' 하는 푸념까지 생긴다. 오랫동안 사역의 열매가 두드러지게 나타나지 않을 때 복음 전파자는 최대의 위기를 만난다. 아무리 말씀을 전해도 변하지 않는 사람들을 보면서 그는 서서히 복음의 능력에 대한 믿음을 잃어 간다. 과연 복음에 사람들을 구원하고 변화시키는 능력이 있는지에 대해 회의가 들게 된다. 많은 사역자들이 불순종하는 이들을 오래 참고 기다리는 지리하고 고통스러운 십자가의 길을 견디지 못하고 율법의 쉬운 길을 택하려 한다. 편법을 동원하려는 유혹에 굴복한다. 기적과 표적으로 사람들을 놀라 까무러치게 하여 그들을 제압하고 굴복시키려 한다.

　과거 미국의 한 한인 교회에 소위 '불의 사자'가 있었다. 그 목사가 안수하면 사람들이 불이 붙은 것처럼 뜨거워서 견디지 못하고 팔짝팔짝 뛰며 나둥그러지곤 했다. 필자가 아는 장로도 그 목사에게 안수를 받았는데 팔뚝에 불이 붙은 것처럼 뜨거워서 양탄자가 깔린 바닥에 엎드려 팔뚝에 붙은 불을 끄기 위해 팔뚝을 바닥에 계속 내리쳤다고 한다. 그러면서 눈물 콧물을 흘리며 회개했다고 한다. 그가 그런 방법을 통해서라도 회개한 것은 다행스러운 일이지만 성령이 그렇게 통닭구이를 만들어서 인간을 변화시키신다고 보기는 힘들다.

　대학생들을 상대로 사역하는 한 목사는 교회에 처음 방문한 청년이 예배에 참여하지 않고 그냥 돌아가려고 하자 그를 향해 예수의 이름으로 서라고 명했다. 그러자 그 청년의 발이 바닥에 붙어 꼼짝 못하게 되었다고 한다. 어떤 사람은 엉덩이가 의자에 붙어 몇 시간이고 자리에서 일어날 수 없는 경우도 있었다고 한다. 또 그 목사가 어떤 사람의 귀에 대고 눈이 멀게 되라고 속삭였더니 정말 그의 눈이 한동안 안 보이게 되었다고 한다. 그 목사는 설교를 잘 경청하지 않는 회중을 향해 자주 소경이 되라고 예수의 이름으로 명하는데 그럴 때마다 실제로 그런 현상이 일어난다고 했다. 이런 이야기들을 기독교 텔레비전 방송에서 자랑스럽게 늘어놓고 있다.

그는 다메섹 도상에서 바울 사도가 부활하신 주님을 만났을 때 하늘의 강렬한 빛에 의해 눈이 멀었던 사건을 예로 들면서, 그런 신기한 현상이 초대교회에 나타났던 대단한 성령의 역사인 것처럼 말한다. 그러나 다메섹에서 바울이 경험한 것은 부활하신 주님의 현현이었다. 그가 눈이 먼 것은 찬란한 영광 가운데 계신 주님을 대면함에서 비롯된 지극히 부수적인 현상에 불과했다. 더욱이 인간의 명령으로 이루어진 일이 아니라 전적으로 하나님의 주권적인 역사에 의한 것이었다. 부활하신 주님이 바울에게 나타나신 영광스러운 사건이, 아무런 체험의 내용이나 의미도 없이 사람들의 눈을 멀게 하는 해괴한 짓과 무슨 상관이 있는지 도무지 이해할 수 없다.

그는 사람들이 복음을 잘 듣지 않는 것에 대한 안타까움과 구령의 열정 때문에 그런 기사를 행한다고 했다. 그렇게 사람들을 까무러치게 하고 두렵게 하는 기사를 통해 하나님의 살아 계심을 분명히 보여 주어 그들의 불신을 일격에 날려 버리고 그들의 완고함과 교만함을 꺾어 버려야 폭발적인 전도의 효과가 나타난다는 것이다. 과연 그것을 성령의 역사하심이라고 할 수 있을까? 성경 어디에도 성령이 그런 식으로 일하신다는 증거를 찾아볼 수 없다.

그는 또 바울이 살라미 섬에서 전도할 때 행했던 일을 예로 든다. 바울은 총독 서기오가 복음을 믿지 못하도록 방해하는 박수 엘루마를 꾸짖고 한동안 눈이 멀게 했다(행 13:4-12 참조). 그러나 거기서 바울은 복음을 잘 안 듣거나 설교 시간에 졸고 있는 교인들을 눈 멀게 한 것이 아니라 성령의 역사를 정면으로 대적하는 마귀의 사악한 궤계와 역사를 제압했던 것이다. 그러한 사실은 바울이 박수 엘루마를 꾸짖은 말에서 확연히 드러난다. "모든 거짓과 악행이 가득한 자요, 마귀의 자식이요, 모든 의의 원수여, 주의 바른 길을 굽게 하기를 그치지 아니하겠느냐"(행 13:10). 바울 사도가 이런 식으로 대적하는 자들을 제압한 것은 극히 드문 일(성경에 유일무이하게 기록된 사례)이다. 바울은 복음 전파를 방해하는 세력들을 항상 그런 통쾌한 방법으로 무찌르지 않았다. 주로 원수들로부터 핍박과 모진 고초를 속수무책으로 당하며 복음을 전파하였다. 교인들에게는 더더욱 온유함으로 복음을 전했다. 그는 에베소에서 3년 반 동안 겸손과 눈물과 오래 참음으로 복음 사역을 하였다(행 20:19, 31 참조). 그는 드로아에서 다락에 모인 교인들에게 밤늦게까지 강론할 때 깊이 졸고 있던 유두고를 향해 눈이 멀라고 외치지 않았다(행 20:7-12 참조).

열심히 말씀을 전하는데 설교에 귀를 기울이지 않고 딴전을 피우거나 조는 이들을 보면 속이 무척 상하는 것이 모든 설교자들이 겪는 아픔이며 안타까움이다. 동시에 큰 시험거리이기도 하다. 복음에 한없이 느리게 반응하는 교인들의 연약함을 오래 참음과 온유함으로 감수하지 못하는 데서 혈기 찬 반응이 나오게 된다. 혈기에서 나온 열심이 교인들에 대한 안타까움과 복음에 대한 열정으로 교묘히 위장되고 합리화되기에 자기 기만의 위력은 엄청나게 커진다. 여기에 복음 전파의 성과가 신속하게 나타나지 않는 것을 견디지 못하는 조급증과 성취 지향적인 성향이 맞물리면 성령의 원칙보다는 변칙적인 방법으로 사람들을 제어하고 자신이 원하는 대로 조종하기 원하는 유혹은 극대화된다. 이렇게 오래 참음과 기다림의 과정을 통해 인간을 설복하시는 성령의 방법을 떠나 복음의 열정으로 가장된 육신의 성급함과 성취 지향적인 성향에 이끌릴 때 미혹의 영이 역사하기 쉽다.

이 점이 우리가 심각하게 짚고 넘어가야 할 문제다. 복음 전파의 좋은 의도를 가지고 표적을 행하고, 그렇게 해서 전도의 좋은 성과를 거두었다고 모든 것이 정당화될 수는 없다. 눈에 나타나는 즉각적인 효과나 변화가 반드시 복음의 참된 결실로 이어지는 것은 아니다. 설교할 때마다 교인들에게 눈이 멀라고 엄포를 놓는 것은 성경의 진리와 성령의 역사하심에서 확실히 벗어난 행위이며, 그런 외침에 따라 사람들의 눈이 안 보이는 기이한 현상 또한 성령의 역사라고 보기 힘들다. 초자연적인 현상으로 젊은이들을 제압하여 그들의 지성을 마비시키고 의지를 강압적으로 조종하여 하나님을 섬기지 않을 수 없게 만드는 것이 과연 성령의 역사하심인지 심히 의심스럽다. 최대한 좋게 생각해도 그것은 강제로 믿게 하는 것이고, 나쁘게 말하면 일종의 영적인 폭력이라고 볼 수 있다. 그것은 인간에 대한 굉장히 무례한 행위다. 우리가 비록 비천하고 추한 죄인들임에도 불구하고 하나님은 우리를 무례하게 대하지 않으신다. 폭군처럼 초능력으로 두렵게 하시어 우리의 자유의지를 억압하고 인권을 유린하지 않으신다.

유진 피터슨(Eugene Peterson)의 말처럼 "하나님은 힘으로 제압하는 혹은 위협하는 표적을 사용하셔서 우리의 자유와 존엄을 해치지 않으신다."[7]

믿음은 그렇게 강요될 수 없다. "믿도록 위협을 받거나 부추겨지거나 조종 당한다면 우리는 믿게 되는 것이 아니라 위협감, 강탈당한 느낌 혹은 이용 당했다는 느낌만 갖게 된다. 그 결과 오히려 믿음에서 더 멀어지게 된다."[8] 그러므로 우리는 초자연적인 현상이나 표적 앞에 우리의 자율성을 쉽게 포기하고 굴복해서는 안 된다. 기적의 노예가 되는 것에 결연히 항거해야 한다. 말씀 앞에 엎드리는 것은 참으로 지혜로운 일이나 기적 앞에 무분별하게 고꾸라지는 것은 참으로 어리석은 일이다. 한국 교회에는 기이하고 초자연적인 현상으로 인해 광적인 열심을 내는 이들은 많으나 복음의 진리에 사로잡혀 불꽃같이 타오르는 건강한 신앙을 가진 이들은 희소하다.

복음 사역자들은 자신도 모르게 인간에게 영적인 폭력을 휘두를 수 있다는 무서운 사실을 잊지 말아야 한다. 비록 선한 의도에서 비롯되었을지라도 그러한 방법은 성령이 원하시는 방법이 아니며 오히려 십자가의 도를 거스르는 것이다.

하나님은 벌레 같은 인간들을 위해 처참하게 죽어 주시기까지 존중하고 사랑하신, 한없이 인자하고 온유하신 분이다. 이 주님을 가장 효과적으로 증거하는 방법은 바로 온유함으로 전하는 것이다. 인간을 놀라 까무러치게 하는 기적이 아니라 복음의 세미한 음성을 통해 역사하시는 성령의 길을 따르는 것이다. 이러한 성령의 역사는 하나님의 성품과 꼭 들어맞는 방법이며 십자가의 사랑과 은혜를 깨닫게 하기에 가장 적합한 방법이다. 성령이 복음을 통해 주님의 온유한 음성을 듣게 하시고, 우리 마음에 하나님의 사랑의 얼굴빛을 비추어 주셔야만 하나님에 대한 참된 믿음과 사랑의 반응이 우리에게서 우러나온다.

성령의 약하심

하나님은 우리를 강압적으로 다루시지 않고 부드럽게 대하심으로 우리가 충분히 자율적으로 선택하고 행동하게 하신다. 우리에게 너무도 많은 불순종의 자유를 허용하시는 위험 부담까지 친히 끌어안으시면서 말이다. 성령의 임재는 잘 느껴지지 않고 그분의 음성은 너무도 세미하여 잘 들리지 않기 때문에 우리는 그것을 얼마든지 무시해 버리고 살 수 있다. 우리는 성령의 임재를 확연히 느끼기를 원한다. 그러나 그렇게 되면 우리는 더 부자연스럽게 되며 믿음보다 느낌과 체험에 더 의존하는 삶을 살기 쉽다. 성령은 자신의 존재를 숨기심으로 우리가 온전한 자유함 가운데 믿음으로 살기를 원하신다. 많은 표적은 상대적으로 믿음의 약화를 수반한다. 그만큼 믿음의 필요가 줄어들고 믿음이 성숙할 기회를 앗아가기 때문이다.

성령은 우리를 너무도 약하게 다루시는 것 같다. 단숨에 교만과 완고함을 꺾어 우리를 하루아침에 뒤바꾸어 놓지 않으신다. 물론 우리가 원한다면 그렇게 하실 수 있지만 고집을 부리면 우리에게 져 주신다. 오래 참고 기다리신다. 어떤 교인은 성령도 자기 성질은 못 고치신다고 하는데, 신성모독적인 말이지만 전혀 일리가 없는 말도 아니다. 성령은 강제적으로 우리의 나쁜 성질을 뜯어고치시지 않기 때문이다. 우리가 자원할 때까지, 간절히 원할 때까지 기다리신다.

많은 경우 우리는 죄의 삶에 신물이 나야, 죄가 주는 일락의 마지막 한 방울까지 남김없이 들이키고 난 후에야, 죄의 쓴 열매로 인해 삶이 더 이상 비참할 수 없을 정도로 비참해지고 곤고해져야 죄의 길에서 돌이키기 원한다. 죄의 삶에서 아직 숨 쉴 여유가 있는 한 우리는 성화의 길에 들어서

지 않는다. 릭 워렌(Rick Warren)의 말처럼 "변화에 대한 두려움을 능가할 정도로 고통이 커질 때 비로소 우리는 변화된다. 대부분의 사람들은 회복의 길로 들어서는 것 외에 다른 방도가 없을 때에야 비로소 그 길을 택한다."[9] 그래서 대개의 경우 성화는 더디게 진행된다. 평생 성화가 거의 진전되지 않는 경우도 있다. 완고한 옛 자아가 평생 성령을 이겨버린 것이다.

교회에 변화되지 않은 교인들이 많은 것은 성령이 우리와 함께하시지 않는 증거가 아니다. 그것은 오히려 성령이 우리 가운데 오래 참고 기다리시는 증거이며, 그만큼 그분이 온유하시고 인자하시다는 사실의 반증이기도 하다. 동시에 우리가 얼마나 완악하고 목이 곧은 존재인지가 여실히 드러나는 대목이라고 할 수 있다. 어떤 신학자는 2천 년 교회 역사는 성령의 수난의 역사라고 말했다. 우리 개인의 신앙 역사 또한 성령이 우리 안에서 고난받으시는 역사라고 할 수 있다. 우리는 예수님이 십자가에서 당하신 고난뿐 아니라 성령이 우리 안에서 슬퍼하시고 탄식하시는 고난 덕분에 구원받는 것이다. 성령의 오래 참으심은 결국 우리의 구원이 된다.

신앙 생활을 하면 할수록 하나님이 우리를 너무도 오래 참고 기다려 주셨고 우리의 죄악에도 불구하고 너무도 인자하게 대해 주셨다는 것을 더 뼈저리게 절감하게 된다. 우리의 사악함과 완고함은 더 밝히 보이는 반면에 하나님의 인자하심과 신실하심은 더 깊이 깨닫게 된다. 그러면서 하나님의 사랑의 끈질긴 설득에 의해 우리의 완고한 마음이 서서히 설복되는 것이다.

많은 경우, 성령 운동은 성령을 따라가는 이 느리고 힘든 길을 회피하고 빨리 성과를 내기 위한 방편이 된다. 기적의 전법과 초능력을 도입하여 사람들을 압도하려 한다. 종교의 주식 시장에서 기적만큼 인기 있는 상품은 없다. 어떤 목사들은 온갖 세미나를 돌아다니며 쓰러뜨리는 기술, 방언과 예언하는 법을 습득하고 병 고치고 귀신 쫓아내는 권능을 전수받아 정체된 목회의 돌파구를 찾으려고 몸부림친다. 말씀을 아무리 전해도 별 변화가 없지만 병 고치는 능력을 받아 암 환자라도 고쳐서 그 소문이 퍼지면 텅 빈 교회당이 금세 가득 찰 것이라고 생각한다. 그러니 어찌 이 달콤한 유혹을 뿌리칠 수 있겠는가?

복음 사역자들은 비록 느릴지라도, 사역의 성과가 잘 나타나지 않아도 정도를 따라 주의 일을 해야 한다. 성령의 인도하심을 따라 사역하는 것은 바울이 에베소 교회에서 그랬던 것처럼 모든 겸손과 눈물과 오래 참음으로 일하는 것이다(행 20:19, 31 참조). 하나님의 종은 하나님의 소모품이라는 말이 있다. 복음 사역이 무한히 에너지와 시간을 소모하는 무의미한 일같이 보일 수 있다. 그러나 이렇게 소모적으로 보이는 사역을 통해서만 하나님의 낭비하시는 사랑과 은혜가 밝히 증명되는 것이다. 하나님은 그 귀한 은혜와 사랑을 자격 없고 가치 없는 자들에게 무한히 탕진하시는 하나님이시다. 이 하나님의 사랑이 탕자를 돌이키게 하듯이, 복음 사역자들의 소모하는 것 같은 사역을 통해 결국 완고한 죄인들이 하나님의 인자하심에 설복되는 것이다.

토론을 위한 질문

1. 천국을 봤다는 이들의 증언을 통해 사람들을 믿게 하는 것이 주님의 뜻이라고 성경은 가르치는가?

2. 어떤 전도사는 자녀들이 어떤 학교에 가야 하고 무슨 사업을 해야 하며 심지어 어디로 이사해야 하는지도 예언한다. 이것을 성경적인 예언이라고 할 수 있는가?

3. 만약 당신에게 두 사람의 결혼 상대가 있는데 아무리 생각해 봐도 둘 다 좋은 상대이고 호감이 간다면 당신은 어떻게 할 것인가?

4. 예언자라는 이들이 자신의 마음에서 일어나는 감동이나 메시지를 하나님이 말씀하셨다고 말하는 것은 어떤 혼란을 야기할 수 있는가?

5. 놀라운 기적과 표적으로 사람들을 제압하고 그들의 불신을 일격에 날려버림으로 믿지 않을 수 없게 하는 것이 성령님이 일하시는 방법인가?

6. 왜 복음 전파자들이 복음의 약하고 부드러운 방법을 저버리고 기적의 전법과 초능력을 도입하여 사람들을 압도하려는 유혹에 빠지게 되는가?

2장

성령의 얼굴에
나타나는 수줍음

거룩한 수줍음

성령은 '얼굴 없는 인격'이시라는 말이 있다. 그분은 자신의 얼굴을 감추시는 신비한 인격이시다. 그렇기에 성령의 임재와 역사를 파악하기는 쉽지 않다. 성령에 대한 많은 혼란이 야기되는 이유도 여기에 있다. 성령의 얼굴을 어떻게 분간할 수 있을까?

성령의 얼굴에 나타나는 가장 두드러진 특성은 '거룩한 수줍음'이라고 할 수 있다. 물론 이 수줍음은 인간에게서 볼 수 있는 병든 자의식의 산물을 말하는 것이 아니다. 우리는 자신감이 없거나 지나치게 자신을 의식하기에 수줍어한다. 그러나 거룩한 수줍음은 자신을 잊어버리고 상대에게 모든 관심을 쏟는 사랑의 특성이다. 성령은 자신을 드러내지 않고 온전히 예수님만 드러내는 수줍음을 가지셨다. 성령은 자신의 영광을 베일로 감추시고 자신을 통해 예수님의 영광만이 드러나게 하신다(요 16:14 참조). 이 거룩한 수줍음은 예수님의 특성이기도 하다. 예수님은 스스로 영광을 취하지 않으시고 하나님 아버지께 모든 영광을 돌리셨다. 예수님뿐만 아니라 성부 하나님마저 수줍어하신다. 성부 하나님이 궁극적으로 영광을 받으시지만 그분은 아들을 영화롭게 하신다. 그리고 아들 안에서 우리도 영화롭게 하신다. 삼위 하나님은 서로에게 영광을 돌리신다. 자신에게만 영광을 돌리는 것은 마귀의 특성이다. 인간이 스스로 이름을 내고 자기 영광을 추구하는 것은 자신에게 가장 욕되고 수치스러운 일이다. 우리는 예수님처럼 하나님께만 영광을 돌릴 때 하나님을 닮은 가장 영광스러운 존재가 된다.

이 거룩한 수줍음은 성령의 얼굴을 분별하는 중요한 척도다. 성령으로 충만한 사람은 거룩한 수줍음으로 가득한 사람이다. 그는 자신을 드러내기를 심히 부끄러워하며 오직 예수님을 기쁘시게 하고 영화롭게 하는 데 온통 관심을 집중하는 사람이다. 요즘 성령 운동을 하는 이들에게서 이 성령의 얼굴이 잘 보이지 않는다. 오히려 자신을 과시하며 자신의 영광과 명성을 추구하는 욕망으로 일그러진 얼굴이 나타날 때가 많다.

거룩한 수줍음은 십자가가 내면화된 증거다. 헛된 영광을 추구하는 옛 자아와 그 욕망이 십자가에 못 박힌 사람의 얼굴에 나타나는 특성이다. 그러므로 성령의 얼굴이 나타나는 진정한 성령 집회는 예수 그리스도와 그분의 십자가가 바르게 전파되며 인간의 옛 자아를 죽이는 십자가의 능력이 강하게 역사하는 곳이다. 아무리 성령의 능력과 은사를 외칠지라도 예수 그리스도의 십자가가 밝히 증거되지 않는 곳에는 성령이 부재할 수밖에 없다. 또한 아무리 예수 그리스도께 영광을 돌린다고 외칠지라도 십자가의 능력으로 도살당하지 않은 옛사람이 성령의 능력과 은사를 은근히 과시함으로 그리스도께만 돌려야 할 영광을 교묘히 가로채는 곳에서 성령은 심히 근심하신다. 그러므로 바울 사도처럼 예수 그리스도와 그분의 십자가만 자랑하며 그 십자가에 육신의 욕심과 야망을 못 박은 사람만이 진정한 성령의 통로가 될 수 있다.

필자도 이 글에서 그 문제점을 지적하기 위해 편의상 성령 운동이라는 말을 사용하긴 했지만, 이 말 자체는 아주 잘못된 용어다. 성령은 결코 자신을 드러내고 선전하는 운동을 하시지 않는다. 그분은 예수님을 영화롭게 하며 예수님의 이름과 사역을 증진시키는 일을 하신다. 그러므로 성령 운동이라는 말은 이런 성령의 특성과 전혀 부합하지 않는 표현이다. 성령은 성령 운동이 아니라 '예수 운동', 즉 예수님을 알리고 높이는 운동을 하신다. 지금까지 전통적인 교회에서는 예수님을 드높이는 운동을 하는 성령의 사역을 강조하였다. 그러나 작금의 성령 운동은 성령을 이용하여 종교적 아성을 쌓아감으로써 인간을 높이는 운동으로 둔갑해 버렸다.

또한 성령 운동이라는 말은 마치 우리가 우리 뜻대로 성령을 조종하고 운행할 수 있는 것 같은 느낌을 전달하기에 매우 부적합한 용어다. 우리는 우리의 뜻이나 목회 성공을 위해 성령을 운동하게 해야 하는 것이 아니라 성령이 그 뜻대로 우리를 사로잡아 운동하게 하시도록 우리 자신을 그분께 내드려야 한다. 우리가 성령을 도구로 사용하는 것이 아니라 성령이 우리를 편하게 사용하실 수 있게 해야 한다. 우리가 마음대로 끌어당겨 사용할 수 있는 능력이나 에너지가 아니라 우리가 사랑하고 순종해야 하는 인격적인 대상으로 성령을 모셔야 한다. 한국 교회에는 성령을 교묘하게 이용하여 자신의 종교적 야욕을 채우려는 이들은 많아도, 성령을 진정으로 사랑하여 그분과 매일 인격적인 교제를 누리며 그분과 함께 걷는 이들은 많지 않다. 그렇기에 열광적이고 신비적인 현상 같은 잎사귀들은 무성하지만 정작 주님이 찾으시는 성령의 열매는 나타나지 않는 것이다.

금니 소동

요즘 어떤 집회에서는 멀쩡한 이를 금니로 바뀌게 하는 해괴한 현상으로 사람들을 현혹하고 있다. 교인들을 바르게 지도해야 할 목사들마저 영적인 분별력이 흐려져 이런 집회에 기웃거리며 그런 초능력을 전수받으려고 한다. 안성에 있는 모 수양관에서 이런 집회가 열렸을 때 수백 명의 목회자들이 모여들었다. 집회를 인도하는 목사는 모인 사람들을 둘씩 짝을 짓게 하고 서로의 입 안에 아말감으로 때운 이를 확인하게 한 뒤 "예수의 이름으로 아말감은 금니로 변하라"고 외친다. 그러면 잠시 후 여기저기에서 금니로 변했다는 환성이 터져 나온다. 참으로 희한한 일이다. 모두에게 그런 기적이 일어나지는 않았지만 상당수의 사람들이 그것을 목격했다고 한다. 처음에는 그런 현상은 성령의 역사일 수가 없다고 생각했던 이들도 막상 그런 기적이 눈앞에서 벌어지는 것을 본 후에는 어떻게 판단해야 할지 매우 혼란스러워한다. 이같이 기적 앞에서는 이성적이고 매우 상식적인 판단력마저 무기력해지기 쉽다.

기적이 일어났다고 해서 그것이 반드시 성령의 역사라고 보는 것은 어리석은 일이다. 성경은 사탄도 성령의 능력을 모방하여 이적과 표적을 행하므로 미혹되지 말라고 말한다. 미국의 한 그리스도인 여성은 두 발의 길이가 서로 5센티미터 정도 차이가 났는데 마술적인 힘을 행사하는 한 '치유자'에게 놀랍게 치유를 받았다. 그 후에 불행하게도 그녀는 심한 우울증과 심리적인 억압에 시달리다가 결국 목사에게 그 사실을 고백하고 죄를 회개했다. 그러자 즉시 심리적인 억압이 떠나가고 동시에 그녀의 발 길이가 원상태로 되돌아왔다.[1] 표적과 기사는 기독교만이 전유한 것이 아니라 다른 종교들에서도 나타난다. 이슬람교의 성자로 알려진 바바 파리드(Baba

Farid)는 죽은 자를 살리고, 여러 가지 불치병들을 고치고, 마른 대추야자 열매를 황금덩어리로 변화시키는 놀라운 기적을 행했다고 알려졌다.[2] 그 밖에도 이와 유사한 보도들이 무수히 많다.

그러므로 신기한 현상이나 치유의 기적이 일어났다고 해서 무턱대고 그것을 성령의 역사라고 믿어서는 안 되며 반드시 성경적으로 검증해서 분명히 믿을 만한 근거가 있는지 확인하고 믿어야 한다. 지금은 그 어느 때보다도 객관적이고 냉철한 판단력이 필요한 시기다.

기적이 일어났다는 사실보다 더 우선적으로 고려해야 할 점은 그런 현상이 진정으로 성령 사역의 특성을 띠고 있는지를 살펴보는 것이다. 예를 들어, 전에 아프리카의 어떤 선교지에서 이가 빠지고 잇몸이 상해 음식을 못 먹는 이들에게 새 이가 생기는 기적이 일어났다는 보도가 있었다. 그 보도의 진위를 확인할 수는 없지만 만약 그것이 사실이라면 그러한 기적은 하나님이 베푸신 긍휼의 손길이라고 볼 수 있다. 또한 가난해서 의료 혜택을 전혀 받을 수 없는 사람이나 잇몸 상태가 나빠서 임플란트가 불가능해 음식 섭취에 심한 어려움을 겪는 이에게 이가 재생되는 기적이 일어나 하나님의 영광과 사랑이 나타난다면 그것은 성령의 역사라고 판단할 수 있을 것이다.

그러나 멀쩡한 이를 요술같이 금니로 둔갑시키는 것은 성령의 역사라 볼 수 없고 오히려 미혹하는 영의 장난으로 보아야 할 것이다. 성령은 진리와 질서의 영이시기에 특별한 목적과 의미 없이 기적을 남발하여 우리를 혼란과 무질서에 빠뜨리시지 않는다. 성령은 지금도 능력으로 역사하신다. 그러나 그분은 기적을 아주 경제적으로 행하신다. 분명한 경륜적 목적이 없이 기적을 함부로 행하시지 않는다. 다시 말하면, 성령은 기적을 아끼신다. 그것은 그런 은혜를 베푸는 데 인색하시기 때문이 아니라 우리가 육체 가운데 살도록 정하신 창조의 질서를 스스로 무너뜨리심으로 우리의 삶을 혼란스럽게 하시지 않기 위함이다.

어떤 이들은 그런 초자연적인 현상이 전도에 도움이 된다고 주장한다. 하지만 그런 표적이 사람들의 호기심을 자극할 수 있을지는 모르나 그들의 영혼을 주님 앞으로 인도하는 데는 별로 도움이 되지 않는다. 오히려 거침돌이 될 가능성이 크다. 기적과 표적으로 사람들의 의심과 불신을 단숨에 날려버려 믿지 않을 수 없도록 그들을 굴복시킬 수 있을지 모른다. 하지만 하나님이 원하시는 참된 회개와 사랑의 반응을 이끌어 낼 수는 없다. 만약 기적으로 인간을 변화시킬 수 있었다면 주님이 십자가의 길을 가실 필요가 없었을 것이다. 죽은 나사로를 살리는 사건으로 예수님의 초자연적인 기사는 그 절정에 이르렀으나 유대인들은 그로 인해 오히려 더욱 강퍅해졌다. 이후부터 복음서에서 기적은 서서히 무대 뒤로 사라지고 주님의 고난과 십자가가 전면에 부각된다.

죄인들의 심령을 변화시켜 그들에게서 진정한 사랑의 순종을 이끌어 낼 수 있는 유일한 길은 십자가뿐이다. 그래서 바울 사도는 표적을 구하는 유대인들에게는 이 십자가의 도가 거리끼는 것이나 믿는 자에게는 구원에 이르게 하는 하나님의 능력이라고 하였다(고전 1:23-24 참조). 십자가의 복음이 아닌 마술과 같은 표적으로 사람들을 믿게 하려는 것은 인간을 구원하는 십자가의 능력을 온전히 의존하지 못하는 불신앙의 결과라고 할 수 있다. 또한 이는 십자가의 신학에서 벗어나 번영 신학, 영광의 신학으로 변질된 메시아관이 교회에 은밀히 침투하고 있는 징후이기도 하다. 과거 유대인들과 같이 지금도 사람들은 십자가의 메시아가 아니라 기적과 표적으로 세상을 제압하는 만능의 메시아를 원하고 있다. 십자가 밑에서 군중이 원했던 것이 바로 그런 메시아였다. 그들은 "네가 메시아이면 십자가에서 내려와 너의 능력을 보이라. 그러면 우리가 믿겠노라"고 소리쳤다.

전에 어떤 기도원에서 한 목사가 이런 설교를 하는 것을 들었다. "예수 믿는 사람은 모두 부자가 되어야 한다. 셋방에 사는 이는 70평 빌라에 살고, 티코를 타는 교인은 에쿠스를 타야 한다." 이런 기복적인 메시지는 십자가의 메시아보다 만능의 메시아를 선호하는 대중의 입맛에 딱 들어맞는다. 교인들의 궁극적인 관심이 무엇이냐에 따라 그들의 메시아관이 결정된다. 가장 큰 관심사가 죄에서 자유하여 성결해지는 것보다 세상에서 형통하는 것이 될 때 그들의 메시아관도 교묘히 변질된다. 여전히 예수님을 구세주로 고백하지만 그들이 믿고 섬기는 대상은 더 이상 성경이 증거한 십자가의 예수님이 아니다. 그것은 그들 마음속 깊이 자리 잡은 욕망이 형상화된 우상이다. 현대 교인들은 그들의 옛 자아와 욕심을 십자가에 못 박게 하는 메시아는 질색하지만, 세상에서 그들의 빵 문제, 질병과 고통의 문제를 해결해 주고 그들을 번영하게 해줄 메시아는 대환영한다. 이렇게 세속화된 교인들의 욕망으로 변질된 메시아관이 한국 교회를 병들게 하고 있다. 교인들이 예수님을 믿어도 삶에 변화가 없다. 믿노라 하지만 그들이 실제 믿는 대상은 십자가의 예수님이 아니니 어찌 변화될 수 있겠는가?

한국 교회의 일부 성령 운동과 집회가 이러한 거짓된 메시아관을 퍼뜨리는 데 효과적인 도구로 사용되어 왔다는 사실은 새삼스러운 일이 아니다. 성령의 능력과 초자연적인 기사의 폭발적인 역사를 강조하는 성령 집회는 만능의 메시아를 바라는 교인들의 기대에 부응하기에 충분하였다. 성령의 기적과 초능력이 고난과 질병을 일격에 날려버리고 자아의 욕망과 소원을 성취하는 동력으로 무상으로 제공되는데 어찌 그런 집회에 매료되지 않겠는가?

그런 성령 운동의 심각한 문제점은 십자가의 메시아에서 일탈했다는 것이다. 성령 운동이 예수 그리스도의 십자가에 그 분명한 초점을 맞추지 않으면 복음은 현저히 왜곡되고, 성령의 능력은 하나님의 구속의 목적을 이루기보다 인간의 종교적 야망을 성취하기 위해 남용되는 무서운 결과를 초래하고 만다. 그런 성령 운동의 문제는 기적이나 은사를 강조하는 데 있는 것이 아니라, 그에 대한 과도한 집착이 십자가에 대한 초점을 흐리게 한다는 데 있다.

성령의 원리인가, 무신론의 원리인가

성령 운동이 잘못되는 근본 원인은 십자가의 죽음을 거치지 않고 부활의 영광과 능력만을 추구하는 데 있다. 그렇게 되면 성령 운동은 십자가에 못 박히지 않은 옛사람의 야망을 성취할 방편으로 교묘히 이용된다. 이 세상의 성장 제일주의와 은밀히 결탁하여 성공과 번영을 갈구하는 인간의 이기적 목적을 위해 봉사하는 도구로 변질된다. 성령의 은사는 성공을 위한 은사로 탈바꿈하고 만다. 세속적 욕망이 성령의 뜻으로 위장되고 거룩한 명분으로 포장된다. 그런 성령 운동은 사람들을 미혹하는 힘이 엄청나게 크다. 무엇이 성령 운동을 실제로 움직이게 하는지를 파악하기 힘들어진다. 성령의 역사라는 이름으로 교묘히 합리화되고 천사의 언어로 감쪽같이 은폐되어 인간의 이기적이고 마귀적인 욕망의 꿈틀거림을 감지하기가 거의 불가능해진다.

이런 성령 운동은 예수 그리스도의 십자가를 통해 이루시려는 하나님의 구원의 목적보다 오히려 인간의 종교적 욕망을 성취하는 방편으로 이용되기 쉽다. 그렇게 되면 이런 운동은 하나님의 나라보다 세상의 가치관을 확산시키며, 성화보다 세속화를 가속화하는 운동으로 둔갑하게 된다. 이런 동인에서 촉발된 성령 운동은 결국 '하나님께 영광'이라는 거룩한 명분하에 교묘하게 인간의 헛된 영광을 지향한다. 성령의 힘을 빌려 인간의 업적을 쌓고 인간의 이름을 내려는 성령 운동은 하나님의 무서운 진노를 부르는 바벨탑 운동이 되어버린다. 그러므로 성령 운동을 한다는 자들은 조심해야 한다. 자칫 잘못하면 그들이 다루는 불에 스스로 삼킴을 받을 수 있다. 비둘기처럼 온유하신 성령을 진노하게 하면 그분은 무서운 사자로 돌변하시어 그들을 찢으실 것이다.

인간은 모두 힘을 갈구한다. "신은 죽었다"라고 외치며 교회를 향해 독설을 퍼부은 철학자 니체(Nietzsche)는 권력과 힘에 대한 욕망을 인간의 가장 원초적이면서도 강렬한 욕구로 보았다. 그에 의하면, 권력에 대한 의지는 인간 내면으로부터 솟구쳐 올라오는 활력이며, 생동하고 정복하며 창조하는 힘이다. 이상적인 인간은 권력에 대한 욕망을 최대한 발휘하여 사회 속에서 이 욕망을 성취하는 권력 지향형 인간, 즉 슈퍼맨(초인)이다. 니체는 권력의 욕망을 부정하고 위축시키는 기독교 윤리를 자기발전의 최대 원동력을 말살해 버리는 유혹의 거짓말이라고 신랄하게 비판하였다. 남성적 힘의 상징인 권력의 의지를 거세해 버려 인간을 나약하기 짝이 없는 약골로 만드는 악한 사상이라는 것이다.

비록 니체는 극단적인 무신론자이지만 인간 내면에 꿈틀거리고 있는 욕망의 정체를 잘 간파하여 우리에게 알려 주었다. 우리 안에는 권력에 대한 욕망이 끊임없이 솟구쳐 올라온다. 이 욕망에 사로잡혀 우리는 남들보다 더 앞서고 강해지며, 더 높아지고, 더 많이 성취하기 위해 쉼 없이 수고한다. 이 사회를 은밀히 지배하고 있는 것은 바로 니체가 주창한 권력 지향적 삶의 원리다. 그런데 교회 역시 이 무신론의 원리와 가치관을 따라 권력을 추구하는 유혹에 빠지기 쉽다. 교회를 부흥시켜 수적인 위력과 재정적이고 조직적인 힘을 구축하여 세상을 압도하는 권력을 구가하기 원한다.

니체는 솔직하게 무신론의 이름으로 권력을 추구했으나 현대 교회는 유신론의 입장에서 '하나님께 영광'이라는 투철한 명분을 내세우며 권력을 지향한다. 니체는 슈퍼맨의 꿈을 이룰 수 있는 인간 능력과 자원의 한계를 극복하지 못해 실패했지만 현대 교회는 성령의 폭발적인 능력을 이용하여 권력의 욕망을 성취함으로 니체가 이루지 못한 꿈을 이루어 '슈퍼 교회'로 등극하였다. 소위 성령 운동을 한다는 이들은 니체가 감히 꿈꾸지도 못했던 슈퍼맨의 역할을 한다. 초자연적인 현상과 기적까지 동원하여 사람들을 압도하고 세상을 놀라게 하여 무수한 사람들을 끌어모으고 막대한 재정을 확보하는 데 대성공을 거두고 있다. 어떤 이는 성령으로 충만하면 영권, 물권, 축복권을 죄다 거머쥐게 된다는 식으로 떠벌리고 다닌다. 만약 니체가 살아 있다면 힘의 종교로 거듭난 현대 기독교로 개종하여 성령 운동의 열렬한 추종자가 됐을지도 모른다. 많은 성령 운동이 사실 성령의 뜻보다 도리어 권력을 향한 인간의 목마름에 의해 촉발되고 있다. 성령 운동이 성령의 원리가 아니라 무신론의 원리에 의해 은밀하게 운행되고 조종된다는 사실은 우리를 섬뜩하게 한다.

권력에 대한 걷잡을 수 없는 욕망이 십자가에 못 박히지 않은 사람들에게 성령의 권능만큼 위험한 것은 없다. 능력이 마귀적으로 남용되는 무서운 일이 벌어질 수 있다. 이것이 성령 집회에서 자주 목격되는 현상이다. 성령 집회에서 그토록 초자연적인 은사와 기적을 갈구하는 것은 많은 사람들을 조종하고 싶은 강렬한 욕구의 발현인 경우가 많다. 사람들을 제압하고 조종하기에 초자연적인 현상과 기적보다 더 효과적인 방편은 없다. 힘없는 인간이 가장 숭배하는 것이 초자연적인 힘이며 인간은 그 앞에서 꼼짝없이 압도될 수밖에 없다.

과연 성령의 뜻일까

요즘 한국 교회에 사람을 쓰러뜨리는 것이 유행하고 있다. 주체할 수 없는 힘에 압도되어 쓰러지는 현상에 사람들이 매료되고 있다. 어떤 목사는 교회당에 모여 있는 교인들을 향해 손을 흔들기만 했는데도 교인들이 모두 쓰러졌다고 한다. 얼마 전에 그런 현상이 강하게 나타난다는 기도원에 찾아갔다. 필자가 갔을 때는 평일 저녁인데도 200명 남짓한 사람들이 운집해 있었다. 모두 푹신한 매트가 깔린 예배당 바닥에 앉아 예배를 드리고 있었다. 집회를 인도하는 목사는 강단에 서서 한 시간 가량 간간이 찬송을 하며 설교를 했다. 설교 내용은 두서가 없었고 암 같은 불치의 병이 고침받은 사례나 신기한 현상에 대한 이야기가 많았다. 그런데 그는 설교하면서 아주 기이한 행동을 했다. 설교 중에 종종 입을 마이크에 대고 "후" 하고 바람을 불어대는 것이었다. 그러자 희한하게도 여기저기서 사람들이 쓰러지고 어떤 이들은 마치 검불처럼 데굴데굴 굴렀다. 그가 "후" 하고 바람을 불 때마다 그런 해괴한 일이 반복되었다. 목사는 그런 '능력의 현시'를 즐기는 듯했고 그렇게 쓰러지고 구르는 사람들 또한 파도타기를 하듯 그것을 원하는 것 같았다.

예배가 끝나자 목사는 모두 자리에서 일어나라고 한 후 앞줄부터 마치 사열을 하듯이 사람들 앞으로 지나갔다. 서 있던 대부분의 사람들은 그가 지나가면서 손가락을 이마에 살짝 대기만 해도 뒤로 벌렁 나자빠졌고, 어떤 이들은 목사가 다가가기만 해도 쓰러져 버렸다. 필자는 뒷줄에 서 있었는데 드디어 그 목사가 바로 앞에까지 왔다. 앞에 서 있던 사람들은 모두 바닥에 쓰러져 있었다. 좀 긴장이 되었다. '나에게도 저런 일이 생긴다면 어떻게 하나?' 내심 걱정되기도 했다. 그 목사가 필자 앞에 와서 보더니 낯선 사람이고 심상치 않게 생겼다고 생각해서인지 특별 서비스를 해주었다. 다른 이들과는 달리 이마에 손가락만 살짝 대는 것이 아니라 손바닥을 가슴에 대고 누르며 안수했다. 그런데 필자에게는 아무런 일도 일어나지 않았다. 아무것도 느끼거나 체험하지 못했다. 그 목사는 좀 당황하는 것 같더니 필자를 지나 나머지 서 있는 사람들을 모두 쓰러뜨렸다. 모조리 전멸당하고 혼자만 남은 꼴이 되었다. 필자만 혼자 멀쑥하게 서 있는 것이 멋쩍어 슬그머니 그 자리를 빠져나오고 말았다.

일명 '토론토 블레싱'이라고도 불리는 이 쓰러지는 현상은 미국과 캐나다의 빈야드 운동에서 시작된 것인데 한국 교회가 이것을 성경적인 검증 없이 무분별하게 도입하여 큰 혼란을 자초하고 있다. 한국 교회는 미국이나 서구에서 아주 유해한 영적 폐기물들을 마구 수입해 오는 어리석음을 범하고 있다. 이런 현상을 건전한 성령의 역사로 볼 수 있는 어떤 성경적 근거도 찾을 수 없다. 이런 현상들을 좇는 이들은 이에 대한 성경적인 증거가 있을 뿐 아니라 교회 역사 속에서도 그 전례를 발견할 수 있다고 주장한다. 물론 과거 영국과 미국에서 부흥이 일어났을 때 간혹 말씀을 듣다가 죄를 깨닫게 하시는 성령의 강한 역사하심에 압도되어 의자에서 바닥으로 굴러떨어지는 사례가 있었다고 한다. 그러나 당시 설교자들은 말씀만 전했을 뿐 전혀 그런 현상을 어떤 식으로든 유도하지 않았다. 지금처럼 의도적으로 사람을 쓰러뜨리기 위해 안수하는 일은 더더욱 없었다.

또한 성경 어디에서도 사람들을 안수하여 쓰러뜨린 예를 찾을 수 없다. 어떤 이들은 사도 요한이 밧모 섬에서 하나님의 묵시를 받을 때 땅에 엎드러진 것과 그와 비슷한 사례(다니엘, 에스겔)를 성경적인 근거로 제시한다. 그러나 두 현상은 전혀 다른 것이다. 성경에 기록된 사건들은 인간의 안수나 터치에 의해 일어난 것이 아니다. 거기에는 인간이 전혀 개입되지 않았다. 전적인 하나님의 현현이나 계시에 의해 일어난 현상이다. 사람들을 쓰러뜨리는 것은 그런 신적인 계시와 아무런 상관이 없는 것이다.

어떤 이는 그렇게 쓰러진 후에 깊은 안식과 평안을 맛보았다고 한다. 그러나 그렇게 쓰러졌던 사람들의 대부분은 별 효험을 보지 못했다. 또한 어떤 평안을 느꼈다고 해서 그것이 건전한 성령의 사역이라고 단정할 수 없다. 그런 현상이 성경적인 근거가 있든 없든 간에 자신에게 어떤 유익이 되면 정당한 것으로 보는 사고는 이 세상의 실용주의적 가치관을 따르는 것이지 성경의 진리를 따르는 신앙관이 아니다. 더욱이 이런 현상들을 성경적으로 잘 분별하여 신자들에게 바른 지침을 제시해 주어야 할 교회의 목사들과 지도자들이 앞장서서 이런 혼란을 부추기고 있는 것은 참으로 한심한 일이다.

교회는 사람들을 안수하여 쓰러뜨리는 행위를 금해야 한다. 이것을 묵과하고 허용할 때 온갖 부작용이 발생한다. 집단 최면술을 사용하는 이들이 있는가 하면, 어떤 교회에서는 교인이 잘 쓰러지지 않는다고 목을 찌르거나 밀어서 억지로 넘어뜨리는 작태가 벌어지기도 했다. 또한 여기에 도사리고 있는 더 큰 위험은 교인들이 이런 현상에 과도하게 집착하고 의존하게 만든다는 점이다. 어떤 교인들은 집회 때마다 안수를 받아 쓰러지기를 원한다. 그들은 그런 쓰러짐을 특별한 은혜를 받는 체험이나 방편으로 생각한다. 그런데 문제는 그들이 더 중요하고 정상적인 은혜의 방편으로는 만족하지 못하고 은혜를 체험하지 못한다는 점이다. 자연히 말씀보다 극적인 현상을 의존하는 체험주의 신앙에 빠지게 된다.

이런 사역을 하는 이들은 사람들을 쓰러뜨려야 한다는 일종의 강박에 사로잡혀 있는데 그래야만 자신의 권위가 서기 때문이다. 여기에 가장 무서운 위험이 도사리고 있다. 초능력을 이용하여 자신을 과시하고 사람들을 제압하려는 어둠의 유혹이 깃든다. 능력은 매우 위험한 것이다. 능력이 클수록 남용될 수 있는 위험은 커진다. 물질계에서 원자력이 오용될 때 무서운 파괴력으로 돌변한다. 영적인 세계에서도 초자연적인 능력과 기적이 남용될 때 영적인 대혼란과 파멸이 초래된다. 사탄의 범죄가 바로 그런 것이었다. 그러므로 초월적인 기사와 능력을 다루는 이들은 극히 조심해야 한다. 그렇지 않으면 자기도 모르게 가장 끔찍한 죄를 범할 수 있다. '능력을 마귀화'하는 범죄에 빠질 수 있는 것이다. 그 능력이 거룩한 성령의 능력일 때 그 범죄의 심각성은 극에 달한다.

그러면 최면술이나 인위적인 방법을 쓰지 않았는데도 사람들이 쓰러지는 능력이 자신을 통해 나타날 경우에는 어떻게 해야 하나? 어떤 목사는 선 채로 한 사람을 위해 기도하고 눈을 떠 보니 그가 보이지 않았다고 한다. 기도를 받은 사람이 바닥에 누워 있더라는 것이다. 그에게 어떻게 된 일이냐고 물으니 자기도 모르게 다리에 힘이 빠져 쓰러졌다는 것이다. 그 목사는 왜 그런 일이 일어났는지, 그것이 과연 성령의 역사였는지 잘 모르겠다고 솔직하게 말했다. 이전에 필자가 봉사하는 신학대학원에 다니던 학생에게 직접 들은 이야기다. 필자가 신학대학원 경건회에서 설교한 후에 기도를 했는데 어떤 강한 힘이 자신을 압도하여 한동안 자리에서 도저히 일어날 수가 없었다고 하였다. 비록 이런 일이 우리의 예배나 기도 시에 일어날 수 있지만 그런 현상들은 상당히 주관적인 성격을 띠기에 진정한 성령의 역사인지를 객관적으로 검증하기란 매우 어렵다.

그러므로 그런 현상을 마치 능력의 표증이라도 되는 것처럼 과대평가하거나 과시해서는 안 된다. 어떤 형태로든 그런 현상이 일어나도록 유도하여 사람들을 현혹시키는 행위는 더더욱 삼가야 한다. 전혀 의도하지 않았는데 자신의 기도로 인해 사람들이 쓰러질 경우에도 각별한 주의와 절제가 필요하다. 왜냐하면 이런 현상으로 인해 자신이 과시되고 순진한 영혼들이 그것을 지나치게 생각할 수 있기 때문이다. 그런 능력이 나타나는 이들은 더욱더 공중 앞에서 사람들이 쓰러지는 일이 일어나지 않도록 자제해야 한다. 그것은 얼마든지 통제 가능한 일이다. 사람들을 세워놓지 않고 앉힌 채로만 기도해도 쓰러지는 일은 결코 발생하지 않을 것이다. 이렇게 혼란을 방지하는 방법은 너무도 간단한데 대부분의 경우 그런 현상을 인위적으로 조장하고 있다. 왜 앉아 있는 이들을 다 일어나게 하는가? 그래야만 쓰러뜨리는 능력이 과시되기 때문이다. 일어나게 하지만 않아도 그런 현상은 쉽게 통제될 수 있을 텐데 말이다.

사람들은 보이지 않는 하나님보다 눈앞에 놀라운 능력을 발휘하는 주의 종을 더 추종하고 숭배하는 경향이 있다. 탁월한 사역자일수록 사람들의 우상숭배를 조장하고 하나님께만 드려져야 할 영광의 일부를 가로채는 무서운 죄에 빠질 수 있다. 그러므로 진정한 성령의 사람은 자신이 드러나지 않도록 철저히 자기를 부인하며 불필요하게 자신의 능력이 과시되지 않도록 사려 깊이 행하는 '거룩한 수줍음'을 가진 사람이다. 이런 이들의 모습에서 성령의 얼굴이 나타난다. 그러나 그런 현상으로 사람들의 이목을 끌고 그들을 조종하여 자기상승을 꾀하려는 이들의 모습에서는 교활한 마귀의 얼굴이 엿보인다.

성령을 팔아서 사기 치는 자들

성령 운동을 하는 이들 중에는 성령과 동행하며 인격적인 교제를 누리기보다는 성령의 은사와 능력을 끌어당겨 자신의 성공과 명성을 위한 원동력으로 삼으려는 이들이 많다. 그렇기에 수많은 성령 집회와 은사 집회가 열리고 있지만 꼭 있어야 할 성령의 열매는 잘 나타나지 않는다. 인간을 그리스도를 닮은 아름다운 인격자로 변화시키는 성령 운동이 아니라 초자연적이고 신비적인 은사와 체험을 쫓는 광신적인 모임으로 전락해 버린 것이다.

주님은 아무리 주의 이름으로 일하고 기적을 행하며 귀신을 쫓아내도 열매가 나타나지 않는 것은 거짓 선지자들의 분명한 특징이라고 하셨다(마 7:15-23 참조). 이런 주님의 말씀에 비추어 볼 때 오늘날 자칭 성령의 사역자라고 하는 많은 사람들은 이 부류에 속하며, 상당수의 은사 집회는 거짓 선지자들이 활개치는 사이비 집회에 더 가까울 것이다. 요즘 한국 교계에 성령을 빙자하여 사기 치는 자들이 부쩍 늘어가고 있다.

아무리 굉장한 능력을 행하고 탁월한 은사를 발휘할지라도 예수님을 닮은 인격의 열매가 없는 이는 진정한 성령의 사람이라고 볼 수 없다. 참된 영성의 표징은 '예수님께 집중하는' 수줍음과 '예수님을 닮은 모습'이다. 이러한 성령의 열매는 성령과의 지속적인 교제를 통해서만 배양된다. 일상 속에서 성령과 함께 걷는 삶을 살지 않으면서 사역할 때만 성령을 구하는 이들에게는 성령의 열매가 맺히지 않는다. 성령의 사역자들에게 열매 없이 은사만 나타나는 현상은 그들이 은밀한 삶에서 성령을 거스르는 불법을 행하며 산다는 분명한 증거다. 이는 성령을 순종해야 할 인격적인 대상이 아니라 사역을 위한 도구로 취급한 결과이기도 하다.

최근 성령 운동에서 '임파테이션'(Impartation)이라는 말이 유행하고 있다. 성령의 은사와 능력을 다른 사람에게 전수해 준다는 말이다. 성령으로 충만한 사역자가 인도하는 집회에서 성령 충만한 은혜가 참석한 사람들에게 흘러나가고, 그의 안수를 통하여 방언, 예언, 병 고침의 은사들이 전수된다고 한다. 성령의 기름부음을 받은 사람들은 그 기름을 다른 이에게 흘려보내야 한다는 것이다. 그러나 이런 주장은 매우 위험하다. 자칫 잘못하면 성령의 신성과 인격성을 무시하고 그분을 하나의 도구나 인간의 시녀로 전락시키는 반면에 인간을 신격화하는 말이 될 수 있다. 자신을 마치 성령을 마음대로 움직이며 유출할 수 있는 성령의 원천으로 생각하는 소행이 될 수 있다. 그렇게 가르치는 사람들은 그런 의미를 전혀 의도하지 않았다고 반박할 것이다. 그러나 우리 말의 표현에는 우리의 생각과 의도가 담겨 전달되기 마련이다. 이런 오해를 받지 않으려면 성령에 대한 표현에 있어 각별한 주의를 기울여야 한다. 무분별하게 그런 말을 마구 사용하여 혼란을 빚는 일을 삼가야 한다.

물론 성령으로 충만한 사람은 은혜의 통로가 될 수 있다. 그의 사역을 통해 은혜가 풍성하게 임할 수 있다. 그러나 그는 단순한 성령의 도구이며 통로일 뿐이다. 이는 성령의 은혜를 전수하는 것과는 아주 다른 것이다.

전수하는 것은 내 것이 된 것을 다른 이에게 나누어 주는 것을 의미한다. 성령의 은사와 권능은 내 소유가 아니며 내가 그것을 마음대로 전수할 권한은 더욱 없다. 성령 충만은 하나님의 주권적인 역사하심이다. 성령 충만이라는 말 자체가 성령에 의해 주관된다는 것을 뜻한다. 인간이 자기 뜻대로 자유롭게 유출할 수 있는 은혜가 아니다. 성령의 은사 또한 하나님의 주권적인 뜻에 따라 부여되는 선물이다. 하나님의 뜻과 상관없이 인간이 안수한다고 이 선물이 하사되는 것이 아니다. 자신을 통해 성령 충만과 은사가 전수될 수 있는 것처럼 말하는 이들은 하나님의 주권을 무시하는 것이며 성령을 자신의 원대로 움직이는 시녀로 취급하는 '성령 모독죄'를 범하는 것이다. 교인들에게는 그런 집회에 참석하여 안수만 받으면 자동적으로 성령의 은사와 능력을 받을 것이라는 기대와 요행심을 불러일으켜 성령보다 자칭 성령으로 충만하다는 사역자들을 더 바라보고 의존하게 만드는 우를 범하게 된다.

입으로는 삼위 하나님을 고백할지라도 성령을 마구 끌어당겨 사용하거나 남에게 자유롭게 전수할 수 있는 능력으로 취급하는 이는 실제적으로 성령의 인격성을 무시하는 이위론자, 즉 이단자이다. 그러므로 성령을 사역의 성공이나 자기실현을 위한 동력으로 이용하려는 것은 반기독교적일 뿐 아니라 이단적인 행위다. 일부 성령 운동이나 성령의 사역자들에게서 성령의 인격성을 손상시킴으로 기독교의 근간을 흔드는 이단자의 얼굴이 자주 나타난다.

기독교 신앙의 근간을 뒤흔드는 성령 운동

성령은 신적인 인격이시다. 이것이 성령을 이해하는 데 가장 중요한 인식이다. 성령이 인격이 아니시라면 기독교 신앙은 붕괴된다. 구원도 있을 수 없다. 하나님과의 인격적인 교제와 연합도 불가능해진다. 만일 성령이 단순히 능력이나 영향력이라면 성령은 하나님의 은혜와 구원의 효력을 전달하는 도구는 될 수 있지만 하나님의 인격을 중재하는 채널은 될 수 없다. 성령이 인격이 아니라 능력이라면 우리 안에 그리스도와의 인격적인 연합이 이루어질 수 없고, 우리를 그리스도의 형상으로 갱신하려는 하나님의 구원의 경륜은 좌절될 수밖에 없다. 하나님이 주시는 구원의 선물은 하나님 자신의 인격과 분리되어 전달되지 않는다. 이 구원의 선물은 죄 용서함과 천국 가는 티켓만이 아니라 삼위 하나님이 자신의 인격을 내어 주시는 것이다. 삼위 하나님이 우리 안에 내주하여 우리와 교제하며 천국의 실체를 누리게 하시는 것이다. 성령은 성부와 성자가 그 안에 상호 내재하실 수 있는 신적 인격체이시기에 우리 안에 삼위 하나님의 내주를 실현시키실 수 있다. 성령 안에 성자가 거하시고 성자 안에 성부가 거하신다. 성령이 우리 안에 내주하심으로 성자와 성부도 우리 안에 거하신다.

그러므로 만약 성령이 인격이 아니라 단순히 능력이라면 우리 안에 삼위 하나님의 내주는 불가능하며 기독교 신앙의 핵심인 삼위일체적 신앙은 붕괴된다. 성령의 인격보다 성령의 권능과 은사에 치중하는 성령 운동은 결국 삼위일체의 신비에 깊이 뿌리내린 기독교 신앙과 체험의 핵심 내용을 상실한 채 기독교의 옷만 걸친 영성 운동으로 전락할 수 있는 위험성을 다분히 가지고 있다.

초대교인들은 오순절에 임한 성령을 체험함으로써 삼위일체를 경험하였다. 그들에게는 성령 체험이 삼위일체의 신비 속으로 들어가는 관문이었다.[3] 이를 통해 그들은 삼위일체적 예배와 삶과 신앙을 영위할 수 있었다.

초대교인들은 지금 우리가 가지고 있는 것과 같은 이론적으로 잘 정리된 삼위일체의 교리는 없었으나 삶 속에서 삼위 하나님의 임재와 축복을 풍성히 누렸다. 그들에게 삼위일체의 신비는 단순히 교리에 불과한 것이 아니라 삶 속에서 누리는 진리이며 예배 속에서 체험하는 송영의 신학이었다.

현대 교회는 초대교회에 비해 훨씬 더 발전된 삼위일체 교리를 가지고 있지만 삶 속에서 그 진리의 부요한 생명력을 누리는 체험적인 측면은 매우 빈약한 편이다. 많은 교인들이 입으로는 여전히 삼위일체 신앙을 고백하지만 실제 삶 속에서는 자신들이 믿는 하나님이 삼위이시든, 이위이시든 아니면 일위이시든 별 상관이 없는 것처럼 살아간다. 이러한 현상은 우리 교회에 성령 체험이 현저히 결핍된 증거다. 참된 성령 체험은 삼위일체적 신앙을 교회 생활의 중심부로 복귀시킨다. 교회가 성령으로 충만하면 삼위 하나님의 영광스러운 임재를 체험하는 역동적인 예배와 삶이 회복될 것이다.

한국 교회에는 너무나 많은 성령 집회가 열리지만 진정한 성령 체험이 희소하다. 대부분의 성령 집회가 은사 체험과 초자연적인 현상에 온통 관심을 집중한 채 성령 체험의 심장과 영혼을 빼먹고 있다. 성령 체험을 다른 모든 영의 체험과 구분되게 하며, 기독교 영성을 다른 모든 영성과 가장 확실히 구별되게 하는 삼위일체적 독특성을 상실해 버렸다. 그 결과 성령 집회에서 나타나는 현상과 체험이 과연 성령의 역사인지 아니면 미혹의 영의 장난인지 구분하기가 어렵게 되었고 기독교의 근간인 삼위일체적 신앙은 심각한 위기에 봉착했다.

성부 하나님이 소외된 성령 체험

성령 운동을 하는 이들 중에는 비록 성령의 인격성을 강조할지라도 성령께 지나치게 편중한 나머지 마치 일위나 이위 하나님을 섬기는 것처럼 신앙 생활을 하는 이들을 볼 수 있다. 한 목사는 성령과 인격적으로 교제하는 법에 대해 쓴 책에서 항상 성령께 기도하는 것이 습관화되어야 한다고 말한다.[4] 매일 "성령님, 안녕하세요? 성령님, 어떻게 할까요? 성령님, 제게 말씀해 주세요. 성령님, 함께 가시지요. 성령님, 저를 도와주세요. 성령님, 저를 인도해 주세요"[5] 하고 기도하라는 것이다. 그는 구약 시대에는 하나님을 여호와라고 불렀으나 이제는 "'여호와여'라고 부르기보다는 '성령님, 사랑하는 성령님!'이라고 부르는 것이 더 친근감을 가져다준다"고 하였다.[6]

그의 가르침에 따르면 우리가 기도하는 주 대상은 성령이신 셈이다. 물론 우리는 성령께 기도할 수 있다. 삼위 하나님이 모두 우리 기도의 대상이시기 때문이다. 그럼에도 성경이 가르치는 기도의 주 대상은 성부 하나님이시다. '성령 안에서 예수님의 이름으로 하나님 아버지께 기도하는 것'이 성경이 제시한 기도의 정석이다. 이렇게 기도하는 것이 예수님의 가르침과 모범을 따르는 기도다. 예수님은 성령 안에서 항상 아버지와 교제하는 삶을 사셨다. 또한 자신만이 누렸던 특권, 즉 하나님을 '아빠'라고 부르는 권한을 우리에게 부여하시고 자신과 같이 아버지께 기도하라고 가르치셨다.

따라서 성부를 무시한 채 성령께 항상 기도하는 것은 아주 비성경적인 기도다. 이런 기도는 삼위일체적 특성과 균형을 상실한 이위론적 기도가 될 수 있다. 성부 하나님이 기도의 주 대상이시라는 점이 무시될 뿐만 아니라 기도에 있어서 성령의 독특한 사역이 무시된다. 성경은 성령이 우리 안에 기도의 소원과 부르짖음을 주시며 말할 수 없는 탄식으로 우리를 위해 간구하신다고 가르친다. 기도에 있어서 성령의 독특한 역할은 우리 기도의 대상이 아니라 기도의 원천이며 조력자가 되시는 것이다. 성령은 우리 심령에 기도의 갈망과 부르짖음을 불러일으키심으로 우리가 끈질기게 기도하며 인내하도록 도우시는 분이다.

앞에 언급한 목사의 가르침에 따르면 성령이 성부 하나님의 역할을 거의 대신해 버리셨기 때문에, 그의 기도에서 하나님 아버지와는 어떤 의미 있는 교제를 누릴 수 있는지 심히 궁금하다. 그는 비록 입으로는 삼위 하나님을 고백할지 모르나 실제 기도와 삶 속에서는 성령이라는 일위 하나님, 아니면 기껏해야 예수님을 포함한 이위 하나님을 섬기는 셈이다.

성령은 '아빠'의 영이시다. 그분은 우리 안에서 우리 영과 더불어 "성령님, 성령님" 하고 부르게 하는 것이 아니라 "아빠 아버지"라고 부르짖게 하신다. 성령은 자신이 아니라 아버지께 기도하도록 우리를 인도하신다. 사실 성령은 우리 영과 함께 아버지께 기도하신다. 그래서 바울 사도는 "너희가 아들이므로 하나님이 그 아들의 영을 우리 마음 가운데 보내사 아빠 아버지라 부르게 하셨느니라"(갈 4:6)라고 했다. 여기서 "아빠 아버지"라고 부르짖는 주체는 성령이시다. 물론 성령은 우리의 영과 더불어 그렇게 부르시지만 말이다.

성령은 우리 안에서 양방향으로 역사하신다. 하나님을 향해 "아버지여" 하고 부르시는 동시에 우리를 향해서 "아들아" 하고 부르신다. 더 엄밀히 말하자면 성령을 통해 하나님 아버지께서 우리에게 "내 아들아, 내 딸아"라고 부르시고, 성령을 통해 우리가 하나님 아버지께 "나의 아버지여"라고 응답하는 것이다. 우리가 하나님을 향해 "아빠 아버지"라고 부르짖는 것은 하나님이 먼저 우리를 "사랑하는 아들아"라고 불러 주신 것에 대한 반응이며 응답이다.

성령은 우리를 예수님만이 누리셨던 하나님과의 친밀한 관계 속으로 인도하신다. 하나님을 "아빠"라고 부를 수 있는 특별한 관계는 예수님 이전에는 그 누구도 누리지 못했다. 아브라함이나 모세와 같은 구약의 기라성 같은 신앙의 인물들에게도 부여되지 않은 특권이다. 바로 이 점이 오순절 후에 우리에게 임한 성령의 사역이 구약 성도들에게 임했던 성령의 사역보다 훨씬 더 풍성하고 영광스러운 점이다. 구약에도 계셨던 성령이 예수님의 구속 사역이 완성됨에 따라 자녀의 온전한 명분과 권세와 축복을 누리게 하는 아빠의 영으로 역사하게 되신 것이다.

성령 체험의 삼박자

성령 운동이 바른 방향으로 나아가기 위해서는 무엇보다도 성령 체험에 대한 올바른 인식이 절실하다. 성령을 체험하면 무엇을 체험하게 되는가? 성령 체험의 내용은 무엇인가? 방언이나 예언이나 신비한 현상인가? 그보다 훨씬 본질적인 것은 삼위 하나님과의 인격적인 연합과 교제다. 성령을 체험하면 삼위 하나님과 함께 나와 너를 체험하게 된다. 곧 하나님과 너와 내가 연합하는 천국 공동체를 체험하는 것이다. 이것이 성령 체험의 삼박자다.

신약 성경은 성령의 사역을 묘사할 때 주로 성령 '안에'(in)라는 전치사를 사용한다. 성령은 우리가 존재하는 영역과 같은 분이시다. 우리 육체가 공기 속에 존재하며 물고기가 물속에 존재하듯이 그리스도인들은 성령 안에 존재한다. 성령은 우리를 에워싸고 있는 공기와도 같은 분이시다. 이것이 성령의 인격이 가지고 계신 독특성이다. 성령은 자신의 인격을 우리가 예수님과 인격적으로 만나 교제하는 만남의 장으로, 영적인 영역으로 제공하신다. 그분은 자신의 인격 안에 우리와 신랑 예수님이 연합하여 교제

하는 신방을 차려 주신다.[7]

성령은 우리를 신랑 예수님과 교제하게 하는 중재자의 역할을 하시지, 자신이 신랑을 대신하는 역할을 하시지는 않는다. 이 점이 바로 자기를 비우시고[8] 예수님을 드러내시는 성령의 '거룩한 수줍음'인 것이다. 성령은 우리와 예수님과의 사랑의 교제를 맺어 주시고 자신은 뒤로 물러나 그 사랑의 교제를 지켜보며 즐거워하는 신랑의 친구와 같은 역할을 담당하신다. 그러므로 성령을 깊이 체험할수록 우리는 예수님과 깊은 인격적 교제를 누리게 된다. 우리는 성부와 성자 하나님과의 깊은 사랑의 교제를 누리면서 이런 관계를 맺어 주시고 이 모든 사랑의 교제 속에 은밀히 임재해 계신 성령께 깊은 사랑과 감사를 올려드린다.

성령은 우리를 예수님이 누리셨던 아버지와의 깊은 연합으로 이끄신다. 곧 성자가 성령 안에서 성부와 누리신 영원한 사랑의 코이노니아 속으로 우리를 끌어들이신다. 성령 안에서 우리는 삼위일체적 연합의 신비 속으로 들어간다. 그래서 성령이 임하시는 날에는 "내가 아버지 안에, 너희가 내 안에, 내가 너희 안에 있는 것을 너희가 알리라"(요 14:20)라는 주님의 말씀이 실현된다.

성령을 체험하면 성부와 성자를 체험하는 동시에 나를 체험하게 된다. 곧 성령 안에서 새로운 나를 경험한다. 성령으로 충만할 때 자유로워지고 담대해진 나, 사랑과 기쁨과 평안으로 충만하여 행복해진 나, 주님의 형상으로 변화된 나를 체험한다. 우리 영혼은 하나님을 향한 진정한 자율성을 상실했다. 예수님을 잘 믿고 따르며 닮아가야 하지만 우리 안에는 그런 자유의 능력이 없다. 우리는 늘 하나님의 사랑과 은혜를 받고 있지만 그렇게 사랑받는 자로서 하나님께 자유롭게 반응하지 못한다. 은혜에 감사하지도 못하고 하나님을 온전히 사랑하지도 못한다. 하나님은 우리를 사랑하시는 분으로서 그 역할에 항상 신실하시지만 우리는 사랑받는 이로서의 역할을 제대로 하지 못한다. 따라서 사랑의 관계가 늘 일방 통행이 될 수밖에 없다. 진정한 사랑의 교제가 불가능한 것이다.

그러므로 성령이 내 안에서 은밀하게 도와주시어 하나님께 대한 나의 책임을 다할 수 있게 하신다. 내 안에서 나의 속사람을 강건하게 하시고 자유롭게 하셔서 예수님을 잘 믿고 닮아가게 하신다. 그런 면에서 성령은 신앙과 영성의 원천이시다. 그러므로 성령을 체험하면 이렇게 새로워진 나를 체험한다. 자유함 가운데 하나님을 섬기며 예수 그리스도를 닮아갈 수 있는 자유로운 주체자로 변화된 나를 체험한다. 성령은 아들의 영이시며 우리를 아들의 형상으로 변화시키신다. 성령은 아름다운 분이시기에 결국 우리를 아름다운 인격자가 되게 하신다. 성령 안에서 우리가 주의 영광을 보니 주의 형상으로 변화하여 영광에서 영광에 이르게 된다(고후 3:18 참조).

성령을 체험함으로 우리는 옛 자아의 실현이 아니라 죽음을 체험한다. 옛 자아의 야망이 성취되기보다 좌절되는 쓰라림을 맛본다. 십자가의 은혜는 단순히 우리의 죄를 사할 뿐 아니라 죄의 근원인 옛사람의 생명을 파괴한다. 그 욕심과 야망을 가차 없이 십자가에 못 박는다. 우리의 옛 자아를 죽이는 십자가의 능력을 매일 체험하지 않으면 부활의 능력을 결코 경험할 수 없다. 성령의 열매를 맺는 새사람으로의 변화가 전혀 이루어지지 않는다. 성령의 능력을 누리는 유일한 비결은 십자가의 죽음을 통과하는 것이다. 현대 성령 운동의 문제는 이 죽음의 관문을 거치지 않고 영광과 능력을 갈구하는 것이다. 그렇게 되면 성령 운동은 옛사람의 종교적 야망을 성취하기 위한 도구로 이용되며 인간의 헛된 영광을 위한 전위대로 전락한다. 그러므로 십자가의 죽음이 성령 운동의 심장부에 자리 잡고 성령 체험의 핵심이 되지 않는 한 성령 운동은 심각하게 변질될 수밖에 없다.

성령을 체험하면 나를 체험하는 동시에 또한 너를 체험한다. 인간은 진정한 자아뿐 아니라 타자를 잃어버렸다. 세상에는 오직 내가 이용할 '것'으로서의 너만 널려 있을 뿐 진정한 '너'는 존재하지 않는다. 지옥이 뒤틀린 관계에서 온다면, 천국은 관계의 회복으로부터 온다. 구원과 하나님 나라의 핵심은 바로 관계의 회복이다. 예수 그리스도의 십자가는 하나님과 원수 된 것뿐 아니라 인간 서로 간에 원수 된 것을 소멸하였다(엡 2:15-18 참조). 성령은 "사이로 가시는 하나님"(Go-between God)이시라는 말이 있듯이[9] 그분은 우리와 하나님 사이 그리고 우리와 이웃 사이로 가신다. 그래서 우리를 하나님과 교제하게 하시고 또한 형제자매들과도 교제하게 하신다. 천국은 근본적으로 하나님과 이웃과의 관계가 회복된 곳이다. 교회는 천국의 모형이 이루어지는 하나님 나라 공동체. 그러므로 성령 안에서의 교제는 성령 체험의 핵심 요소다. 성령 체험은 단순히 개인적인 체험이 아니라 공동체적인 체험이다. 성령의 충만한 임재와 역사는 온전한 예배와 교제가 하나로 어우러진 공동체 속에서 체험된다. 이 점을 간과할 때 성령 체험은 개인주의와 영적 우월주의에 빠지기 쉽다.

성령은 하나님이 우리를 그분의 걸작품으로 만들어가시는 작업장이시다. 우리를 새로운 피조물로 빚어가시는 삼위 하나님의 새 창조의 장이시다. 그렇기에 성령 안에 있는 교회는 새 창조의 표징이다. 성령 안에서 인간뿐 아니라 죄로 인해 오염되고 파괴된 온 우주 만물을 원래 지으시고 보시기에 심히 좋았던 상태로 회복하시는 삼위 하나님의 우주적 갱신 사역이 역동적으로 진행되고 있다. 성령은 만물을 그리스도 안에서 통합하시고(엡 1:10 참조) 하나님의 사랑의 임재로 에워싸심으로 우주 만물에 하나님의 영광이 충만하게 되는 종말론적인 비전을 성취하신다(엡 1:22-23 참조).

이런 성령의 사역을 바로 인식하고 증진시키는 것이 진정한 성령 운동이다. 가장 근본적이고 중대한 성령의 사역을 간과한 채 성령의 역사하심을 주로 방언이나 예언 또는 신유와 같은 초자연적인 현상과 연관시키는 성령 이해는 성경이 증거하고 있는 성령 사역의 핵심을 놓친 채 주관적이고 신비적인 견해로 치우치기 쉽다.

토론을 위한 질문

1. 성령님과 성령으로 충만한 사람의 얼굴에 나타나는 '거룩한 수줍음'은 무엇인가?

2. 요즘 성령 운동에 이 수줍은 성령의 얼굴이 보이지 않는 이유는 무엇인가?

3. 멀쩡한 이가 금니로 바뀌는 기이한 현상이 전도에 유익하다는 주장을 어떻게 생각하는가?

4. 사람들을 쓰러뜨리는 것이 과연 성령님의 뜻일까? 이에 대한 성경적인 근거가 있는가?

5. 성령님을 자신이 순종해야 할 인격이 아니라 마구 사용할 수 있는 능력으로 생각하는 이들은 적그리스도적이며 삼위일체 신앙을 붕괴시킨다. 왜 그런가?

3장

치유는 과연
하늘의 터치인가

성행하는 치유 집회

요즘 한국 교회에 치유 집회가 크게 성행하고 있다. 특별히 매주 월요일 모 교회에서 한 장로가 인도하는 치유 집회에는 3천 명이 넘는 인파가 몰린다. 어쩌다 한 번 열리는 치유 집회에도 이같이 많은 인원이 모이기 힘든데 매주, 그것도 주일이 아닌 월요일 저녁 시간에 이렇게 많은 사람들이 자발적으로 모여든다는 것은 가히 획기적인 일이다. 그뿐만 아니라 그는 전국 곳곳을 순회하며 치유 집회를 인도하고 있으며 멀리 해외에서까지 집회를 인도하고 있다. 그의 치유 사역에 대한 관심과 열기는 이제 전국적으로뿐만 아니라 세계적으로 확산되어 간다. 그에 따라 사람들의 의구심 또한 증폭되고 있다. 그의 치유 사역을 어떻게 봐야 하는지, 성경적으로 올바른 것인지, 아니면 미심쩍은 현상인지를 궁금해하는 이들이 많다. 지금까지의 평가는 아주 엇갈린다. 그를 거의 맹목적으로 추종하는 많은 사람들이 있는 반면, 이단이라며 신랄하게 비판하는 이들도 있다. 양극단 사이에서 판단을 유보하고 있던 대다수의 사람들도 이제는 어느 정도의 분별과 평가를 피할 수 없게 되었다. 그동안 판단을 보류했던 필자 역시 그의 치유 집회로 인해 혼란스러워하는 이들이 점점 많아지는 현상을 보면서 이쯤에서 교인들의 분별과 판단을 돕기 위한 지침을 제시해야 한다는 부담을 안게 되었다.

월요 치유 집회 방문기

필자는 몇 년 전부터 손 장로의 치유 집회에 관심을 가지고 그 집회에 두 번 참석했고 그가 쓴 책들도 읽어 보았다. 이 글을 쓰기 며칠 전에도 다시 한 번 자세히 관찰하고 확인하기 위해 집회에 참석하였다. 그날은 2010년 2월 22일이었다. 천안에서 고속버스를 타고 서울로 올라가 전철을 몇 번 갈아타고 어렵사리 집회 장소를 찾아갔다. 교회에 도착했을 때는 집회가 시작되기 30분 전이었는데 본당에는 이미 많은 사람들이 모여 있었다. 앞좌석에 앉아 있는 상당수의 교인들은 열심히 기도하고 있었는데 알고 보니 그들은 집회 전에 일찍 와서 집회를 위해 중보 기도하기로 자원한 중보 기도팀이었다.

저녁 7시가 되자 찬양이 시작되었다. 찬양과 기도로 이어진 이 시간이 필자에게는 집회 중에서 그래도 잔잔한 감동과 평안을 느낄 수 있었던 좋은 시간이었다. 옆에 있던 아내도 찬양하면서 눈시울을 적시곤 했다. 8시가 다 되자 손 장로가 나와 설교를 시작했다.

전에 왔을 때와 달리 이번에는 손 장로가 설교하는 도중에 어디가 아픈 사람이 지금 치유받았다는 감동을 하나님이 자신에게 주셨다고 선포했다. 오른쪽 복사뼈가 아팠는데 통증이 사라진 사람은 나오라고 하니 한 젊은이가 앞으로 나왔다. 손 장로는 그를 단상 앞에서 뛰게 했다. 그러고는 젊은이를 향해 "주님, 영광으로 임하소서! 더! 더!"라고 나지막하게 말하니 그가 뒤로 벌렁 넘어져 바닥에 드러누워버렸다. 그러자 회중의 분위기가 급반전되었다. 다소 진부한 설교가 계속되는 동안 지루함을 느끼던 사람들이 다시 열광하기 시작했다. 사람들을 사로잡은 것은 말씀의 능력이 아니라 신기한 현상의 위력이었다.

손 장로는 매번 "이러이러한 사람들이 치유되거나 치유될 것이라고 하나님이 말씀하셨다" 혹은 "하나님이 감동을 주셨다"라고 말했다. 이번 집회에서 그가 호명한 병자들은 다음과 같다. 치매가 있는 이, 얼굴에 흉터가 있는 이, 오른쪽 다리의 정맥류에 이상이 있는 이, 자궁근종, 안구건조증, 생리통, 변비, 폐기종, 식도염으로 고생하는 이, 오른쪽 옆구리에 통증이 있는 이들이다. 손 장로가 그런 이들에게 자리에서 일어나라고 하자 여기저기에서 사람들이 일어났다. 그는 또다시 그들을 향해 "성령님, 임하시옵소서! 더! 더! 더!" 하고 외쳤다. 그러자 어떤 이들은 무슨 능력에라도 압도된 것처럼 가만히 서 있지 못하고 그 자리에 주저앉거나 쓰러져버렸다. 카메라맨은 그 찰나를 놓칠세라 재빨리 포착하여 화면에 크게 띄웠다.

손 장로는 회중에 그런 병자가 와 있다는 사실을 어떻게 아는 것일까? 직통 계시라도 받은 것일까? 그는 그것을 굳이 계시라고 하거나 하나님이 직접 말씀하셨다고 확실하게 못 박아 말하지는 않는다. 단지 하나님이 그런 감동을 주셨다고 말한다. 그렇다면 하나님이 어떤 식으로 그런 정보를 알려주신 것일까?

마음속에 여러 가지 의문이 꼬리를 물고 일어났다. 하나님이 알려 주실 때 왜 좀더 구체적으로 알려 주시지 않는 걸까? 어디에 사는 누가, 어떤 질병으로, 병원에서 어떻게 진단과 치료를 받아 왔는데 차도가 없어 이 집회에 참석했다는 식으로는 알려 주시지 않는 것일까? 그랬다면 그의 말이 훨씬 더 신빙성이 있었을 것 아닌가? 정말 성령이 그렇게 말씀하셨다면 손 장로의 말에 한 치의 오류도 없어야 하는데, 그것을 도무지 확인할 길이 없었다. 그가 열거한 병명들은 적어도 열에 두셋은 가지고 있는 흔한 질병인데, 수천 명이 모인 자리에서 그런 문제를 가지고 있는 사람들이 상당수 있을 것이라는 사실은 상식적으로 짐작할 수 있다. 더군다나 모인 사람들의 대부분이 치유를 바라고 온 병자들이라는 점을 감안할 때 그 확률은 훨씬 더 높아질 수밖에 없다. 그렇기에 그 정도는 하나님의 감동이 아니더라도 짐작만으로 알 수 있지 않을까 하는 생각을 지우기 힘들다.

물론 성령의 인도하심을 받는 이들은 어떤 상황을 지혜롭게 분별할 수 있는 일종의 직관이나 성령의 특별한 감동이나 강한 인상 같은 것을 받을 수 있다. 그러나 자신이 받은 강한 인상이나 감동마저 틀릴 수 있기에 매우 신중해야 한다. 즉흥적으로 떠오른 감동이나 인상을 마치 하나님께로부터 받은 어떤 확실한 계시라도 되는 것처럼 성급하게 선언하는 것은 진리에 근거한 담대한 믿음이라기보다 오류의 위험성을 무시해 버리는 경솔한 믿음이 될 수 있지 않을까?

이런 행위가 갖는 위험성은 사람들이 그런 사역자를 하나님과 직통하는 신비하고 영험한 존재로 우러러보게 된다는 점이다. 이렇게 자신을 신비한 능력의 소유자로 부각시키는 것이 청중을 압도하고 교묘히 조종할 수 있는 비법이다. 물론 손 장로에게 그런 불순한 의도가 있었다고 생각하지는 않는다. 하지만 그것은 손 장로의 행위가 초래하는 불가피한 부작용이다. 과거에 국내와 국외에서 진실하지 못한 치유 사역자들이 하던 행위를 그대로 따라 하고 있는 것이다.

손 장로는 설교가 끝난 후 모두를 자리에서 일어서게 했다. 그러고는 아무도 소리를 내지 말라고 했다. 기도도 하지 말라고 했다. 갑자기 교회당 안이 쥐 죽은 듯이 조용해졌다. 그는 한 손을 들고 "성령님, 임하소서! 더! 더! 더! 터치!"라고 읊조리기 시작했다. 그러자 조용했던 회중 가운데 일어섰던 사람들이 여기저기에서 그 자리에 털썩 주저앉는 소리가 통통거리며 들려왔다. 손 장로가 "성령님, 더! 더! 더!"라고 말할수록 자리에 주저앉는 사람들이 많아졌다. 한쪽에서는 어떤 여자가 괴성을 지르며 히스테릭하게 울부짖었고, 필자가 앉아 있던 곳에서 내려다보이는 자리의 한 할머니는 온몸을 뒤흔들며 발작과 비슷한 증상을 일으켰다. 여기저기에서 우는 소리가 들렸고 자리에 털썩 주저앉는 사람들이 보였다. 이것이 바로 이 집회의 트레이드 마크인 '하늘의 터치'인가 하는 생각이 들었다.

그런 후에 손 장로는 치유받은 사람이 있으면 나와서 간증하라고 했다. 줄지어서 치유받았다는 이들이 단에 올랐다. 어떤 젊은이는 허리가 아파서 겨우 운전하고 왔는데 집회 중에 허리에 전기가 흐르는 것처럼 뜨거워지더니 나았다고 말했다. 손 장로는 이 간증을 듣고 자신에게도 그런 치유가 일어났다고 믿고 선포하는 이는 그렇게 된다고 말하면서 허리에 문제가 있는 이들더러 나오라고 하자 많은 이들이 몰려나왔다. 그는 단상 앞에 서 있는 그들을 향해 손을 들고 "성령님, 임하소서! 더! 더! 더!"라고 말하며 '하늘의 터치'를 불러오는 상투적인 의식을 행했다. 그러자 사람들이 뒤로 넘어졌다. 앞에 섰던 이가 넘어지니 바로 뒤에 서 있던 이들도 덩달아 밀려 넘어지고 어떤 이들은 걸려서 넘어지는 혼란이 빚어졌다. 저러다가 혹시라도 사람이 다치는 불상사라도 일어난다면 어쩌나 하는 염려마저 들었다. 넘어지려 할 때 뒤에서 받쳐주는 사람들이 대기하고 있었지만 한꺼번에 많은 이들이 쓰러질 경우에는 그런 도움을 받을 수 없었다.

마지막에는 손 장로가 가족이나 친지 그리고 아는 사람 중에 치유가 필요한 이들에게 전화를 걸게 하여 휴대폰으로 치유를 위한 기도를 받게 하였다. 많은 사람들이 어디엔가 황급히 전화를 걸기 시작했다. 그때까지만 해도 필자는 무슨 일인지 감을 잡을 수가 없었다. 휴대폰을 통해 치유를 받는다는 것은 금시초문이었기 때문이다. 옆에 있던 아내는 필자보다 눈치가 빨라 무슨 말인지 알아채고 재빨리 허리와 잇몸이 아파 고생하시는 장모님께 전화를 걸어 치유 기도를 받으시라고 권했다. 그런 아내를 보면서 병든 이들과 그들을 사랑하는 가족들의 절박한 심정이 찡하게 가슴에 와 닿았다. 전화를 건 사람들은 그 자리에서 일어나 상대방이 휴대폰을 받고 있는 상태에서 강대상을 향해 치켜들었다. 손 장로가 치유를 위한 기도를 하고 바로 이어서 치유되었음을 선포하며 그것을 믿는 이들은 반응하라고 하니 많은 사람들이 치유되었다고 외치며 환호하였다. 이어서 그는 휴대폰들을 향하여 "성령님, 임하소서! 더! 더!"라고 외쳤다. 그러자 휴대폰을 들고 서 있던 이들이 뒤로 나자빠지듯 털썩 주저앉았다. 난생처음 참으로 희한한 일을 목격하였다.[1]

방문 후기

집회가 끝난 후 집으로 돌아오는 중에 많은 생각이 교차하였다. 개인적으로 현대 교회에 성령의 역동적인 사역이 회복되어야 한다는 확신을 가지고 있었고 건전한 치유 사역이 나타나기를 소망하고 있었기에 손 장로의 치유 집회에 나름대로 관심과 기대를 가지고 있었다. 두 번 참석한 후 여러 가지 문제점들을 발견했지만 좀더 지켜볼 필요가 있다고 생각하여 지금까지 어떠한 판단도 보류해 왔다.

손 장로의 치유 사역에 기대를 가졌던 이유는 그가 지금까지 우리가 보았던 유형의 치유 사역자들과는 사뭇 달랐기 때문이었다. 과거의 치유 사역자들이 대체로 몰상식하고 무례하며 위압적인 데 반해 그는 매우 신사적이고 부드럽고 겸허해 보인다. 그는, 치유 사역을 통해 치부하고 자신의 이름을 날리려는 '사이비'와 달리, 대체로 병들고 지친 이들을 돕고 섬기려는 순수한 동기로 사역하고 있다는 믿음을 갖게 한다. 대학 교수로 봉직하면서 월요일마다 별도로 시간을 내어 섬기는 것이 보통 힘든 일이 아닐 텐데 나름의 사명감으로 그 일을 하는 것 같다. 그가 그렇게 수고하는 것은, 그의 책에서도 강조한 바와 같이, 치유 사역을 통해 하나님 나라가 능력으로 이 땅에 임하고 확장되는 역사가 일어나기를 갈망하기 때문일 것이다. 그의 책과 사역에서 하나님에 대한 그의 순수한 사랑과 열정이 전달된다.

그는 모 교회의 장로로서 건전한 신앙적 배경을 가진 사람이다. 어떤 이는 그가 삼위일체론을 부인하는 양태론의 이단에 빠졌다고 매도하기도 하는데 어떤 근거로 그렇게 단죄할 수 있는지 이해하기 힘들다. 손 장로같이 전문적인 신학 교육을 받지 않은 이의 말꼬투리를 잡기 시작하면 이단적으로 의심될 수 있는 것들이 무수히 나올 수밖에 없다. 그런 식으로 날카로운 비판의 칼날을 들이대면 어떤 목사의 설교도 무사하지는 못할 것이다. 표현상의 오류를 범할 수는 있겠지만 기본적인 기독교 신앙관에 있어서 그에게 문제가 있다고 볼 수는 없다. 그는 또한 치유자로서는 보기 드문 배경과 자질을 가진 사람이다. 신비주의와는 거리가 먼 현대 과학을 연구한 학자이며 지금도 그 학문을 가르치고 있는 교수다. 그렇기에 그의 치유 사역이 사람들에게 더 큰 신뢰를 안겨 주며 더 설득력 있게 와 닿을 수 있다. 바로 그런 점이 그의 사역에서 장점인 동시에 위험 요소가 될 수 있다. 만약 그의 치유 사역이 불건전한 방향으로 진행된다면 더 많은 사람을 더 효과적으로 미혹할 수 있기 때문이다.

병들고 지친 이들을 돕기 위한 손 장로의 수고와 열정은 참으로 귀하고 칭찬할 만한 일이며 그의 사역을 통해 치유의 역사가 일어난다는 사실 또한 감사해야 할 일이다. 이제 그의 치유 사역이 한국 교회에 널리 영향을 미치게 되면서 그의 사역에 대한 전반적인 검토와 진단은 불가피하게 되었다. 비판하는 것은 즐거운 일이 아니기에 되도록 피하고 싶지만 많은 교인들과 사역자들의 냉철한 판단을 위해 부득불 손 장로의 치유 집회가 안고 있는 몇 가지 문제점을 지적할 수밖에 없음을 양해해 주기 바란다. 손 장로와 그를 따르는 이들은 이러한 필자의 지적을 비판을 위한 비판이 아니라 분별을 위한 비판으로 받아들여 자체 점검과 발전의 계기로 승화시켰으면 하는 바람이다.

그의 집회를 꼼꼼히 살펴보면 그의 치유는 항상 "성령님, 임하소서! 더! 더! 터치!"라는 명령조의 기도로 하늘에서 성령을 불러내려 사람들을 쓰러뜨리는 것으로 피날레를 장식한다. 왜 꼭 그런 식으로 해야 하는지 심히 의문스럽다. 손 장로는 '하늘의 터치'가 그렇게 가시적으로 나타나야 한다는 일종의 강박에 사로잡혀 있는 것은 아닌가? 그래야만 하나님의 능력이 현시되므로 사람들을 끌 수 있을 것이라고 생각하기 때문은 아닌가? 이 점에서 그는 좀더 냉철하게 자신의 사역을 성경적으로 점검해 보기 바란다. 당장 어떤 전시적인 효과가 나타나는 것보다 훨씬 더 중요한 것은 거시적 안목에서 자신의 사역이 한국 교회에 어떤 부정적인 영향을 파급할 수 있을지 신중하게 고려해야 한다는 점이다. 요즘 사람을 쓰러뜨리는 현상이 한국 교회에 유행병처럼 번지고 있는데, 그의 집회나 동영상을 보고 그것을 흉내 내는 이들이 있는가 하면 교인들도 그런 현상을 무분별하게 수용하는 추세다.

2장에서 밝힌 것처럼 사람들을 쓰러뜨리는 것은 전혀 성경적인 근거가 없으며 성령의 기쁘신 뜻이라고 볼 수 없다. 그런 현상은 아무런 목적이나 의미가 없으며 유익보다는 폐해가 훨씬 더 많다. 그것은 이런 일을 하는 자의 능력이 과시되어 순진한 영혼들이 그를 지나치게 생각하고 추종하기 때문이며 또 그 신기한 힘의 현시로 인해 사람들을 교묘히 조종할 수 있기 때문이다. 그렇게 되면 '능력을 마귀화'하는 폐해를 불러오며 거기에는 은밀한 미혹의 영이 깃들게 된다.

손 장로의 장점은 대체로 순수하고 부드러운 사람이라는 점이다. 하지만 그가 점점 능력의 전시 효과에 집착하면서 자신도 모르게 영적인 위험 구역으로 서서히 발을 들여놓는 것이 아닌지 우려가 된다. '하늘의 터치'를 부르는 그의 상투적 의식에도 불구하고 앞에 나와서도 쓰러지지 않고 그대로 서 있는 사람들도 있었다. 손 장로는 그들을 향해 "성령님, 임하소서! 더! 더!"라고 외쳤는데 "더!"라는 말을 열 번 이상 되풀이했다. 그의 음성은 점점 고조되어 부드러운 음성이 나중에는 혈기 찬 고함으로 변했다. 그럼에도 여전히 끄떡도 하지 않고 서 있는 이들이 있었다. 또한 단상에 올라온 한 여성을 바닥에 쓰러뜨린 후에 그녀를 향해 "예수의 이름으로 진동할지어다"라고 명했다. 그러자 그녀가 격렬하게 손을 떨기 시작했다.

왜 그래야 하는지 도무지 이해가 되지 않았다. 그것은 예수님의 존귀한 이름을 남용하는 행위다. 그는 표현에 있어서는 성령에 대해 최대한 존경을 표했지만 실제로는 마치 성령을 마음대로 부리고 명령할 수 있는 하수

인처럼 취급하는 듯한 인상을 지울 수 없었다. "성령님, 임하소서! 더! 더! 더! 터치!"라고 말하며 성령을 자신의 명령에 따라 움직이는 분처럼 대하는 듯했다.

성경의 어느 곳에서 그런 식으로 사람들을 치유한 예가 있던가? 왜 조용히 기도만으로 고칠 수는 없는가? 19세기 독일의 저명한 치유 사역자였던 요한 블룸하르트(Johann Blumhardt)는 어떤 특별한 행위를 하지 않고 예배 중에 말씀 선포와 기도만으로 치유를 행했다. 그런 건전한 방법으로 한다면 얼마나 좋겠는가!

그의 집회에서 수많은 사람들이 고침을 받았다고 간증하며 선포하기에 굉장한 치유의 역사가 일어나는 것 같지만 실제로 확실히 낫는 사례가 얼마나 되는지는 모를 일이다. 손 장로의 치유 집회를 면밀히 살펴보고 분석한 어떤 그리스도인 의사는 그런 문제점을 다음과 같이 지적하였다.

> 손기철 장로는 집회 때마다 성령이 자신에게 직접 말씀하신다는 것을 강조합니다. "오늘 집회에서 ○○○명이 치유된다고 말씀하셨습니다." "저기 오른쪽에 ○○환자가 있다고 말씀하십니다." 정말 이것이 사실이라면 적어도 손 장로의 진단에는 오류가 없어야 합니다. 하지만 의사로서 위의 목록을 보고 있노라면 의심스러운 부분이 한두 가지가 아닙니다. 가장 좋은 확인 방법은 위의 환자들 중 몇 사람을 추적해 확진 검사를 해 보는 것이겠지만 가능하지 않습니다. 그러나 어떤 항목들은 진실일 가능성이 극히 낮아 보이는 것들도 분명히 있습니다.…이적 치유의 진실성 여부를 판단하기 위해서는 객관적이고 정확한 진단과 정확한 치료 효과의 검증이 필수적입니다. 치유 집회에 참석하기 전에 그가 확실히 병이 있었음을 증명해 주는 확진 검사(조직 검사) 결과가 있어야

하고, 집회 후에도 그에 준하는 검사를 시행해 병이 사라졌음을 환자의 증언에 의해서가 아닌 객관적인 방법으로 증명해야 합니다.[2]

모두 고침받았다고 선포하고 열광하게 하는 치유 집회의 선동적인 분위기에서는 많은 사람들이 치유받은 것 같지만, 현실로 돌아와 보면 그렇지 않은 사람들이 훨씬 더 많다. 그런 들뜬 분위기에서 기적적으로 치유받았다고 믿었던 사람들 대부분이 그런 느낌을 가진 지 며칠이 안 되어서 그전 상태와 별반 달라진 것이 없는 자신의 현실에 눈뜨고 실망하게 된다. 그렇기에 기적적인 치유에 대해 경솔하게 주장하도록 유도하기보다 신중하게 검증해 볼 수 있도록 인도함이 올바른 자세다. 아무런 객관적인 검증이나 의학적인 진단 없이 성급하게 치유를 선포하는 것은 맹신을 강요하는 것이며 수많은 의심과 의혹을 불러일으키는 결과를 초래한다. 뿐만 아니라 그의 치유 사역의 신빙성을 현저하게 떨어뜨린다. 여기서 손 장로는 자신의 학자적 소양을 살려 냉철한 판단력을 발휘할 필요가 있다. 성령의 신비한 능력은 객관적인 검증을 통해 더 밝히 드러나고 입증될 수 있다.

손 장로는 응답을 확인하고 믿는 것이 아니라 믿고 그 믿음대로 이루어지는 것을 확인하는 것이 참된 신앙이라고 가르친다. 그래서 교인들에게 치유된 것을 확인하기 전에 먼저 믿고 선포하라고 강요한다. 하지만 그는 믿음의 원리를 지나치게 확대 적용한 것이다. 주님의 뜻 안에서만 그 믿음의 원리는 통한다. 그러나 그들이 다 고침받는 것이 주님의 뜻이라고 확신할 수는 없다. 오히려 병 고침의 은혜를 보류하시거나 안 주심으로써 더 큰 영적인 유익을 도모하는 것이 주님의 뜻인 경우도 많다. 그런데 치유되는 것만이 주님의 유일한 뜻인 양 미리부터 치유하셨다고 못 박고 선포하게 하는 것은 치유되지 않는 신비에 담긴 주님의 뜻을 다 무시하는 것이다. 이것은 우리의 뜻과 소원을 주님의 주권적인 뜻과 섭리에 순복시키는 참된 신앙이 아니라 우리의 소원 성취를 위해 주님의 뜻을 비틀어 우리의 욕망에 맞추려고 심리를 조작하는 억지 믿음이다. 이는 하나님의 주권과 뜻마저 우리의 믿음으로 주관하려는 '믿음 만능주의'의 오류에 빠지는 것이다. 이런 가르침이 얼마나 많은 사람들을 낙심하게 하며 결국 자신들을 끝내 외면하시는 하나님의 선하심에 대해 믿음을 잃어버리게 되는 위기로 내모는지 모른다.

병든 사람들은 지푸라기라도 잡으려는 절박한 심정으로 치유 집회에 찾아온다. 한 집회 동영상에서 루게릭병과 알츠하이머병의 합병증을 가진 이가 나와 손 장로에게 안수 기도를 받는 장면을 보았다. 손 장로는 그에게 이제 고침받았다고 선포하고 믿음대로 행하라며 그를 걷고 뛰게 하였다. 그 사람은 단상에서 이리저리 뛰어보려 했지만 이내 지쳐 자리에 주저앉아 버렸고 무척이나 힘들어 보였다. 어떻게든 환자가 고침받게 하려는 손 장로의 의도와 열심은 이해할 수 있지만 그런 중병을 앓고 있는 환자에게 무리하게 믿음을 강요하며 뛰게 하는 것은 믿음이라는 이름으로 범하는 무모한 행동으로밖에 볼 수 없다. 기도해 주고 병원에 가서 고침받았는지 확인해 보게 하면 될 텐데, 치유의 극적인 성과를 즉석에서 과시하고 싶은 욕심이 앞선 것은 아닌지 자문해 볼 필요가 있다.

치유 집회를 통해 낫는 이들이 있다는 것은 참으로 감사한 일이다. 그러나 아무리 그런 집회에 참석해서 기도를 받아도, 마지막 한 방울의 믿음까지 쥐어짜내어 고침받았다고 선포해 봐도 매번 허탕 치는 사람들이 많은 것은 어찌 된 일인가? 그 집회에 참석한 한 뇌성마비 환자는 믿음으로 앉아 있던 휠체어에서 일어나 걸어 보려고 무진 애를 썼다. 그는 집회가 끝날 때까지 약 40분 동안 일어나려고 몸부림쳐 보고 스태프들이 일으켜 주기도 했지만 결국 휠체어에 앉은 그대로 돌아가야만 했다. 손 장로는 한 사람이 앞에 나와서 병 고침을 받았다고 간증할 때 같은 병에 걸린 다른 이들도 "저도 치유됐어요!"라고 외치며 뛰어나오면 고침받는다고 말한다. 그다지 열광적인 모습으로 뛰어나오지 않는 이들을 보고는 그렇게 해서 고침받겠느냐고 몰아붙인다. 그러면 사람들은 있는 힘을 다해 소리 높여 외치며 줄달음친다. 그렇게까지 해서라도 고침받으려는 그들의 절박한 심정이 무척이나 애처롭게 느껴진다. 이처럼 그들이 할 수 있는 최선의 믿음의 반응을 보였건만 어떤 사람들에게 하늘이 여전히 무심하기만 한 것은 웬일인가? 그들의 마음에 받는 상처와 실의가 얼마나 크겠는가? 가뜩이나 병들어 괴롭고 서러운데 하나님에게까지 번번이 외면당하고 소외당하니 그들의 참담한 심경을 무어라 다 형용할 수 있겠는가!

치유 집회는 사람들을 치유하기도 하지만 더 많은 사람들에게 상처를 입힐 수도 있다. 그것도 영혼에 깊은 상처를 남길 수 있다. 그들의 신앙을 병들게 한다. 다른 사람들은 고쳐 주시나 자신은 항상 지나쳐 버리시는 매정한 하나님, 다른 이들에게는 그토록 자상하고 관대하신 것 같은데 자신에게는 무심하기 짝이 없으신 하나님을 어떻게 이해해야 할지 몰라 그들은 심히 당혹스러워한다. 그 하나님에 대한 믿음을 포기하지 않는 유일한 길은 그에 대한 죄책을 고스란히 자신의 믿음의 부족함에 돌리는 것이다. 자신이 고침받지 못한 이유는 하나님이 자신에게 무심하시기 때문이 아니라 자신의 믿음이 부족했기 때문이라고 하나님을 변호해 드리고 자책하는 것이다. 그러고는 치유 사역자들이 요구하는 치유받는 믿음의 수준에 오르기 위해 안간힘을 쓰며 하라는 대로 더욱 열렬히 고침받았다고 선포하며 뛰어나가 본다. 그러나 그 모든 애처로운 노력이 허사로 돌아감을 보면서 그나마 놓치지 않으려고 버텼던 한 가닥 남은 믿음의 줄을 쥐고 있을 힘마저 잃게 된다. 치유 집회가 성행하면서 우리 주위에 이런 이들의 수가 부쩍 늘어나고 있는 안타까운 실정이다.

왜 이런 불상사가 발생하는 것일까? 치유 집회가 선한 의도에도 불구하고 이런 식으로 역기능을 하는 근본 이유는 무엇인가? 그것은 치유에 대한 성경적인 이해에 기초하지 않기 때문이다. 치유에 관한 성경적인 가르침의 다양한 측면을 아우르는 총체적인 관점에서 치유를 이해하지 못하고 지나치게 단순화된 논리에 치우쳤기 때문이다. 이는 곧 성경적 치유 신학의 부재에서 비롯된 문제다. 대부분의 치유 사역자들이 올바른 치유 신학이 없이 외국의 치유자들의 잡다한 행태를 모방하며 주먹구구식으로 집회를 꾸려가고 있다. 기존 교회로부터 말씀의 통제와 지침을 받지 않고 신학적인 검증과 자문을 무시한 채 독단적으로 행해 왔다. 이것이 치유 사역이 교회의 울타리를 벗어나 교회의 가르침과 말씀 사역과 분리될 때 맞이하게 되는 불가피한 결과다.

이러한 문제점에도 불구하고 손 장로의 치유 사역이 우리 교회에 기여한 점은 교회가 건전한 치유 사역을 회복해야 한다는 사실을 일깨워 주고 있다는 것이다. 그런 치유 집회에 그렇게 많은 사람들이 모여드는 것은 영육 간에 지치고 병든 무리들이 도움의 손길을 찾아 유리하며 방황하고 있는 하나의 현상이라고 볼 수 있다. 우리 교회가 영적으로 피폐하고 무력해져서 그들의 절박한 필요를 채워 주지 못하기 때문이다. 비록 손 장로의 치유 집회가 여러 가지 문제점을 안고 있지만 교회가 해야 할 일을 대신

담당하고 있다는 점에서 그의 선한 의도와 수고를 인정해 주어야 한다.

그리스도의 몸인 교회는 부활하신 그리스도께서 성령을 통하여 다시 가난하고 병든 이들을 치유하시는 역동적인 사역의 현장으로 거듭나야 할 것이다. 치유의 능력은 하나님 나라의 공동체인 교회에 부여된 특권이다. 불은 난로 속에 있을 때 안전하게 제 역할을 할 수 있듯이, 치유의 능력은 교회 안에서 사용될 때 가장 효력 있게 된다. 그러나 교회라는 굴레를 벗어날 때 이 능력은 걷잡을 수 없이 남용될 수밖에 없다.

만약 우리 교회가 능력 있는 사역을 회복한다면 손 장로 같은 이가 더 이상 수고하지 않아도 될 것이며 그렇게 되는 것이 손 장로 또한 바라는 바일 것이다.

지금도 기적적인 치유가 일어나는가

우리 교회에 치유의 역사가 회복되기 위해서는 무엇보다 먼저 편견에서 벗어나야 한다. 성경의 기적을 부인하는 자유주의 신학의 영향을 받은 목사들은 원래부터 기적은 없었다고 보는 반면, 보수주의 신학을 추종하는 목사들은 대개 성경 시대에는 기적이 일어났으나 지금은 더 이상 일어나지 않는다고 믿는다. 양측 모두 초자연적인 세계를 부인하는 세속주의 세계관에 직간접적으로 동조하는 셈이다. 이에 대응하여 현대의 은사 운동이나 신사도 운동에서는 성경에 기록된 초자연적인 은사와 기적이 지금도 그대로 재현된다고 주장한다. 이렇게 첨예하게 대립되는 양극단의 입장 사이에서 교인들은 갈피를 잡기가 어려운 지경이다. 서로 다른 입장을 취하는 교회와 교인들 사이에 보이지 않는 갈등이 심화되고 있다. 한편에서는 신비주의나 이단이라고 정죄하고 다른 한편에서는 성령의 자유로운 역사를 훼방하는 자들이라고 맞대응하며 서로를 향해 적의를 표출하고 있다. 지금 우리 교회는 초자연적인 기사로 인해 양분되는 심각한 국면을 맞이하였다. 어떻게 이 간극을 조금이라도 좁혀 갈 수 있을지가 우리 앞에 놓인 중대한 과제다.

성경을 통해 화합해야 하는데 서로가 성경을 충실히 따르고 있다고 주장하니 그 길이 요원하기만 하다. 그들의 성경 해석을 은밀히 주관하고 있는 신학적인 편견을 인정하고 내려놓지 않는 한 그 일은 불가능하다. 보수 교회는 초자연적인 은사와 기적은 초대교회에만 한정되었다는 신학적인 전통에 갇혀 오랫동안 옴짝달싹 못하고 있었다. 그리고 이런 고정된 신학의 틀에 맞추어 성경을 해석해 왔다. 카이퍼(Kuyper)나 워필드(Warfield) 같은 대신학자들의 권위가 실린 이런 견해는 마치 정통의 상징인 양 보수 교회를 지배해 왔다. 그러나 이러한 견해는 자의적이고 성경의 어디에서도 지지를 받지 못한다. 성경의 어느 곳에서 초자연적인 은사와 기적이 사라졌다는 말씀이나 증거를 발견할 수 있는가? 초자연적인 은사가 계시나 사도적 권위와 연관된 것이기에 더 이상 존재하지 않는다는 견해는 성경이 참으로 그렇게 말하는지를 냉철하게 살펴보기보다 오히려 워필드 같은 신학자의 견해를 무분별하게 답습한 것이다. 신학적 편견이 우리를 세뇌하는 위력은 실로 엄청나다. 여기에 한번 사로잡히면 자신의 견해가 틀림없이 성경적이라는 확신 속에 성경의 분명한 증거를 보지 못한다. 성령의 분명한 뜻이라는 확고한 판단으로 그분의 선하신 뜻을 거스른다.

그동안 보수 교회는 신학적인 편견과 교만으로 성령의 역사하심과 그 능력의 나타남을 심대하게 방해해 온 것이 아닌지를 깊이 자성해야 한다. 하나님이 그리스도의 몸을 세우고 하나님 나라를 확장하기 위해 교회에 부여하신 여러 가지 은사와 능력을 우리가 부정하여 가르치지 않고 사장시켜 온 것은 아닌지 돌아보아야 한다. 이런 은사와 능력의 역동적인 역사가 없이 어떻게 교회가 죄와 사탄의 세력을 제압하고 하나님 나라를 확장할 수 있겠는가? 현대 은사 운동이 초자연적인 은사에 대한 과도한 집착으로 혼란을 야기한다면, 보수 교회는 초자연적인 은사를 깡그리 무시해 버림으로 성령을 소멸하는 잘못을 저지르고 있다.[3]

교회의 역사 속에 일어난 극단적인 운동은 항상 기존 교회가 소홀했던 측면을 일깨워 주는 긍정적인 역할을 하기도 했다. 우리 교회는 은사 운동에서 나타나는 부정적인 모습을 보고 더욱 문을 굳게 닫아버리기보다 오히려 은사의 중요성에 대해 새롭게 눈을 떠야 한다. 초자연적인 은사에 집착한 나머지 열매를 무시하는 경향은 배격해야 하지만 열매만을 강조한 채 은사를 평가 절하하는 것도 지양해야 한다. 열매뿐 아니라 은사도 필요하다. 성령 충만한 교회는 열매와 은사가 모두 풍성한 교회다.

현대 교회에 은사에 대한 혼란이 극심하게 된 데는 하나님이 그분의 교회를 위해 부여하신 선물들을 모두 사이비와 광신적인 집단에게 맡겨 버린 채 건전한 은사 사역을 등한시해 온 기존 교회에도 일정 부분 책임이 있다. 잘못된 은사 운동에 대응하는 더 적극적이고 효과적인 방안은 초자연적인 은사를 모두 부정함으로써 은사 추구를 위축시키는 것이 아니라 오히려 교회 성장을 위해 건전하게 은사를 활용할 수 있는 성경적인 지침을 제시해 주는 것이다. 치유 집회에 대해서도 마찬가지다. 비판과 정죄로 일관하기보다 성경적인 치유 신학을 정립하고 바람직한 치유 사역의 모델을 제시해 주는 것이 더 긍정적으로 문제를 대처하는 방안이다.

성경 시대의 치유

지금도 치유의 기적이 일어난다면 그 확실한 성경적인 근거는 무엇인가? 신구약 성경에 걸쳐 하나님은 치유하시는 하나님으로 계시되었다. 출애굽기에서 하나님은 자신을 '여호와 라파', 즉 "치료하는 여호와"(출 15:26)로 소개하셨다. 창조주로서 하나님은 인간과 자연이 원래 의도하신 대로 온전한 상태에서 샬롬과 안식을 누리기 원하신다. 죄는 하나님의 창조 세계를 와해시키는 파괴적인 세력으로 나타나며 하나님의 구원은 죄로 훼손된 그분의 작품을 다시 원상태로 복귀하여 평안과 안식을 누리게 하는 것이다. 그러므로 치유는 처음부터 창조의 갱신이며 범죄한 인간을 회복하는 구원 사역의 중요한 단면이다. 선지서에는 거듭되는 불순종으로 인해 더 이상 재건의 희망이 없을 정도로 파멸된 이스라엘 민족을 다시 회복하신다는 언약이 예언되었다. 이 새 언약의 핵심이 병든 몸과 마음의 치유이며 언약 공동체의 회복이다. 그러므로 구약에 부분적으로 실현되었으며 미래에 온전히 성취될 치유는 전인적이며 공동체적인 치유다.

우리는 이런 구약적인 배경을 통해서 예수님의 치유 사역을 이해해야 한다. 예수님은 바로 이 구약의 소망을 이루어 주실 분으로 오셨다. 종말에 임할 대대적인 치유와 회복과 구원을 예언한 구약의 언약을 성취하실 메시아로 오신 것이다. 그래서 주님은 공적 사역을 시작하시면서 이사야가 기록한 메시아에 대한 예언(사 61:1-2 참조)이 자신에게 성취되었다고 말씀하셨다.

선지자 이사야의 글을 드리거늘 책을 펴서 이렇게 기록된 데를 찾으시니 곧 주의 성령이 내게 임하셨으니 이는 가난한 자에게 복음을 전하게 하시려고 내게 기름을 부으시고 나를 보내사 포로 된 자에게 자유를, 눈먼 자에게 다시 보게

함을 전파하며 눌린 자를 자유롭게 하고 주의 은혜의 해를 전파하게 하려 하심이라 하였더라. (눅 4:17-19)

주님은 자신이 복음을 전하며 병자들을 고치는 것은 바로 구약의 선지자들이 대망했던 메시아의 사역을 수행하고 있는 것이라고 하셨다.

공관복음 저자들이 예수님의 병 고침 사역에 많은 지면을 할애한 것은 예수님이 바로 구약에 예언된 메시아이심을 증거하기 위함이다. 예수님이 행하신 세 가지 대표적인 메시아 사역, 즉 하나님 나라의 복음을 전하시고, 병자들을 고치시며, 귀신들린 자들을 자유하게 하신 것은 서로 긴밀하게 하나로 연결되어 있다. 주님이 전하신 복음의 내용은 이스라엘이 오래 대망했던 하나님의 종말론적인 통치와 회복이 임했다는 메시지였다. 주님은 이 복음을 말로만 전하신 것이 아니라 그 말씀이 능력으로 실현되는 것을 보여 주셨다. 그러므로 병을 고치고 귀신을 쫓아내는 사역은 사탄의 세력이 떠나가고 하나님의 통치, 즉 하나님의 나라가 능력으로 임했다는 복음의 구체적인 표현이다. 동시에 하나님의 나라가 임하는 표증이라고 볼 수 있다.

더불어 그분의 병 고침 사역은 죄로 파괴되고 망가진 인간과 창조 세계를 갱신하는 새 창조의 표증이다. 이런 의미는 특별히 주님이 안식일에 병자들을 고치신 일에서 엿볼 수 있다. 유대인들의 빗발치는 비난의 표적이 될 것을 뻔히 아시면서 왜 안식일에 병자들을 치유하기를 그토록 고집하셨을까? 여기에는 중대한 의미가 담겨 있다. 안식일은 하나님의 온전한 창조를 즐기며 경축하는 날이다. 그러나 인간과 피조물의 현재 모습은 하나님이 원래 지으신 온전한 상태가 아니다. 죄로 인해 심히 오염되고 파괴된 상태다. 죄와 사망의 세력이 하나님이 지으신 아름다운 창조 세계를 더럽히고 훼손하였다. 그러므로 하나님은 안식하지 못하시고 그분의 망가진 작품을 고치는 일을 계속하고 계신다. 예수님이 병자들을 고치신 것은 하나님이 바로 그 일을 하고 계심을 보여 주시기 위함이었다. 그래서 주님은 "내 아버지께서 이제까지 일하시니 나도 일한다"(요 5:17)라고 말씀하셨다. 주님은 병들어 고통받는 이들을 보면서 심히 민망히 여기셨다. 그들이 하나님이 원래 창조하신 대로 심히 좋은 상태와 완전히 대조되는, 심히 나쁘고 비참한 상태에 있는 것을 보시고 안타까워하신 것이다.

주님이 안식일에 병자들을 고치신 것은 병들어 형편없이 망가진 인생들을 치유하시어 원상태, 즉 하나님이 보시기에 심히 좋은 모습으로 회복하여 참된 안식과 평안을 누리게 한다는 복음의 메시지를 드라마틱하게 천명한 사건이다. 이는 그리스도 안에서 진정한 안식이 회복되는 새 창조가 시작되었다는 표증이다. 우리 신자들은 이 새 창조의 첫 열매들이다. 그래서 바울 사도는 "누구든지 그리스도 안에 있으면 새로운 피조물"(고후 5:17)이라고 하였다.

주님의 사역은 우리를 전인적으로 새롭게 하는 것이다. 영혼만 구원하는 것이 아니라 우리를 전인적으로 온전하게 하여 하나님 안에서 안식과 평안을 회복하게 하는 것이다. 복음서에 기록된 예수님의 치유 사역을 영적으로 해석해서 영적 갱신과 구원에 대한 메시지로 적용하는 경우가 있다. '설교의 황제'라고 불리는 스펄전(Spurgeon)도 자주 그런 식으로 설교하였다. 그러나 이런 '영해'(영적인 해석)는 복음서의 원래 의도를 왜곡할 뿐 아니라 육체의 치유가 새 창조의 중요한 단면이라는 점을 간과하게 한다. 더불어 주님이 의도하신 전인적인 갱신과 구원을 '영혼 구원'이라는 차원으로 축소시키는 우를 범하게 된다. 물론 육체의 치유와 회복은 종말에 가서야 완전히 이루어진다. 예수님의 치유 사역도 궁극적으로는 전인의 종말론적인 회복을 지향하며 예표하고 있다. 그러나 치유가 새 창조의 한 면으로서 이미 우리 안에 부분적으로 이루어지고 있다는 사실을 간과해서는 안 될 것이다.

이러한 예수님의 복음 사역의 패턴은 사도들에게도 이어지는 것을 볼 수 있다. 사도들도 복음을 전하고 병자들을 고쳤다. 사도행전의 저자 누가는 사도들의 치유 사역을 예수님의 치유 사역과 어느 정도 대비되게 기록하였고, 특별히 베드로와 바울이 행한 치유의 기적을 평행을 이루도록 배열하였다. 베드로가 성전 미문에 있던 "나면서 못 걷게 된 이"를 일으켰듯이(행 3:1-10 참조), 바울 또한 루스드라에서 "나면서 걷지 못하게 되어 걸어 본 적이 없는 자"를 고친 것(행 14:8-10 참조)을 대비시켰다. 두 사건에서 치유의 방법과 결과가 동일하게 나타났다. 베드로와 바울이 똑같이 일어나 걸으라고 명하였고, 이에 대한 반응 또한 그들이 즉각적으로 일어나 걷고 뛰는 것으로 동일하게 나타났다.

베드로를 통해서 많은 표적과 기사가 일어났는데, 심지어 베드로가 지나갈 때 그의 그림자라도 드리우길 바랄 정도였고(행 5:12-16 참조), 그에 뒤질세라 바울을 통해서도 희한한 역사가 일어나 그의 몸에서 손수건이나 앞치마를 가져다가 병든 사람에게 얹으면 병이 낫고 귀신이 떠날 정도였다(행 19:11-12 참조). 또한 베드로가 욥바에서 죽은 도르가를 살렸듯이(행 9:36-42 참조), 바울 역시 드로아에서 창에 걸터앉아 졸면서 그의 강론을 듣다가 3층에서 떨어져 죽은 유두고라는 청년을 살렸다(행 20:7-12 참조).

성경 시대의 치유와 오늘날의 치유의 연속성과 불연속성

그렇다면 예수님이나 사도들이 행한 치유 기적은 오늘날에도 일어나는가? 이에 대해 두 극단적인 견해가 첨예하게 대립된다. 신사도 운동에서는 이런 기적적인 치유와 은사가 지금도 그대로 재현된다고 보는 반면, 전통적인 입장에서는 더 이상 그런 은사가 존재하지 않는다고 주장한다. 전자가 연속성을 일방적으로 강조한다면, 후자는 철저한 불연속성을 고집하는 셈이다.

전통적으로 예수님의 기적은 예수님의 신성과 그분이 전하신 복음의 진정성을 증명해 주는 표적으로 이해되어 왔다. 사도들이 행한 기적적인 치유도 사도적인 권위와 메시지를 입증하는 역할을 하는 것으로 생각되었다. 그렇기에 사도 시대가 끝나고 성경의 계시가 종료됨과 동시에 이런 은사도 중지되었다고 보는 것이다.

최근 대부분의 성경학자들은 예수님이 행하신 기사가 그분의 신성과 하나님의 아들 되심을 증거한다는 전통적인 견해를 배격한다. 그러나 예수님의 기적을 통해 하나님의 속성, 즉 그분의 전능하심과 영광과 자비하심이 밝히 드러나는 것은 부인할 수 없다. 주님은 자신을 믿을 수 없으면 자신이 행하는 일을 보고 믿으라고 말씀하셨다. 가버나움에서 중풍병자를 고치시면서 예수님은 자신에게 하나님만이 소유하신 죄 사함의 권세가 있다는 것을 알게 하려 한다고 말씀하셨다(마 9:6 참조).

이런 면에서 예수님의 치유 사역은 독특하다. 그분의 치유는 완벽했고 실패한 적이 없었다. 대부분 즉각적으로 완쾌되었다. 지금은 그 누구도 예수님처럼 치유하지 못한다. 아무리 탁월한 치유의 은사를 받은 사람일지라도 한 번도 실패하지 않을 정도로 완벽하게 치유하지는 못한다. 간혹 주님을 믿는 어떤 이는 그분이 하신 일을 하며 그보다 더 큰 일도 한다는 주님의 말씀(요 14:12 참조)을 인용하며 주님이 행하신 기적을 우리도 행할 수 있다고 주장한다. 그러나 이 말씀을 그렇게 무분별하게 적용해서는 안 된다. 이 말씀의 바른 이해를 위해서는 먼저 주님이 하신 일 중에 우리가 행할 수 없는 일이 많다는 것을 알아야 한다. 그 누구도 주님이 받으신 십자가 고난을 당할 수 없다. 주님이 수행하신 다양한 메시아의 사역들을 행할 수 없다. 구속 사역과 관련된 많은 일들을 우리는 그대로 따라 행할 수 없다. 그것은 오직 주님만이 감당하실 수 있는 일이었다.

다만 우리가 예수님이 완성하신 구속 사역의 열매를 전달한다는 면에서 주님보다 큰 일을 행한다고도 볼 수 있다. 예수님의 부활과 승천을 통하여 주님의 메시아 사역이 완료된 후에야 인간의 육체적 질병보다 더 중한 영적인 나병을 치유하고 심령을 근본적으로 변화시키는 새 언약의 은혜가 성령 안에서 풍성히 주어졌다. 그렇게 해서 많은 죄인들을 회개하게 하고 주님께 인도할 수 있게 된 것이다.

오순절에 성령으로 충만한 베드로가 한 번 설교함으로 3천 명이 회개하는 놀라운 역사가 일어났다. 베드로가 주님보다 더 큰 전도의 성과를 거둔 것이다. 이것이 바로 더 큰 일을 한다는 말씀의 의미인 것이다. 오순절에 성령이 임하심으로 복음이 땅 끝까지 전파되어 온 세계에 하나님 나라가 증거되고 확장되게 되었다. 제자들이 세계 선교의 주역을 담당하게 된 것이다. 예수님의 사역은 팔레스타인 지역을 벗어나지 못했다. 그러나 제자들과 우리 믿는 자의 사역은 온 세계를 활동 무대로 삼게 되었다. 이런 규모적인 면에서도 우리는 주님보다 더 큰 일을 하는 셈이다. 빌리 그레이엄(Billy Graham) 같은 전도자는 온 세계를 누비고 다니며 복음을 전해 수많은 사람들을 주님께 인도하였다.

마찬가지로 예수님의 치유 사역도 우리가 따라 행할 수 있는 면이 있는가 하면 본받을 수 없는 면도 있다. 예수님의 치유는 메시아 사역의 일환이었다. 그분이 메시아이심을 입증하는 역할을 하였다. 우리는 이런 의미를 띤 치유 사역을 하지 못한다. 그 누구도 예수님처럼 메시아이심을 증명해 주는 완벽한 치유의 기적을 행하지 못한다. 이런 면에서 예수님의 치유와 오늘날의 치유의 다른 점, 즉 불연속성을 인정해야 한다.

그와 함께 연속성 또한 간과해서는 안 될 것이다. 예수님의 치유는 그분이 전하신 하나님 나라 복음의 구체적인 표현이었다. 하나님 나라가 능력으로 임하며 그 나라 안에서 전인적인 회복과 구원이 임했다는 표증이었던 것이다. 이와 더불어 죄로 병들고 망가진 인간들을 고쳐 온전한 상태로 회복하여 하나님 안에서 진정한 안식을 누리게 하는 새 창조의 표징이라고 할 수 있다. 이런 면에서 치유의 은혜는 지금도 하나님 나라의 복음이 전파되는 교회와 선교지에 계속된다고 보아야 한다.

비슷한 맥락에서 오늘날의 치유는 사도들의 치유와도 연속성과 불연속성이 있다는 점을 주지해야 할 것이다. 사도들에게는 오고 오는 모든 세대의 교회들이 세워지는 터를 닦는 독특한 임무가 주어졌다(엡 2:20 참조). 터를 닦는 것은 다시 되풀이되지 않는 작업이다. 마찬가지로 사도들의 사역도 교회가 계속 건축되어 갈 기초를 놓는 작업으로서 더 이상 반복될 수 없는 일이다. 그들에게는 성경 말씀이 계시되었다. 사도들의 가르침은 모든 교회의 교리와 신앙의 규범이 된다. 그들의 규범적인 가르침을 따르고 그 신앙의 전통을 계승한다는 의미에서 역사 속의 모든 교회는 사도적인 교회라고 할 수 있다. 그렇다고 해서 지금 우리 중 누군가가 사도가 되거나 사도들과 똑같은 일을 할 수 있다는 것을 의미하지는 않는다. 우리는 사도들의 가르침과 신앙을 본받고 따라야 하지만 사도들에게 주어진 특수한 임무를 수행할 수는 없다. 우리에게 주어진 임무는 그들이 세운 터 위에 교회를 세워가는 것이지, 그들처럼 터를 다시 닦는 일이 아니다. 그들이 계시로 받은 성경 말씀을 따르는 것이지, 그들처럼 계시를 받을 수는 없다. 이런 점들을 무시하고 어떤 이들을 사도라고 칭하며 그들과 같은 사역을 해야 한다고 주장하는 것은 엄청난 혼란을 야기할 수 있다.

피터 와그너(Peter Wagner) 같은 이들이 신학적인 분별력 없이 오늘날에도 사도들이 존재한다고 가르쳐 신사도 운동과 같은 현상이 확산되고 있다. 순수하게 사도적인 신앙과 가르침을 회복하려는 의도에 그치는 것이 아니라 사도들과 같은 권위와 임무를 주장하는 것이 이런 운동이 가진 문제점이다. 만약 오늘날에도 사도들이 존재한다면 사도라고 불릴 수 있는 사람은 누구란 말인가? 피터 와그너는 세계적인 초대형 교회를 이룬 유명한 목사를 사도라고 칭할 수 있다고 말한다. 그는 어떤 기준을 가지고 사도 됨의 자격을 진단한 것인가? 초대형 교회를 이룬 것이 사도 됨의 표지이고 자격이란 말인가? 그러나 다른 많은 사람들은 피터 와그너와 견해를 아주 달리할 수 있다. 필자의 판단으로도 와그너가 사도라고 보는 그 목사는 오히려 순수한 사도적인 신앙과 가르침을 변질시킨 사람일 수 있다. '성공 제일주의'라는 세속적인 가치관에 경도된 번영 신학으로 교인들을 끌어모으는 데 성공했을지도 모른다. 물론 최종적인 판단은 하나님이 하실 일이지만 말이다. 사도적인 신앙과 교회의 참된 모습을 허무는 사람을 사도라고 하니 얼마나 우스꽝스러운 일인가?

문제는 여기서 끝나지 않는다. 오늘날 어떤 이를 사도라고 부를 때 훨씬 더 심각한 문제들이 야기될 수 있다. 만약 누군가가 사도라면 그에게는 어떤 권위가 주어지는가? 그의 가르침과 사역이 교회에 규범적인 권위를 가져야 한다는 말인가? 그가 성경을 잘못 해석해서 말씀을 전해도 사도가 전한 메시지이니 사도적인 권위를 가져야 한다는 말인가? 만약에 그렇게 된다면 그의 메시지가 성경보다 더 권위 있는 새로운 계시가 될 것이다. 요즘 신사도 운동을 하는 이들은 대부분 하나님께로부터 직접 메시지를 받고 예언을 한다고 하는데, 그렇다면 사도들에게 주어진 새로운 예언이니까 신약 성경에 덧붙여야 하지 않겠는가? 다행히 아직까지는 신사도 운동을 하는 이들 중에서 자신의 예언이 성경 말씀과 동등한 권위를 가졌다고 노골적으로 주장하는 이는 없는 것 같다. 하지만 실제에 있어서 교인들은 성경 말씀보다 오늘날의 '사도들'에게 새롭게 주어지는 예언에 더 의존한다. 그들 중에 자신이 베드로나 요한 또는 바울에 버금가는 권위를 가졌다고 감히 주장할 사람은 없을 것이다. 그렇다면 왜 구태여 사도라는 명칭을 고집함으로써 많은 혼란을 자초하려고 하는가? 존 스토트(John Stott)가 지혜롭게 조언했듯이 '사도적'(apostolic)이라는 형용사를 붙이는 것으로 만족할 수는 없을까? 사도적인 신앙과 사도적인 교회의 모습을 회복한다는 의미에서 그런 식의 표현을 사용할 수 있을 것이다. "그러나 '사도'라는 명사는 '열둘'과 바울 그리고 아마도 야고보를 위해서 남겨두는 게 현명할 것이다."[4]

이런 사도 직분의 독특성을 인정하는 것은 그들의 치유 사역을 이해함에 있어서 중요하다. 오늘날의 교회에는 바울이나 베드로와 견줄 만한 사도적인 권위를 가진 이가 없다. 어느 누구도 그들과 같이 성경적인 계시를 받아, 오고 오는 세대의 교회에 기독교 신앙의 절대 규범을 확립할 수 없다. 사도들에게만 주어진 특수 임무, 즉 교회의 터를 닦는 일을 할 수 없다. 이런 면에서 그들이 행한 치유의 기적은 오늘날의 치유와 구별될 필요가 있다. 오늘날 교회에서 일어나는 치유는 더 이상 교회의 터를 닦는 특수 임무와 관련된 것이 아니다. 사도들의 독특한 권위와 사도적 복음의 진정성을 입증하는 성격을 띠지 않는다. 모든 세대의 교회에 척도가 되는 사도들의 메시지에 오류가 없었듯이 그 권위의 표증인 사도들의 치유 사역에도 실패와 하자가 없었다. 지금 그 누가 사도들과 견줄 만한 권위를 입증할 만큼 완벽한 치유 사역을 행할 수 있겠는가?

오늘날에도 치유 사역이 계속된다고 할 때 최소한 이 정도의 구별을 인정하는 것이 필요하다. 사도들과 달리 우리에게는 그들이 힘써 닦아 놓은 터 위에 교회를 세워가는 임무가 주어졌다. 그런 의미에서 지금도 교회가 건강하게 성장하기 위해서는 병들고 망가진 인생들이 온전해져 그리스도 안에서 진정한 안식을 회복하는 새 창조의 표징으로서 그리고 하나님 나라가 능력으로 임하는 표징으로서 치유의 역사는 계속되어야 한다.

왜 오늘날에는 치유 기적이 잘 나타나지 않을까

이처럼 현대에도 치유가 계속되어야 한다면, 왜 이런 역사가 자주 일어나지 않는 것일까? 여기에는 복합적인 원인이 있을 것이다. 오늘날의 치유 기적을 이해함에 있어서 기본적으로 고려해야 할 점이 있다. 먼저 교회의 발전 단계를 감안해야 한다. 치유 기적은 특별히 하나님 나라가 임하는 표징의 성격을 띠고 있다. 그렇기에 초대교회에서와 같이 어떤 지역에 처음으로 복음이 전파되어 하나님 나라가 침투할 때 이런 기적은 빈번하게 일어난다. 지금도 중국이나 아프리카 등지의 선교 현장에서 표적과 기사가 많이 나타난다는 보도를 듣게 된다.

한국 교회 초창기에도 이런 일이 많았다. 김익두 목사를 통해 많은 치유 역사가 일어난 것은 잘 알려진 일이다. 그가 인도하는 집회에서 병자들이 집단으로 치유되기도 하였다. 1921년 황해노회에서는 그의 사역을 통해 치유된 사례들을 자세히 조사하여 "조선예수교회 이적 증명서"를 펴냈다. 지금도 여러 선교지에서 하나님 나라가 임하는 구체적인 표징으로 귀신이 쫓겨나고 병이 치유되는 역사가 자주 일어난다.

선교지나 교회의 초창기에 그렇게 자주 일어났던 치유의 기적들을 지금 우리 교회에서 자주 접할 수 없는 이유는 무엇인가? 어떤 신학자는 이를 하나님의 은혜를 잊은 데 대한 형벌이라고 했다. 교회가 침체하고 타락함에 따라 초대교회에 풍성하게 나타났던 은사들이 고갈되었다는 것이다. 그러나 이것으로 충분한 설명이 될 수 있을까?

물론 교회가 쇠락하여 영적인 활력을 잃어버렸을 때 치유의 기적이 희귀해지는 것은 사실이다. 교회가 다시 부흥하여 왕성한 생명력을 누리게 되면서 이런 역사는 재현되곤 한다. 개인적으로도 죄에서 돌이켜 영적인 회복을 체험할 때 여러 가지 질병이 치유되기도 한다. 그리스도인들이 약함과 질병에 시달리는 것은 많은 경우 하나님의 성령이 거하시는 거룩한 전(성전)인 그들의 몸을 불결한 죄악으로 더럽히기 때문이다. 그들이 자신들의 몸을 하나님께 거룩한 제물로 드려 성령으로 충만한 가운데 살아가면 몸과 마음의 평안을 누리게 된다. 물론 성령으로 충만하다고 해서 병에 걸리지 않는 것은 아니지만, 그럼에도 성결하게 살지 못해서 야기되는 불필요한 병치레에서는 자유하게 될 것이다.

오늘날 치유의 기사가 희귀해진 것은 교회가 처음 열심과 생명력을 잃어버리고 제도적으로 경직되어가면서 성령의 자유로운 역사가 제한되었기 때문이라고 볼 수도 있을 것이다. 그러나 이 한 가지 이유만으로 모든 것이 설명되지는 않는다. 이 밖에도 다양한 요인들을 고려해야 할 것이다.

복음이 전파되어 교회가 세워지고 성장하게 되면 치유 기적의 빈도가 줄어드는 것이 교회 역사 속에 나타나는 일반적인 현상이었다. 이는 꼭 성령의 역사가 약화되었기 때문이라고 볼 수는 없다. 오히려 교회의 발전 단계에 따른 순리적인 현상일 수 있다.

치유 기적이 주로 복음이 처음으로 전파되는 곳에서 많이 나타나는 것은 그런 기사가 특별히 안 믿는 사람들에게 하나님 나라의 도래와 실재를 보여 주는 표징의 기능을 띠기 때문이다. 치유의 역사는 선교 현장뿐 아니라 기존 교회에서도 계속된다. 그러나 교회에 그 표적이 가리키는 하나님 나라의 실체인 말씀과 성령의 풍성한 임재가 구체적으로 실현됨에 따라 외적 표징인 치유의 기적들이 줄어드는 듯하다. 이는 이미 하나님 나라의 임재를 경험하고 있는 신자들이 계속 외적인 표적을 추구하기보다는 말씀에 더 의존하는 믿음으로 살게 하시려는 성령의 섭리라고도 생각할 수 있다. 빈번한 표적과 기사는 교인들을 말씀에 깊이 뿌리내린 인격적인 믿음보다 이적에 치우치는 불건전한 신앙에 빠뜨릴 수 있기 때문이다.

이것이 선교 역사 속에서 반복되는 현상이다. 교회 역사뿐 아니라 신약성경을 통해서도 유추할 수 있는 사실이다. 바울 사도는 새로운 선교지에서 복음을 전파하여 교회가 세워지기까지 대개 많은 표적과 기사를 행했다. 그러나 일단 그렇게 개척한 교회에 직분과 제도가 어느 정도 갖추어지면 그 교회에 보내는 서신에서 좀처럼 기적적인 은사를 언급하거나 강조하지 않았다. 잦은 위장병에 시달렸던 차세대 목회자 디모데에게 그가 내린 최선의 처방책은 고작 포도주를 마시라는 권면이었다. 지금도 선교사들 중에서 선교지에서는 자신에게 치유의 은사가 나타나 많은 사람들을 치유했는데 한국에 와서 병자들을 위해 기도할 때는 아무 일도 일어나지 않는다고 의아해하는 분들을 자주 만나게 된다.

기적인가, 의술인가

다음으로, 현대의 치유를 이해함에 있어서 교회의 발전 단계뿐 아니라 시대적 발전을 고려해야 한다. 첨단 의학이 발달된 이 시대에 치유 기적은 그렇지 못했던 과거와는 사뭇 다르게 나타날 수 있다. 근대에 들어와 페니실린의 발명과 다양한 백신의 출현으로 생명과 건강을 위협하는 많은 질병을 퇴치할 수 있게 되었다. 과거 예방의학이 발달되기 전에는 전염병이 돌면 속수무책으로 수많은 사람들이 죽어갔다. 지금은 간단한 수술로 치유할 수 있는 병도 손을 쓰지 못하는 경우가 많았다.

만약 2천 년 전에 급성 맹장염에 걸렸다면 기적적인 치유를 바랄 수밖에 없었을 것이다. 하지만 오늘날 맹장염에 걸렸는데 병원에도 가지 않고 무작정 기적적으로 치유되기만을 바란다면 그것은 믿음이 좋은 것이 아니라 하나님을 시험하는 것이 된다. 간혹 의술에 의존하는 것을 하나님을 신뢰하지 못하는 태도로 생각하는 맹신에 빠지는 이들이 있다. 신경증으로 고생하는 한 사람이 의사의 처방대로 매일 밤 숙면을 돕는 신경안정제를 복용하는데, 그 약을 먹을 때마다 그런 인위적인 방법을 사용하는 것이 믿음이 없는 것으로 느껴져 양심에 가책을 느꼈다고 한다. 그런 환자를 향하여 저명한 기독교 심리학자이며 의사인 폴 투르니에(Paul Tournier)는 그 약 또한 하나님이 날마다 우리에게 주시는 양식처럼 하나님의 축복이라고 말했다.

하나님이 우리를 치유하시는 방법을 꼭 기적에만 국한시킬 수는 없다. 하나님은 의술이라는 방편을 통해서도 치유하신다. 눈부신 현대 의술의 발전 배후에는 하나님의 섭리가 깃들어 있다. 현대 의학의 발전이 인류의 안녕과 건강 증진에 크게 이바지하게 하셨다. 하나님이 인간의 치유를 상당 부분 의사와 병원에 위임하신 셈이다. 그러나 의사가 궁극적인 치유자는 아니다. 그는 치유의 과정을 좀더 신속하게 진행시키는 역할을 할 뿐이다. 의술은 인체에 생래적으로 내재해 있는 회복의 기능을 촉진한다. 그래서 어떤 이는 그리스도인 의사가 하는 모든 활동은 병 고치는 은사라고까지 말했다. 진료와 처방과 안수 기도는 비록 그 형태는 다르지만 그것을 기도와 믿음으로 수행한다면 성령의 은사가 될 수 있다는 것이다. 엄밀한 의미에서 의료 행위와 성령의 은사는 구별되어야 한다. 그럼에도 이 둘은 모두 하나님이 치유하시는 방편이라는 점을 잊지 말아야 한다. 병원에서 치료받는 것은 '인위적인 것'인 반면에, 기도를 통해 기적적으로 고침받는 것은 '신적'이라는 이원론적인 사고는 아주 잘못된 것이다.

필자가 아는 한 장로는 암에 걸리자 병원 치료를 거부하고 기도원에 들어가 하나님이 기적적으로 치유해 주시기만을 바랐다. 그는 인간의 의술로 치료받는 것은 하나님만을 전적으로 의지하지 못하는 불신앙의 행위이기에 하나님의 고치시는 손길을 오히려 방해한다고 생각했던 것이다. 그러나 병이 더 악화되어 수술할 수도 없는 지경이 되었고 결국 사망하고 말았다. 제때에 수술만 했어도 충분히 살 수 있었는데 말이다.

그러므로 치유에 대한 균형 잡힌 시각이 필요하다. 만약 그 장로와 같은 입장에 처한다면 어떻게 해야 할까? 먼저 의학적 치료에 큰 차질이 없는 한도 내에서 일정 기간을 설정하고 하나님께 매달려 봐야 한다. 그러나 기적적인 치유의 손길이 임하지 않으면 의술을 통해 치유하시는 하나님의 섭리를 신뢰하고 수술을 받아야 한다. 병원 신세를 지는 것이 하나님을 온전히 의지하지 못하는 것이 아닌가 하는 죄책감은 말끔히 떨쳐버려야 한다.

지금도 기적적인 치유가 일어날 수 있음을 믿어야 한다. 그러나 그것만을 하나님이 치유하시는 방법으로 생각하는 '이적주의'에 빠져서는 안 된다. 현대 의술의 혜택을 누려야 한다. 동시에 의술이 할 수 있는 것은 극히 제한되어 있다는 현대 의학의 불편한 진실을 직시하고 어떤 방법으로든 궁극적으로 고치시는 분은 위대한 의원이신 주님이시라는 사실을 잊지 말아야 한다.

또한 현대에도 장소에 따라 치유의 기적이 다르게 나타날 수 있다. 현대 의술의 혜택을 누리지 못하는 아프리카의 미개한 지역에서 선교하는 이는 좀더 기적적인 치유를 기대할 수 있다. 또한 병원이 없는 외딴 곳을 여행하던 중 불의의 사고를 당했다면 하나님의 기적적인 간섭을 바랄 수 있을 것이다.

왜 많은 사람들이 고침받지 못하는가

치유 집회는 어떤 사람들의 질병을 치유하기도 하지만 더 많은 사람들의 영혼을 병들게 할 수 있다. 그것은 믿음이 있으면 다 고침받는다는 식으로 지나치게 단순화된 치유 신학이 치유 집회를 주도하고 있기 때문이다. 그래서 미리 고침받았다고 선포할 것을 재촉하는 것이다. 그러나 하나님이 그들을 다 고치신다는 것을 어떻게 확신할 수 있다는 말인가? 그것이 하나님의 뜻이 아니라면 그렇게 선포하는 것은 담대한 믿음이 아니라 하나님의 뜻은 아랑곳하지 않고 내 뜻을 관철하려는 독단일 뿐이다. 하나님의 주권적인 뜻과 섭리보다 인간의 소원에 치중하는 인본주의 신앙의 전형이다. 그런 믿음은 하나님의 뜻을 비틀어서라도 내 소원을 성취하려는 만능 열쇠와 같은 것이다.

이것은 우리 육체의 치유를 반드시 종말론적 관점에서 이해해야 한다는 성경의 기본 원리에 무지한 결과다. 치유는 하나님 나라가 임재하는 표징이며 그 나라의 능력이다. 그러나 우리 교회는 '이미' 도래한 하나님 나라와 '아직' 완성되지 않은 하나님 나라 사이의 종말론적인 긴장 관계 속에 존재하고 있다. 교회는 성령 안에 이미 임한 하나님 나라를 경험하며 그 안에서 종말론적인 회복과 치유의 능력을 미리 맛본다. 하지만 교회가 이 땅의 현실 속에서 누리는 하나님 나라의 은혜는 부분적일 뿐이다. 천국의 맛보기에 지나지 않는다.

우리는 이미 하나님 나라에 속했지만 아직도 이 땅에 속한 지체, 즉 죄와 사망의 육체를 입고 있다. 완전한 치유는 이 땅에 속한 지체를 벗어버릴 종말에 가서야 이루어진다. 그때까지 우리 육체는 이 땅 위에서 불가피하게 약함과 질병과 노쇠함 그리고 마지막으로 죽음에 종속하게 된다. 이것이 이 땅 위에 사는 모든 육체적 존재의 특성이며 그 누구도 거기서 벗어날 수 없다. 치유받기도 하지만 다시 병들고 노쇠하고 결국 죽게 된다.

어떻게 보면 죽음이야말로 우리를 모든 질병과 약함으로부터 해방하는 완전한 치유다. 우리는 중병에 걸려 위독한 이들의 치유를 위해 간절히 기도했음에도 불구하고 회생하지 못하는 것을 자주 목격하면서 우리의 기도를 외면하신 하나님이 야속하게 느껴질 때가 많다. 그러나 시각을 바꾸어 종말의 관점에서 본다면 하나님이 우리의 기도를 더 확실하게 응답하신 셈이다. 우리가 치유를 위해 기도한 이를 완전히 치유해 주신 것이다. 하나님은 자기 자녀를 더 이상 질병과 고통이 없는 본향 집으로 데려가심으로 더 큰 긍휼과 사랑을 나타내신다. 우리의 관심이 너무 근시안적이어서 현세적인 축복에 쏠려 있기 때문에 참된 신앙의 핵심인 종말론적인 안목을 상실한 것이다.

현대 치유 사역이 안고 있는 근본 문제가 바로 그런 것이다. 아직 이루어지지 않은 종말보다 이미 실현된 종말에 과도하게 치우치는 오류를 범하고 있다. 곧 미래의 궁극적인 축복보다 이 땅에서의 평안과 건강에 초점이 맞추어져 있다. 이는 이 시대의 세속주의 가치관을 그대로 반영하고 있는 것이다. 거기서부터 모든 문제와 혼란이 야기된다고 해도 과언이 아닐 것이다.

'아직'을 무시한 채 '이미'만 일방적으로 강조하기에 믿음이 있으면 반드시 치유되어야 한다고 주장한다. 이것이 '믿음 치유'의 치명적인 약점이다. 아무리 믿음이 좋을지라도 실제로 치유받기보다 그렇지 못하는 경우가 더 많다. 고침받았다고 굳게 믿고 선포해 봐도 이 엄연한 사실을 결코 변개할 수 없다. 이러한 현상은 치유를 종말론적인 관점에서 이해하지 않는 한 설명할 길이 없다. 신자는 이 땅에서 '이미' 치유의 은혜를 부분적으로 누릴 수 있지만 '아직' 약함과 질병에서 완전히 해방되지 않았다. 이것이 우리가 피할 수 없는 종말론적 삶의 특성이다.

때때로 하나님은 아직 해결되지 않은 질병과 고통이라는 십자가를 통해서 더 많은 영적인 질병, 교만과 방종을 치유하시고 영적 성숙의 밑거름인 겸손과 인내를 배양하신다. '아직' 치유되지 않은 질병과 고통의 신비에 담긴 하나님의 선하신 뜻과 섭리를 깡그리 무시한 채 믿음으로 치유될 것만을 강조하는 것은 사실 믿음이라는 탱크로 하나님의 뜻을 깔아뭉개는 소행이다. 그것은 하나님의 뜻에 근거한 참된 믿음이 아니라 자신의 소원을 자신의 심리에 투사해서 조작해 낸 억지 믿음이다. 하나님의 뜻을 비틀어 자기 소원에 맞추려고 떼를 쓰는 것과 다를 바 없다.

교회마다 예외 없이 아주 모범적이고 거룩한 형제자매들이 병에 걸리고, 온 교우들이 그들을 위해 간절히 기도했음에도 불구하고 끝내 치유되지 못하고 부름받는 안타까운 현실을 접하게 된다. 그들의 죽음 앞에 허탈해하는 교우들과 가족들에게 어떤 설명과 위로를 줄 수 있겠는가? 흔들림 없이 주님의 고쳐 주심을 신뢰했으나 자신들의 기도를 외면하신 주님의 싸늘한 뒷모습만을 접하는 수많은 신실한 교인들의 문제는 도대체 무엇이란 말인가? 그들은 믿음이 적은 자신을 자책하거나 자신만 하나님의 긍휼의 대상에서 제외되는 비애를 느낄 수밖에 없을 것이다. 신학적인 균형을 잃고 극단으로 치우친 치유 신학, 즉 지나치게 단순화되어 다양한 관점들을 하나로 아우르지 못한 치유 신학이 얼마나 많은 주님의 자녀들을 괴롭히며 교회를 해롭게 하는지 모른다. 그러므로 치유 사역은 반드시 성경의 가르침에 충실한 치유 신학의 바탕 위에서 시행해야 한다.

고쳐 주시지 않는 신비

교회는 성령 안에서 종말론적인 회복과 치유의 은혜를 미리 맛본다. 그러나 이 땅에서의 치유는 불완전하며 미래의 완전한 치유를 바라보게 한다. 부분적인 치유는 온전함이 이루어질 종말론적인 소망을 심화시키는 역할을 한다. 하나님은 우리의 병을 고쳐 주심으로 그분의 사랑과 긍휼하심을 나타내신다. 그러나 우리의 병과 고통의 문제를 우리가 원하는 대로 해결해 주지 않으심으로 더 깊은 차원에서 그분의 사랑과 배려를 나타내기도 하신다.

고쳐 주시지 않거나 혹은 치유를 지연하심으로 우리에게 훨씬 더 큰 영적인 유익이 있게 하실 때가 많다. 질병과 고통을 통해 우리는 하나님을 간절히 찾게 되고 기도의 사람으로 빚어진다. 포사이드(Forsyth)가 말했듯이 고통은 조임쇠 같은 역할을 한다. 목수는 두 널빤지를 접착제로 붙이고 완전히 붙을 때까지 조임쇠로 꼭 조인다. 더 이상 외부적인 압력이 필요 없을 정도로 확실하게 접착됐을 때 조임쇠를 서서히 푼다. 이와 같이 고통과 질병은 우리를 하나님과 꼭 붙어 하나가 되게 하는 영적인 조임쇠 역할을 한다. 고통이 쉬이 가시면 우리 안에 기도의 습관이 형성되지 않는다. 그래서 주님은 우리가 그분과 온전히 연합하기까지 계속 고난이라는 압력을 가하신다.

하나님은 육신의 질병을 통하여 우리 내면의 변화를 극대화하신다. 때로는 질병을 우리의 죄를 징계하는 방편으로 혹은 우리를 교만하지 못하게 하는 육체의 가시로 혹은 우리를 정결하고 겸손하게 하는 성화의 요긴한 방편으로 사용하신다. 만약 우리가 병에 걸렸을 때마다 매번 즉각적으로 병 고침을 받는다면 우리는 너무나 많은 영적인 유익과 은혜의 기회를 놓치게 될지도 모른다. 신앙이 깊어지고 성숙할 수 있는 절호의 기회를 박탈당한다. 많은 치유 사역자들이 질병을 통해 선을 도모하시는 하나님의 깊으신 뜻과 섭리를 무시한 채 무조건 치유되는 것이 하나님의 뜻인 양 가르치고 있다. 그리하여 병자들이 낫는 데만 온통 정신을 빼앗긴 채 주님의 선하신 뜻을 헤아려 보지 못하게 하는 심각한 오류를 범하고 있다.

이 땅 위에서 잠시 질병에서 자유하게 되는 것보다 더 중요한 사실은 십자가의 목적이 우리 안에 실현되는 것이다. 우리가 죄와 옛사람의 소욕에 대해 죽고 예수 그리스도의 형상을 닮은 새사람으로 변화되는 것이 우리를 향한 하나님의 가장 큰 소원이며 우리 안에 행하시는 성령의 가장 중요한 사역이다. 때로 질병이라는 고난은 우리가 죄와 세상에 대해 죽도록 우리를 돕는 적절한 기능을 한다. 우리는 평안하고 건강할 때는 육신의 정욕을 좇아 살다가 질병에 걸려서야 정신을 차릴 때가 많다. 그래서 칼뱅은 고난이라는 외적 십자가가 우리의 옛 자아를 십자가에 못 박는 내적인 사역을 돕는 역할을 한다고 말했다. 그러므로 병 고침을 받기만을 바라기보다 잘 감내하는 것이 더 성숙한 신앙의 자세라고 하였다.

물론 병에 걸려야만 더 거룩해지고 영적으로 성숙할 수 있다고 보아서는 안 된다. 질병을 성화를 위해 필수불가결한 것으로 볼 수는 없다. 우리가 원하지 않아도 고난과 질병은 불가피한 것이 우리의 현실이다. 신자가 병에 걸리면 자신을 돌아보고 회개하며 병 낫기를 위해 열심히 기도해야 한다. 그러나 응답이 지연될 때 옛 선생의 지혜로운 권면을 따라 잘 인내함으로 질병이라는 고난을 더 큰 은혜의 방편과 성숙의 기회로 승화시키는 자세가 필요하다. 하나님은 우리가 한없이 병으로 고생하기를 원하지 않으신다. 많은 경우 그것을 통해 이루고자 하신 그분의 목적이 달성되면 질병을 거두어 가시고 건강을 회복시켜 주신다.

우리는 고통과 질병으로 점철된 고난의 골짜기를 통과하면서 하나님의 은혜를 가장 깊이 체험하며 가장 많이 성숙하게 된다. 이것이 수많은 신실한 그리스도인들이 한결같이 증언하는 바가 아닌가? 어려움과 고난에 직면할 때마다 기적적인 해결과 치유를 바라는 것은 우리를 한없이 나약하고 미성숙한 상태에 머물게 한다. 신앙의 '아직'의 측면을 무시한 채 치유와 형통함만 일방적으로 강조하는 치유 신학은 신앙의 참된 성숙을 심각하게 저해하는 역기능을 한다. 교인들이 영적 유아 상태에서 벗어나지 못하게 하며 피상적인 신앙의 수준을 뛰어넘지 못하게 한다.

영광의 신학

이같이 '이미' 실현된 종말에 과도하게 치중하는 치유 신학은 고난과 연약함을 거부하고 아직도 기다려야 할 미래의 축복을 성급하게 청구한다. 질병의 치유는 반드시 죄 사함을 수반한다고 주장한다. "그가 채찍에 맞으므로 우리는 나음을 받았도다"(사 53:5)와 같은 말씀에 근거하여 구원에는 치유도 이미 포함되었다고 한다. 그러므로 믿음으로 죄 사함을 받으면 반드시 육체의 질병도 치유함을 받아야 한다는 것이다. 우리를 치유해 주시는 것이 분명한 주님의 뜻이기에 그분에 대한 확고한 믿음을 가지고 병 고침을 구해야 한다는 것이다. 교인들은 보통 주님의 뜻이면 자신을 고쳐달라고 기도하는데 이런 기도는 겸손하게 들리지만 사실은 믿음의 결여를 드러내는 기도라고 한다. 여기에는 온전히 믿지 못하는 의심의 요소가 담겨 있다는 것이다. 그렇기에 그런 기도는 대개 응답받지 못한다는 것이다.

이러한 주장의 저변에는 잘못된 신학이 깔려 있다. 물론 구원에는 영혼 구원뿐 아니라 육체의 치유도 포함되어 있다. 그러나 누구든지 믿으면 예외 없이 죄 사함을 받지만 질병마저 100퍼센트 치유된다는 보장은 없다. 물론 병이 낫기도 한다. 그러나 우리 육체의 완전한 치유는 종말에 가서야 이루어진다. 이렇게 구원을 종말론적으로 보는 관점에서 구원에는 육신적인 치유도 포함되었다고 볼 수 있다.

그러나 어떤 질병이 지금 당장 나을 수 있는지는 확신할 수 없다. 즉각적으로 치유하시는 것이 주님의 뜻인지 아니면 우리의 성숙과 영적인 유익을 위해 치유를 지연하시는 것이 주님의 뜻인지 우리는 확실히 알 수 없기 때문이다. 주님이 언제 어떤 방식으로 고쳐 주실지 혹은 우리의 고통이 바울에게 있었던 육체의 가시처럼 죽을 때까지 껴안고 살아야 할 약함과 장애인지 우리는 알 수 없다. 오랜 기간 깊이 기도하는 가운데 주님의 뜻이 무엇인지 그 윤곽이 드러나는 경우가 많다. 미리부터 치유되는 것이 유일한 주님의 뜻이라고 못 박고 병 고침을 바라는 믿음은 사실 주님의 뜻에 순응하는 자세가 아니라 나의 욕망을 주님의 뜻으로 투사하여 주님을 조종하려는 일종의 강압이다. 병 고침 외에는 주님으로부터 다른 응답 받기를 거부하는 완고한 태도이며, 하나님의 선하신 뜻보다는 자기중심적인 욕망을 앞세우는 육적인 신앙이다. 그러다 고침을 받지 못하면 자신의 믿음이 부족함을 한탄하고 자책하거나 하나님의 선하심을 의심하는 회의에 빠지게 된다. 이런 잘못된 치유의 가르침이 얼마나 많은 사람들을 죄책감의 늪에 빠뜨리고 믿음을 저버리는 위기로 내모는지 모른다.

반면에 주님의 뜻이면 고쳐달라고 기도하는 것은 비록 고통과 질병에서 헤어나는 것이 개인적인 소원이지만 '그리 아니하실지라도' 주님의 뜻을 따르겠다는 순종의 고백을 담은 것이다. 자신의 원대로 병을 고쳐 주셔도 감사하고 설혹 안 고쳐 주실지라도 주님의 선하신 섭리와 계획이 있음을 믿고 감사하겠다는 성숙한 신앙의 모습이다. 결코 하나님의 선하심과 능력에 대한 믿음의 부족에서 비롯된 기도가 아니다. 이는 겟세마네에서 "나의 원대로 마시옵고 아버지의 원대로 하옵소서"(마 26:39)라고 기도하신 예수님의 본을 따르는 것이다.

현대의 치유 사역은 우리 삶의 고난과 십자가를 무시하고 축복과 능력만을 강조하는 영광의 신학으로 치우치고 있다. 치유는 전체 복음의 일부분이며 복음의 중심은 예수 그리스도와 그분의 십자가이다. 치유 사역은 사람들을 예수 그리스도의 십자가로 인도하여 십자가를 통해 임한 하나님 나라의 실재를 발견하게 하는 데 그 중요한 역할과 의미가 있다. 그러나 사람들의 관심을 십자가로부터 가로채서 기적과 능력에 쏠리게 한다면 치유 사역은 십자가의 도를 거스르는 것으로 돌변하게 된다. 이것이 오늘날 만연하게 나타나는 치유 사역의 병폐. 가치의 우선순위가 뒤바뀌어 십자가는 뒷전으로 밀려나고 기적과 초능력이 전면에 부각된다. 많은 목사들이 부진한 말씀 사역과 목회의 돌파구를 치유 사역에서 찾으려 한다. 십자가의 복음보다 기적으로 사람들을 끌려고 한다. 그렇게 해서 기적으로 사람들을 많이 끌어모으고 쉽게 설복시킬 수 있을지는 모르나 그들을 진정으로 변화시켜 그리스도를 닮은 하나님의 백성이 되게 할 수는 없다.

과거 유명한 부흥사였던 박재봉 목사는 자신의 기도로 4만 명 가량의 병자들을 치유했다고 한다. 그는 병 고침을 받은 이들의 명단을 수첩에 적어 두었다가 후에 자신이 집회를 인도했던 교회들을 순회하면서 그들이 어떻게 사는지를 알아보았다고 한다. 그런데 자신의 기도를 통해 치유받은 사람 열 명 중 일고여덟 명은 신앙 생활을 하지 않고 있다는 충격적인 사실을 발견하였다. 그 사실을 안 그는 하나님께 신유의 은사를 거둬 달라고 기도했다고 한다. 그리고 그 후에는 병 고침을 받으러 몰려드는 사람들에게 자신에게는 더 이상 치유의 은사가 없다고 하며 기도해 주지 않았다고 한다.

치유가 복음 전파에 도움이 되는 순기능을 하는 반면에 영혼 구원과 성숙을 방해하는 역기능을 할 수 있다는 점을 결코 잊어서는 안 될 것이다. 치유는 복음 사역의 일부분으로서 십자가의 도를 더욱 부각시키며 십자가를 통해 임한 하나님 나라의 실재를 가리키는 표징으로서의 임무에 충실해야 한다. 그리고 교회라는 안전한 울타리 안에서 활용되어야 한다. 그럴 때 치유의 능력은 그리스도의 몸 된 교회를 세우고 하나님 나라를 확장하는 데 요긴하게 사용되는 도구가 된다. 그러나 치유가 그 원래의 임무에서 벗어나 십자가를 대신하는 역할을 할 때 심각한 혼란이 야기된다.

영적인 사기

십자가의 중심성을 상실한 치유 사역은 십자가에 못 박히지 않은 인간의 부패한 욕망에 의해 현저히 왜곡된다. 어떤 여전도사는 자신에게 치유의 은사가 나타나는 것 같으니 치유 선교회를 만들어 사람들을 끌어모으고, 급기야는 자신이 안수한 물에 반죽한 밀가루를 천국 고약이라고 하며 팔아먹기까지 했다. 이는 물에 빠져 지푸라기라도 잡으려는 심정으로 찾아온 병자들의 절박한 심리를 최대한 이용하여 그들을 착취하는 간악한 행위다. 이같이 치유 사역을 통하여 사람들을 끌어모아 치부하려는 자들은 인간의 고통과 불행을 미끼로 자신의 더러운 야욕을 채우려는 최악의 죄를 범하는 것이다. 치유 사역을 통하여 교회 부흥을 꾀하며 자기 영광과 성공을 추구하는 이들도 이런 범죄에 근접해 있다. 그러므로 치유 사역을 하는 이들은 극히 조심해야 한다. 자칫 잘못하면 인간의 가장 큰 불행과 취약점을 이용하여 인간을 제압하고 유린하며 착취하는 무서운 죄악에 빠질 수 있기 때문이다.

더불어 자신의 치유 실적을 부풀려 말하는 것이나, 실제보다 훨씬 더 많은 치유의 역사가 일어나는 것 같은 환각에 사로잡히도록 집회 분위기를 몰아가는 것은 영적인 사기 행각이다. 오늘날 치유 사역에서 무엇보다 요구되는 것은 성급한 주장과 선포로 추측과 소문만이 무성한 허상에서 빠져나와 진상을 직시하는 정직함과 투명함의 용기다. 이것이 진정한 믿음이 꼭 갖추어야 할 덕목이다. 아무런 진단과 확인 절차 없이 병이 나았다고 미리 믿고 선포하도록 무리하게 요구하기보다 객관적이고 정확한 검증의 절차를 통해 치유 사실의 진위 여부를 밝혀야 한다.

성공한 치유 실적뿐 아니라 실패에 대해서도 정직하게 보도해야 한다. 탁월한 신유의 은사가 있다고 알려진 빈야드 운동의 창시자라고 할 수 있는 존 윔버(John Wimber)도 자신의 치유 사역을 회고하면서 자신이 병 고침을 위해 기도해 준 이들 중에서 오직 25퍼센트만이 완치되었다고 했다. 그나마 불치의 병이나 현대 의학으로 고치기 힘든 질병이 치유된 경우는 드물고 대부분 비교적 쉽게 낫는 신경성 질환이나 소화기 계통의 병들이 치유됐다고 솔직히 고백했다. 실제 고침을 받는 사람보다 고침받지 못하는 이가 더 많다는, 꽁꽁 숨기고 싶은 불편한 진실을 사람들로 하여금 직시하게 해야 한다. 그것이야말로 사람들이 갖는 맹신의 헛된 기대와 환상을 깨뜨리고 진실에 뿌리내린 참된 신앙으로 인도한다. 더욱이 그렇게 하는 것이 치유받지 못한 수많은 사람들이 더 이상 상처받지 않고 그들의 믿음이 병들지 않게 하는 길이다. 또한 이것은 비록 '그리 아니하실지라도' 주님의 선하신 섭리를 믿는 성숙한 신앙으로 그들을 인도하는 비결이다.

치유 사역자가 이런 솔직한 자세를 취하지 않는 것은 결국 치유 사역의 치명적인 결과, 즉 사람들이 그의 은사를 지나치게 과신하게 만들거나 그를 거의 신격화하는 화를 불러온다. 그 능력의 종을 맹목적으로 따르는 추종자들이 많아진다. 사람들은 마치 그 사역자만이 치유의 은혜가 역사하는 통로인 양 꼭 그가 인도하는 집회에 참석해서 그의 기도를 받아야만 고침받을 것이라고 생각한다. 그의 성경 해석에 얼마나 오류가 있든, 그의 사역에 얼마나 신학적인 문제점이 많든 상관없이 그를 추종하는 이들은 그를 거의 절대적으로 신뢰한다. 이것이 초자연적인 능력을 나타내는 이들이 사람들을 끄는 위력이다. 그만큼 그의 오류 때문에 많은 사람들이 미혹당하고 잘못된 신앙으로 치우칠 가능성이 높다는 말이다. 치유에 초점을 맞춘 그의 사역은 교인들을 영적인 성숙으로 이끌기보다 십자가 대신 기적을 좇는 영적인 불륜을 범하게 한다.

사람들은 보이지 않는 하나님보다 놀라운 능력과 기적을 행하는 것처럼 보이는 사역자에게 더 매료된다. 탁월한 능력과 은사가 나타날수록 주님보다 그 능력의 종에게 끌리기 쉽다. 그러므로 뛰어난 은사가 '사람 숭배'를 유도하지 않도록 철저한 자기부인이 있어야 한다. 단순히 자신은 아무것도 아니며 모두 하나님이 하신 일이니 하나님께만 영광 돌려야 한다고 겸양을 떨며 말하는 것으로 족하지 않다. 그러면 사람들은 그가 하나님께만 영광을 돌리는 참으로 겸손하고 진실한 종이라며 더욱더 그를 우러러보게 된다. 그것은 사람들의 숭배와 추종을 더욱 유도하는 한 차원 높은 경건의 쇼에 지나지 않는다. 그보다는 자신의 은사의 탁월함 자체를 부인해야 한다. 그 은사가 사람들이 생각하는 것보다 훨씬 부실하다는 것, 다시 말하면 실제 치유되기보다 치유되지 않는 사례가 훨씬 많다는 부끄러운 진실을 솔직하게 밝혀야 한다. 그래서 사람들이 자신을 향해 갖는 환상이 깨지게 해야 한다. 그것만이 사람들이 자신을 맹신하며 숭배하는 죄를 범하지 않게 하는 유일한 길이다. 왜냐하면 사람들은 시원찮은 우상에게는 별 매력을 느끼지 못하기 때문이다. 비록 추종자들을 잃고 집회가 축소될 수 있을지 모르나 그렇게 자기부인과 겸손과 정직의 바탕 위에 설 때에만 진정으로 하나님께 영광이 되고 많은 혼란을 막는 치유 사역으로 거듭

날 수 있다.

이런 자기부인의 자세를 엿볼 수 있는 유명한 일화가 있다. '사랑의 원자탄'으로 잘 알려진 손양원 목사가 부산의 초량교회에서 집회를 인도하는 중에 나면서부터 눈이 먼 사람이 눈을 뜨는 기적이 일어났다고 한다. 그 사람은 너무 기쁜 나머지 일어나 팔짝팔짝 뛰며 "목사님, 제가 눈을 떴어요!"라고 소리를 질렀다고 한다. 그 바람에 예배가 중단되고 교인들이 웅성거리기 시작했다. 그러자 손 목사가 소란을 잠재우며 이렇게 말했다고 한다. "여러분, 조용히 하십시오. 저 사람이 눈을 뜬 것은 나와 아무런 상관이 없는 일입니다. 저 사람은 자신의 믿음으로 눈을 뜬 것입니다." 좀 지나치게 자신의 은사를 부인하는 면이 있기는 하지만 이런 겸양의 자세는 오늘날 치유 사역자들의 모습과는 너무도 다르다.

요즘 치유 사역자들은 작은 치유의 성과도 부풀리고 과장하기 일쑤다. 그에 반해 일반 목사들 중에는 이런 은사가 있음에도 전혀 티를 내지 않고 말씀 사역에만 전념하는 이들이 많다. 스펄전 목사는 병 고침에 대해 전혀 강조하지 않았음에도 불구하고 그의 기도를 통해 병이 나은 사람의 수가 런던의 어떤 의사가 고친 병자들보다 많았다고 한다. 지금도 많은 교회에서 목사와 성도들의 기도를 통해 치유되는 실례는 실제 알려진 것보다 훨씬 더 많다. 치유 집회와는 달리 그런 교회에서는 이런 것들이 크게 부각되고 선전되지 않을 따름이다.

치유 사역의 필요성

이런 치유 집회의 부정적인 면을 보면서 또 다른 극단으로 치우치는 우를 범하지 말아야 한다. 건전한 치유 사역에까지 마음의 문을 닫아버리고 그런 사역에 참여하기를 꺼려서는 안 된다. 치유 사역을 전부 사이비나 광신적인 집단에게 맡기고 방관하지만 말고 이제는 전통적인 교회가 앞장서서 성경적인 토대 위에서 치유 신학을 정립하고 건전한 치유 사역의 모델을 제시해 주어야 한다. 지금까지 우리 교회가 이 일을 소홀히 해 왔기에 치유 사역이 음성적으로 발전하여 온갖 혼란과 무질서를 야기하게 된 것이다.

앞에서도 살펴본 바와 같이 성경적으로 볼 때 치유는 하나님 나라가 능력으로 임하는 표징이며 망가진 인생들을 고쳐 온전하게 하는 새 창조의 표징으로서 복음의 구체적인 표현이라고 할 수 있다. 그러므로 특별히 선교지에서 효과적인 복음 전도를 위해 필요한 사역이다. 치유의 기적은 하나님 나라의 능력의 현시로서 복음 전파의 최전선에서 방해 세력을 제압하고 사람들이 마음을 열어 복음을 받아들이도록 돕는 기능을 한다.

복음을 이성적으로만 제시하는 서구식 전도 방식만으로는 죄의 세력에 사로잡혀 심령이 완악해진 사람들을 설복하기에 역부족일 때가 많다. 선교지에서 이런 식으로 전도해 온 한 복음 전파자에게 현지인은 이렇게 말했다고 한다. "무당이 병자를 위해 기도하면 가끔은 30분쯤 지난 후에 낫는다. 무당은 우리를 도와주는데, 하나님은 조금도 도움이 되시지 못했다. 어느 쪽이 더 믿을 만한 신인가?" 복음이 처음으로 침투하는 최전선에서는 이처럼 하나님의 나라와 악의 왕국과의 충돌이 일어난다. 치유의 기적은 이런 영적인 전쟁에서 악의 세력을 궤멸하고 하나님 나라가 능력으로 임하는 것을 전시하는 효과가 있다.

선교지만이 아니라 현대 문화 속에 존재하는 기존 교회에도 치열한 영적인 싸움이 계속된다. 현대인들은 기적과 같은 초자연적인 현상이나 초월 세계를 인정하지 않는 폐쇄된 세계관에 사로잡혀 있다. 어릴 적부터 그런 세계관에 기초한 교육과 사상으로 세뇌되어 온 현대인들은 기적이나 초자연적인 세계에 대한 믿음을 가지기가 무척이나 어렵다. 이들에게 복음을 전할 때 성경적인 세계관과 그들을 지배하고 있는 세계관 사이에 격렬한 충돌이 일어난다. 그들을 이성적으로만 설득하여 복음을 믿게 하는 데는 한계가 있다. 그들에게 복음은 비이성적이고 비과학적인 신화로 들릴 수밖에 없다. 그들을 주관하고 있는 폐쇄된 세계관이 와해되지 않는 한 그들은 복음을 받아들이지 않을 것이다. 치유의 기적은 이런 현대인의 완고한 사고의 틀을 깨뜨리고 지금도 하나님이 초자연적으로 역사하심을 보여 줌으로써 복음이 믿을 만한 메시지임을 입증하는 역할을 한다. 그래서 치유의 표적은 그것이 십자가를 대신하는 것이 아니라 십자가를 정확히 가리키는 한, 현대인들을 향한 전도에 요긴한 성령의 도구로 활용될 수 있다.

그뿐만이 아니라 치유는 교회 안에 있는 기존 신자들에게도 하나님의 살아 계심과 능력으로 역사하심을 새롭게 인식하고 체험하게 하는 유익한 기능을 한다. 교인들마저 세속적인 세계관에 깊이 젖어 있기에 지금도 하나님이 기적적으로 역사하신다는 것을 잘 믿지 못한다. 그렇게 된 데에는 기적은 원래 없었다고 주장하는 자유주의나, 기적이 과거에는 있었으나 지금은 더 이상 존재하지 않는다고 가르치는 보수주의 신학의 영향이 클 것이다. 기존 교회에 치유의 역사가 잘 나타나지 않는 데에는 이런 신학으로 인해 야기된 불신앙도 한몫을 한다고 볼 수 있다.

목사가 치유에 대해 어떤 신학적인 확신을 가지고 목회를 하느냐에 따라 치유는 다르게 나타날 수 있다. 대체로, 지금은 더 이상 기적적인 치유는 일어나지 않는다고 가르치는 교회에는 그런 역사가 희소하게 나타난다. 그렇게 가르침을 받아 왔기에 교인들이 치유의 기적을 믿지 못하고 그런 은혜를 기대하거나 구하지 않는다. 반면, 오늘날에도 하나님이 기적적으로 치유하신다는 것을 강조하는 교회에서는 그런 일이 더 자주 일어난다. 그것은 교인들이 그만큼 치유에 대해 믿고 간구하기 때문이다. 그러므로 우리 교회에 치유의 역사가 회복되기를 소망한다면 올바르고 균형 잡힌 치유에 대한 가르침이 절실하게 필요하다.

치유는 선교지만이 아니라 기존 교회에서도 활발하게 나타나야 한다. 교회가 그리스도의 몸이라는 사실은 교회가 부활하신 그리스도께서 성령을 통하여 임재하시고 일하시는 현장이라는 것을 의미한다. 2천 년 전 이 땅에서 복음을 전하시고 병자들을 고치신 그 주님이 지금도 동일하게 우리에게 말씀하시고 우리를 치유하신다. 주님이 안식일을 택하여 병자들을 고치셨듯이, 오늘날에도 주님은 안식을 기념하는 주일에 주의 백성들이 모여 예배를 드리는 가운데 말씀을 보내어 우리를 치유하신다. 그리스도의 복된 말씀, 즉 복음은 파괴된 인간을 치유하여 온전하게 함으로써 하나님 안에서 진정한 안식을 누리게 하는 새 창조의 능력이 함께하는 말씀이다. 그러므로 주일 예배는 우리의 전인을 주님께 헌신하는 시간인 동시에 우리의 전인이 주님께 치유받고 새롭게 되는 시간이기도 하다. 우리의 몸을 주님께 헌신하면 주님은 우리 몸을 위하시고 강건하게 하신다. 병 고치는 것보다 더 큰 기적, 즉 수많은 질병의 위협으로부터 우리를 보존하시는 은밀한 은혜로 우리와 함께하신다. 이것이 그리스도 안에서 안식에 참여한 이들이 누릴 수 있는 은총이다.

최근에 필자가 섬기는 작은 교회에 한 60대 여성이 나오기 시작했다.

그녀는 집을 나왔다가 돌아가는 길을 잊어버릴 정도로 치매가 심각했는데 교회 생활을 하면서 그런 일이 한 번도 일어나지 않았다. 혼자 집에서 멀리 떨어진 교회를 자유롭게 왔다 갈 수 있을 정도로 호전되었다. 그뿐 아니라 그녀가 15년 동안이나 앓아온 심한 비염이 기도를 받은 후 깨끗이 사라졌다. 그녀는 계속 코를 풀어야 하기에 항상 휴지를 옆에 달고 살았다. 수술을 해도 완치되지 않고 재발된다고 해서 그렇게 불편한 대로 살아온 것이다. 항시 코를 풀며 살던 그녀를 곁에서 오랜 세월 지켜봐 온 그녀의 불신 가족과 친지들은 그녀의 달라진 모습을 보고 모두 기이하게 여긴다. 그들을 향해 그녀는 하나님이 자신을 긍휼히 여기셨다고 자랑한다. 이같이 치유의 역사는 교인들에게는 큰 위로가 되며 교회 밖의 사람들에게는 하나님이 지금도 살아서 역사하신다는 생생한 증언이 된다.

물론 우리의 모든 병이 다 낫거나 즉각적으로 치유되지는 않는다. 그러나 하나님은 우리가 불필요한 병치레로 고생하는 것을 원하지 않으신다. 불가피한 주님의 뜻과 섭리가 있는 경우를 제외하고 우리가 건강하게 살기를 원하신다. 질병을 통하여 우리를 연단하시다가도 소기의 목적이 성취되면 병을 치유하시고 건강을 회복시켜 주신다. 질병으로 오래 고생하다가 주님의 치유하시는 손길을 맛보게 되면 주님에 대한 사랑과 헌신이 더욱 깊어진다. 오랜 기다림 끝에 받은 치유일수록 평생 그 은혜를 잊지 못하고 감사하게 된다. 그러므로 우리를 고쳐 주시는 것만이 주님의 긍휼의 표현이라고 보는 것은 곤란하지만, 반대로 주님은 항상 고쳐 주시기보다는 고통을 감수하는 은혜를 주심으로 그분의 긍휼을 나타내신다고 보는 것도 잘못된 것이다. 지금도 주님은 우리를 돌보신다는 구체적인 증표로, 우리를 향한 사랑과 긍휼의 표현으로 우리를 치유하는 사역을 계속하신다. 그러므로 교회는 이 주님의 일하심을 선포하고 신뢰하며 찬양해야 한다. 신학적인 편견과 무지와 불신앙으로 이런 역사하심을 방해해서는 안 된다.

치유 사역의 지침

교회가 건전한 치유 사역을 시행하기 위해 따라야 할 성경적인 지침은 무엇인가? 먼저 모든 은사는 그리스도의 몸을 세우고 성장하게 하기 위해 주어진 것이기에, 치유의 은사도 반드시 이 목적에 부합되게 사용되어야 한다. 그렇지 않을 경우에 이 은사는 교회를 세우기보다 오히려 허물고 교회에 엄청난 혼란을 야기할 수 있다. 자신에게 치유의 능력과 은사가 나타나는 이들은 그 은사를 개인적인 야욕이 아니라 교회의 유익을 위해서만 사용해야 한다. 그러기 위해서는 반드시 교회 안에서 목사의 감독과 인도함을 따라 말씀의 통제를 받으며 겸손하게 은사를 활용해야 한다. 그러지 않고 교회의 통제를 벗어나 독단적으로 사역할 경우 은사로 인해 그 영혼이 망할 수 있다. 교회의 장을 떠난 치유 사역은 말씀 사역의 바탕에서 유리된 채 본래의 기능과 역행하는 방향으로 나아갈 수밖에 없다. 곧 사람들의 관심을 십자가보다 표적에 쏠리게 하기 때문에 복음 사역을 지원하기보다 오히려 위협하며 기독교 신앙의 본질을 왜곡시키는 결과를 초래한다. 그리하여 교회를 세워야 할 은사가 도리어 교회에 심대한 폐해를 불러오는 화근이 된다.

이런 혼란을 막는 길은 은사를 본래의 위치로 되돌리는 것이다. 은사가 주어진 본래의 목적대로 반드시 교회 안에서 그리스도의 몸을 건강하게 세우기 위해 사용될 수 있도록 올바른 치유 사역이 교회에 정착되어야 한다. 치유는 말씀 사역과 결코 분리될 수 없는 복음의 일부분이다. 그러므로 교회는 하나님 나라의 복음을 단순히 말로만 전하는 것이 아니라 그 구체적인 내용이 성령의 능력으로 교인들의 삶에 실현되도록 총체적인 복음 사역을 감당해야 한다. 치유 사역은 미진한 말씀 사역을 보완하는 것이 아니라 능력 있는 말씀 사역에 필연적으로 따라오는 부산물이어야 한다. 따라서 교회가 생명력 있는 말씀 사역을 회복하는 것이 급선무다. 교회가 이런 치유 사역을 제대로 감당할 때 교인들이 병 고침을 받기 위해 이 집회 저 집회를 쫓아다니는 방황을 그치게 될 것이며 말씀보다 표적을 따르는 일도 줄어들 것이다.

또한 교회는 야고보서의 지침을 따라 병든 자들을 위해 기도하는 사역에 힘써야 한다. "너희 중에 병든 자가 있느냐. 그는 교회의 장로들을 청할 것이요, 그들은 주의 이름으로 기름을 바르며 그를 위하여 기도할지니라" (약 5:14). 교회를 대표하는 목사와 장로들은 자신들의 경건이 아니라 하나님이 교회에 위임하신 하나님 나라의 권세에 의존하여 병든 자들을 위해 기도해야 할 의무가 있다.

> 믿음의 기도는 병든 자를 구원하리니 주께서 그를 일으키시리라. 혹시 죄를 범하였을지라도 사하심을 받으리라. 그러므로 너희 죄를 서로 고백하며 병이 낫기를 위하여 서로 기도하라. 의인의 간구는 역사하는 힘이 크니라. (약 5:15-16)

치유를 위해서는 지금도 하나님이 우리를 치유하신다는 확고한 믿음이 필요하다. 현대의 많은 교인들은 사실 치유에 대한 확신이 별로 없다. 병 낫기를 위해 기도하지만 그 기도가 응답되리라고는 그다지 기대하지 않는다. 치유는 드물게 일어나는데 잔뜩 기대만 갖게 하다가 결국은 교인들을 실망시켜 그들 마음에 상처를 줄 필요가 있는가 하는 부정적인 생각이 믿음에 거침돌이 되는 경우가 많다. 또한 기도했는데 아무 일도 일어나지 않으면 얼마나 낭패스러울까 하는 두려움이 발목을 잡는다. 그러나 결과는 주님께 맡기고 우리는 주님의 명령만을 따르면 된다. 비록 우리가 기도해서 25퍼센트밖에 치유되지 않을지라도 치유를 위해 기도하지 않았을 때보다 25퍼센트 더 많이 응답받은 셈이 아닌가? 이것은 얼마나 큰 수확인가?

믿음 치유자(faith-healer)들처럼 믿음이 있으면 다 낫는다고 가르치지 않고, 치유되지 않는 신비에 담긴 하나님의 자비로운 섭리에 대해서도 균형 있게 가르친다면 치유가 일어나지 않았을 때에도 크게 문제될 일이 없다. 교인들이 상처받거나 믿음이 없음을 자책할 가능성이 훨씬 줄어든다. 도리어 '그리 아니하실지라도' 주님을 변함없이 신뢰하는 성숙한 신앙 가운데로 그들을 인도할 수 있게 된다.

물론 치유받지 못했을 때 믿음이 결여되었거나 회개하지 않은 죄가 있는지 우리 자신을 살펴볼 필요가 있다. 그래서 좀더 온전한 믿음과 회개로써 병 낫기를 위해 기도해야 한다. 어떤 목사는 주일마다 공적으로 치유를 위해 기도했는데 1년 가까이 아무런 효과도 없었다고 한다. 그러자 시험에 든 교인들까지 생기게 됐는데 1년이 지나면서 주일마다 여러 사람들이 치유되는 역사가 계속되었다고 한다. 교회가 치유를 위해 기도하기 시작할 때 처음부터 좋은 성과를 기대하기는 힘들다. 대개 치유를 위한 공동체의 믿음이 싹트고 자라는 기간이 필요하다.

야고보서는 교인들이 서로 병 낫기를 위해 기도하라고 했다. 교회가 전체적으로 또는 소그룹으로 모여서 서로를 위해 기도할 때 병 고침의 역사가 일어나는 경우가 많다. 이런 간구를 통해 형제의 고통에 참여하고 그 짐을 분담하는 사랑을 실천하며 서로 한 몸을 이룬 지체라는 의식이 깊어진다. 하나님은 질병을 통해 서로 사랑으로 연합하게 하시고, 서로를 위한 기도를 통해 치유의 은혜를 베푸심으로써 그 사랑의 소원을 성취해 주신다. 하나님은 우리에게 서로 사랑하라는 명령을 주셨고 그 사랑을 실천할 수 있는 능력을 은사로 주셨다. 오늘날 교회에 사랑이 식으니 그 사랑의 방편으로 주시는 은사도 고갈되어 가는 것이다. 우리 교회가 소외되고 병든 이들을 돌보고 섬기는 사랑이 풍성한 공동체가 될 때 치유의 은혜도 풍성하게 나타나는 치유 공동체가 될 것이다. 부활하신 주님이 성령을 통하여 가난하고 병들어 망가진 인생들을 다시 고쳐 온전하게 하시는 새 창조의 사역이 역동적으로 진행되는 현장으로 우리 교회가 거듭나게 될 것이다.

토론을 위한 질문

1. 오늘날 성행하는 치유 집회의 문제가 무엇이라고 생각하는가?

2. 그런 치유 집회를 통해서 우리가 받아야 할 도전은 무엇인가?

3. 지금도 치유의 기적은 일어나는가?

4. 대체로 기존 교회보다 선교지에서 치유의 기적이 빈번하게 나타나는 이유는 무엇일까?

5. 만약 당신이 암에 걸렸다는 진단을 받았다면 어떻게 할 것인가?

6. 미리 고침받았다고 선포하도록 강요하는 가르침의 문제는 무엇인가?

7. 치유를 종말론적인 관점에서 이해하지 못하면 어떤 오류에 빠질 수 있는가?

8. 치유 집회가 치유하기보다는 오히려 많은 사람들에게 상처를 입힐 수 있는 이유는 무엇인가?

9. 치유받지 못한 이들을 어떤 말로 위로할 수 있을까?

10. 어떻게 우리 교회에서 치유 사역을 구체적으로 실행할 수 있을지 논의해 보자.

4장

방언은 과연 하늘의 언어인가

한국 교회를 다시 강타한 방언 열풍

한국 교회에 때아닌 방언 열풍이 불고 있다. 20세기 초 오순절 성령 운동과 함께 불기 시작한 이 열풍은 점점 거세져 급기야 가톨릭이든 개신교든 상관없이 교파를 초월해 온 지구상의 교회들을 휩쓸고 지나갔다. 이 방언 열풍은 성령 체험과 은사에 대한 열정과 관심을 뜨겁게 달군 반면, 수마(水魔)가 할퀴고 간 자국처럼 세계 교회의 처처에 상처와 갈등과 분쟁을 남겼다. 이제 세월의 흐름 속에 그 상처는 아물고 그 열기에 대한 추억마저 아스라히 잊혀져 가고 있다. 그런데 이 지구상에 유독 한 곳, 한반도에만 이 열풍이 또다시 불어닥치는 기이한 현상이 나타나고 있다. 과거에도 한국 교회에서 방언은 성령 세례와 함께 뜨거운 논쟁의 대상이었고 많은 교회들이 이로 인해 혼란과 진통을 겪었다. 다행히 그 논쟁의 열기는 한풀 꺾여 사그라지고 문제는 수면 아래로 가라앉는 듯했다. 그런데 최근 들어 갑자기 방언의 열풍이 다시 불고 있는 것이다.

무슨 이유 때문일까? 왜 한물간 유행이 복고풍으로 다시 인기를 끌듯 방언이 다시 주목받는 것일까? 그동안 한국 교회가 평양 대부흥 백 주년을 맞이하여 성령의 폭발적인 부흥이 다시 한 번 일어나기를 고대하며 기도해 왔는데, 그 기도의 응답일까? 그보다는 무엇인가 영적 침체의 악순환에서 빠져나갈 돌파구를 찾는 많은 교인들에게 방언은 손쉽게 그들의 영적인 상태를 반전시킬 수 있는 매력적인 대안으로 다가온 듯하다. 신비적이고 열광적인 것에 끌리는 한국 교인들의 종교적 성향과, 극적인 변화와 확신을 안겨 주는 획기적 은혜 체험을 바라는 교인들의 영적인 요행심에 방언이 딱 맞아 떨어진 것 같다. 이와 더불어 어떻게든 교인들의 열심을 자극해 교회를 속히 부흥시켜 보려는 사역자들의 열망과 그것을 부추기는 데 성공한 대중 매체의 역할이 절묘하게 맞물려 빚어진 현상이라고 볼 수 있다.

이같이 방언이 다시 선풍적인 인기를 끌게 된 데에는 기독교 서적과 인터넷 매체의 역할이 지대했다. 그들의 탁월한 기여가 없었다면 방언 열풍은 결코 한국 교회에 다시 일어날 수 없었을 것이다. 김우현 씨처럼 대중과 잘 소통하는 뛰어난 기술과 은사를 가진 이의 글을 통해 사그러졌던 방언의 열기가 다시 살아난 것이다.

방언 열풍의 기폭제와 같은 역할을 한 것이 바로 「하늘의 언어」(규장)라는 책의 등장이다. 이 책의 저자 김우현 씨는 이미 KBS '인간극장' '친구와 하모니카'로 한국방송대상을 수상할 정도로 방송계에서도 인정받은 다큐멘터리 영상 작가이며 연출자다. 그는 '팔복 시리즈'와 「부흥의 여정」(규장)으로 교계에도 널리 알려졌고 두터운 독자층을 확보한 기독교 작가로서의 위치도 굳힌 사람이다. 그는 방송 작가로서의 오랜 경험을 통하여 대중의 심리와 감성에 효과적으로 호소하는 언어를 구사하고 이야기를 구성해 가는 데 뛰어난 역량을 갖추었다.

그의 책이 대중의 마음을 사로잡은 비결은 아마도 우리 주위의 작고 소외되고 평범한 사람들의 생생한 성령 체험담을 마치 다큐멘터리가 눈앞에 펼쳐지듯 실감나고 흥미진진하게 묘사해 간다는 점이 아닐까 싶다. 성령을 체험하는 것이 뜬구름 잡는 것같이 멀고 추상적으로 느껴지게 하는 이론적인 책과는 달리 그의 책은 누구에게나 일어날 수 있는 사건이라는 것을 피부에 와 닿게 느껴지도록 독자들의 공감과 갈망을 불러일으키는 놀라운 감화력을 가지고 있다. 이것이 많은 사람들의 마음을 움직이고 방언 열풍을 촉발한 저력이 아니었을까 하는 생각이 든다. 방언에 대해 부정적 입장을 취했던 이들이 이 책을 읽고 자신이 미처 알지 못했던 방언의 유익과 가치에 눈을 뜨고는 방언 체험하기를 간절히 사모하게 되었다는 고백을 종종 듣게 된다. 그의 책이 이런 '개종'의 놀라운 효과를 일으킬 수 있었던 것은 이 책에 담긴 수많은 체험담의 대부분이 방언을 하찮은 은사로 무시했던 이들의 '회심'(방언에 대한 회심) 체험이기 때문이다. 그래서 이 책은 하늘의 선물을 아직도 거부하고 있는 '죄인들'을 돌이키는 데 충분한 설득력이 있다.

그는 이렇게 자신의 주변 인물들이 연이어 '개종'하는 사건을 기록하였다. 규장출판사의 대표까지 방언을 체험하고 그가 받은 놀라운 은혜를 혼자만 누릴 수 없어 만나는 사람마다 방언받기를 권하는 '방언 전도사'가 되었다. 급기야 이 방언의 불길은 규장출판사 전 직원과 자매 회사인 갓피플닷컴 직원들에게까지 번졌다. 한꺼번에 70명에 달하는 직원이 방언을 받고 무려 3시간에 걸쳐 방언 기도에 전념했다. 그 광경을 목격한 어떤 선교사는 마치 오순절 부흥의 현장이 재현되는 것처럼 보였다고 증언했다.

결국 저자는 그동안 줄곧 추구해 온 한국 교회의 부흥이 방언 체험을 통해 실현될 수 있다는 사실을 깨달은 것이다. 이 책을 쓴 목적도 부흥의 불길이 온 땅에 확산되기를 바람에서였다. 그래서 그는 서적과 인터넷을 통해 방언을 파급시키는 것으로 부족해 자신이 직접 전국 방방곡곡을 뛰어다니며 방언 집회를 인도하고 있다. 그 노력의 결과로 방언이 바로 하늘의 충만한 은혜 속으로 들어가는 비밀 통로이며, 이 잊힌 통로를 재발견하는 것이 진정한 부흥의 길이라는 메시지가 전국 구석구석에까지 울려 퍼지고 있다. 이제는 오순절파 교회만이 아니라 모든 교단이 예외 없이 방언 열풍의 소용돌이에 휘말리고 있다. 과거에는 방언이 지성적이지 못한 이들의 전유물처럼 여겨졌는데, 지금은 오히려 젊은이들과 지성인들이 방언에 열광하는 형편이다.

이런 추세에 저항하여 전통적인 신앙의 기치를 높이 든 이는 목사나 신학자가 아닌 김우현 씨와 같은 평신도였다. 「방언, 정말 하늘의 언어인가」(부흥과개혁사)라는 책은 김우현 씨의 주장을 정면으로 반박하고 나섰다. 양측의 입장이 극과 극을 이루며 첨예하게 대립되면서 인터넷을 통해 서로 다른 입장을 지지하는 이들 간에 치열한 공방이 벌어졌다.

이러한 상황에서 평택대학교의 김동수 교수가 방언에 대해 양극화된 문제를 해결하고 성경적인 대안을 제시하기 위한 책을 펴냈다. 드디어 평신도들의 논쟁에 신학자가 끼어든 셈이다. 그는 두 사람과는 달리 성경을 전문적으로 연구한 이로서 방언에 관련된 성경 말씀을 꼼꼼히 주해하고 정리하여 나름대로 성경에 근거한 견해를 제시하려 했다. 그러나 애석하게도 그의 결론적인 입장은 양극단적인 견해를 원만하게 조율하기보다는 한쪽 편의 손을 들어준 격이 되었다. 「방언은 고귀한 하늘의 언어」(이레서원)라는 그의 책 제목이 이미 시사하듯이 김우현 씨의 주장이 성경적으로 옳다는 것을 입증해 준 셈이다.

결국 양극화의 문제는 전혀 해결되지 못한 채 갈등과 대립의 골이 깊어만 가고 있다. 「하늘의 언어」로 촉발된 방언 열풍은 그에 대한 반박과 이어지는 논쟁들로 인해 더욱 거세져 한국 교회를 휘청거리게 하고 있다. 방언 열풍은 한편으로는 신앙 생활에 취미를 잃어버린 많은 사람들에게 종교적인 관심과 열심을 불러일으키며 일시적으로 교회를 뜨겁게 하면서도, 다른 한편으로는 교회 안에 혼란과 갈등을 심화시킴으로써 교회의 영적 생명력을 더욱 시들게 하는 이중적 기능을 한다. 그러므로 방언이 "이 시대의 진정한 부흥을 위한 하늘의 전략"이라는 김우현 씨의 주장은 그의 생각에서 나온 전략일 뿐 진정한 하늘의 전략은 아닌 듯하다.

하늘의 언어

김우현 씨는 그의 책 「하늘의 언어」에서 지금까지 우리 교회가 무시했던 방언의 은사에 뜻밖에도 놀라운 영적 비밀이 숨어 있다는 것을 발견했다고 역설한다. 그것은 바로 방언이 하나님이 이 시대의 교회를 위해 예비하신 가장 강력하고 충만한 은혜의 세계로 들어가는 통로, 즉 "하늘 문을 여는 가장 강력한 통로"라는 사실이다.[1] 방언은 우리 영혼이 성령으로 충만하게 되는 통로이며[2], "지치고 무기력해진 주님의 교회를 강하게 충전시키는 귀중한 에너지"다.[3] 더불어 방언은 하나님 나라를 세우는 강력한 방편인[4] 동시에 사탄의 세력을 물리치는 비밀 병기다.[5] 그렇기에 "이 영적 기도의 언어가 인류 역사를 통틀어 수행했던 모든 역할 가운데 가장 중요한 역할이라는 것을 다시 한 번 깨달았다"라고 그는 말한다.[6]

지금까지 방언에 대해 이처럼 극찬을 한 글이 또 있을까 싶을 정도로 이 책은 참으로 유별난 책이다. 방언을 성령 세례의 증거로 보았던 오순절 교회에서도 방언을 이렇게까지 과대평가하지는 않았다. 그의 견해는 여러 면에서 독보적이다. 성경이 증거하고 있는 방언에 대해 논하면서도 성경이 방언에 대해 무어라고 말하는지는 전혀 귀를 기울이지 않는 것 같다. 지금까지 나온 방언에 대한 책들의 대부분은 그래도 어느 정도는 성경적이거나 신학적인 바탕 위에서 쓰였다. 그러나 김우현 씨의 책은 그의 주장에 대한 성경적인 근거 제시나 기본적인 신학적인 논의가 거의 전무하다. 성경이 방언에 대해 무엇이라고 말하는지는 아랑곳하지 않고 자신과 주변 사람들의 체험에서 우러나온 주관적인 생각과 확신을 마치 하나님의 생각이며 말씀인 양 마구 쏟아놓은 책이다. 더군다나 그가 자신의 확신을 성령의 음성으로 굳게 믿고 있다는 데서 사태는 더 심각해지며 많은 사람들을 미혹하게 할 위험이 커진다. 하나님에 대한 그의 열심과 사랑은 뜨겁지만 그의 신앙은 말씀의 토양에 깊이 뿌리내리지 못했다는 점이 여실히 드러난다.

그는 성경의 큰 그림을 볼 줄 모른다. 성경을 전체의 맥락 속에서 살펴볼 때라야 부흥을 위한 하나님의 전략의 큰 윤곽이 드러난다. 김우현 씨는 전체 그림의 극히 미세한 일부분이 마치 가장 중심적이고 모든 것인 양 단순화하고 과장하는 우를 범하였다. 그 결과 진정한 부흥을 위한 하나님의 전 포괄적인 계획과 전략은 뒷전으로 밀려나고 작은 하나의 방편만이 핵심 전략으로 전면에 부각되었다. 한국 교회는 지금 총체적인 개혁과 부흥의 전략이 필요한 상황이며 이에 부응하는 부흥관의 정립이 시급한 실정이다. 이런 부흥에 대한 올바른 신학이 없으니 부흥의 비결이 바로 여기에 있다고 주장하는 잡다한 가르침들을 따라 목사들과 교인들이 이리저리 휩쓸리게 되는 것이다. 사람들은 험하고 멀더라도 부흥의 정도를 밟아가기보다 속성으로 부흥을 체험할 수 있는 쉬운 길을 원한다. 그래서 수많은 사람들이 단순히 방언을 체험하기만 하면 진정한 부흥과 회복을 경험할 수 있을 것같이 약속하는 희소식에 매료되는 모양이다.

김우현 씨가 말하는 방언 체험의 유익은 가히 환상적이다. 방언만 체험하면 오래 계속되는 영적 침체에서 확실하게 벗어나고, 자신이 안고 있는 영적인 문제가 해결되리라는 희망을 안겨 준다. 하늘 문으로 들어가는 이 비밀 통로를 발견하기만 하면 성령으로 충만한 세계로 들어가 하늘의 강력한 능력을 받게 된다고 하니 이런 은혜를 원하지 않을 사람이 어디 있겠는가? 이런 가르침은 단숨에 충만한 은혜를 받는 횡재를 바라는 영적인 요행 심리를 조장하여 사람들의 귀를 솔깃하게 할 수 있으나 그들을 진정한 부흥으로 인도하기에는 많은 허점을 가지고 있다.

진리의 한 면만을 지나치게 강조하거나 체험을 말씀보다 우위에 놓는 것은 이단으로 가는 첩경이다. 성령의 다양한 역사하심과 은사들 중에 유독 방언의 은사만을 이토록 부각시키는 것은 성경적인 균형을 현저히 상실한 가르침이며 교회를 부흥으로 이끌기보다는 오히려 혼란만 가중시킬 위험성이 높다.

그의 주장대로 방언이 하늘의 충만한 은혜를 여는 가장 강력한 통로라면 이 은사를 받지 못한 사람들은 자연히 성령 충만함을 누리기 힘든 영적인 열등생이 될 수밖에 없다. 가장 중요한 은혜의 통로가 없으니 어찌 영적으로 충만한 삶을 살 수 있겠는가? 그의 논리에 따르면 하늘의 능력과 은혜로 충만하기 위해서는 반드시 방언을 받아야 한다. 방언은 선택 사항이 아니라 모든 신자의 특권인 동시에 의무인 셈이다. 그래서 그는 가는 곳마다 만나는 사람들에게 방언을 받으라고 권한다. 이런 가르침은 본인이 의도하지 않을지라도 교회 안에 '가진 자'와 '못 가진 자' 간에 보이지 않는 갈등을 조장한다. 그는 자신이 받은 은혜를 다른 사람들도 누리기를 바라는 간절하고 순수한 마음에서 방언을 꼭 받아야 한다고 가르칠 것이다. 그러나 그런 가르침은 그 은사를 받지 못한 이들에게 큰 소외감과 상처를 안겨 주며 또한 그들을 은혜 없고 영적 결함이 있는 교인으로 보는 무례를 범한다. 순수한 동기와 열정이 모든 것을 정당화하지는 못한다. 그 신앙의 열정이 하나님의 말씀에 깊이 뿌리내리지 않을 때 교회에 큰 폐해를 입힌다.

방언의 유익과 가치를 새롭게 부각시키려는 저자의 의도는 귀하다. 그러나 말씀의 한도 내에서 그런 노력을 기울였어야 했다. 그랬더라면 사람들의 인기몰이를 하는 데는 완전 실패했겠지만 교회에 혼란을 조장하지는 않았을 것이다. 그는 방언의 놀라운 유익을 강조하는 데에서는 성경이 전혀 말하지 않는 데까지 자신의 주관적인 생각으로 지나치게 비약한 반면에, 방언이 남용될 수 있는 위험성에 대한 성경 말씀에 대해서는 완전히 침묵해 버렸다. 그래서 그의 책에서 방언에 대한 바울의 메시지를 도무지 들을 수 없게 되었다. 그 결과, 바울이 염려했던 방언으로 인한 혼란과 갈등이 고스란히 재현되고 있다.

방언, 정말 하늘의 언어인가

극단은 항상 또 다른 극단을 불러오기 마련이다. 「방언, 정말 하늘의 언어인가」라는 책은 제목에서부터 방언이 하늘의 언어라는 주장을 반박하는 글임이 여실히 드러난다. 이 책의 논지는 그렇지 않다는 것이다. 자신의 견해에 대해 성경적인 근거나 신학적인 논리를 거의 제시하지 못한 김우현 씨와 달리 이 책을 쓴 옥성호 씨는 방언에 대한 많은 신학 서적을 읽고 성경 주석들을 참고하여 나름대로 방언에 대해 성경적이고 신학적인 관점을 제시하려 하였다.

그는 한국 교회를 강타하는 방언 열풍을 성령의 역사라기보다 "말씀을 향한 또 하나의 사탄의 공격"으로 보았다.⁷⁾ 그는 말씀을 통하여 우리의 체험을 검증하기보다 우리의 체험에 비추어 말씀을 왜곡하고 거기에 꿰맞추려는 경향을 개탄하면서 방언 현상을 무분별하게 수용해서는 안 되고 반드시 말씀을 통해 냉철하게 검증해야 함을 역설하였다.

김우현 씨와는 정반대로 그는 방언을 하늘 문을 여는 가장 중요한 은사가 아니라 가장 남용될 가능성이 높은 은사로 보았다. 성경은 방언을 권장할 대상이 아니라 "조심하고 선별해야 할 대상의 은사"로 가르치고 있다는 것이다.⁸⁾ 그 점이 바울 사도가 그토록 방언의 은사를 특별하게 다룬 유일한 이유라고 보았다.

옥성호 씨가 「하늘의 언어」가 무시해 버린 바울의 메시지에 다시 주목하며 방언 현상을 성경 말씀에 비추어 점검해 보려고 한 시도는 칭찬할 만하다. 그러나 그의 성경 해석은 지나치게 특정한 신학적인 전제, 즉 '은사 중지론'에 의해 주관되고 있다. 그 전제는 방언에 대한 성경의 메시지를 제대로 파악하지 못하게 하는 아킬레스건으로 작용한다. 그는 모든 체험은 반드시 말씀에 비추어 검증해야 한다는 신조를 가지고 있지만, 체험뿐 아니라 모든 신학적 전통까지도 성경의 빛 가운데 점검해야 한다는 확신은 없는 것 같다. 성경 해석을 은밀히 주관하는 신학적 편견을 성경적으로 진단할 만한 수준에는 아직 이르지 못한 듯하다. 잘못된 신학적 선입견에 한번 사로잡히면 거기에 맞추어 성경을 이해하며, 자신의 해석이 틀림없이 성경적이라는 확신 속에서 성경 말씀의 참된 의미를 파악하지 못하게 된다. 김우현 씨가 체험에 치중한 나머지 말씀을 무시했다면, 말씀을 수호하려던 옥성호 씨는 신학적인 전통에 지나치게 의존한 나머지 성경 말씀을 왜곡시키는 오류를 범하고 만 것이다.

그가 신학적인 전제를 투사하여 성경을 해석한 대표적인 일례는 고린도전서 13:8-12에 대한 해석이다. 이 대목에서 바울 사도는 이렇게 말했다.

사랑은 언제까지나 떨어지지 아니하되 예언도 폐하고 방언도 그치고 지식도 폐하리라. 우리는 부분적으로 알고 부분적으로 예언하니 온전한 것이 올 때에는 부분적으로 하던 것이 폐하리라. 내가 어렸을 때에는 말하는 것이 어린아이와 같고 깨닫는 것이 어린아이와 같고 생각하는 것이 어린아이와 같다가 장성한 사람이 되어서는 어린아이의 일을 버렸노라. 우리가 지금은 거울로 보는 것같이 희미하나 그때에는 얼굴과 얼굴을 대하여 볼 것이요, 지금은 내가 부분적으로 아나 그때에는 주께서 나를 아신 것같이 내가 온전히 알리라.

여기서 옥성호 씨는 방언과 예언이 다 폐하고 "온전한 것이 올 때"는 바로 성경이 완성될 때를 의미한다고 보았다.[9] 예언과 방언과 지식, 이 세 가지 은사는 완성된 성경이 아직 없었던 초대교회 시대에 하나님의 계시를 전달하는 중요한 방편으로서의 역할을 했다는 것이다. 성경이 완성되자 이 은사들은 그 목적을 완수했기에 더 이상 존재할 이유가 없어졌다고 한다.

이런 해석은 성경 본문을 문맥과 성경 전체의 맥락에서 이해하기보다 '은사중지론'의 안경을 끼고 읽은 것이다. 고린도전서 13장의 문맥을 통해 볼 때 바울이 말한 "온전한 것이 올 때"는 종말을 의미하는 것이 틀림없다. 바울 사도는 절묘한 시적 표현을 통해 사랑의 탁월성을 찬미한다. 그는 사랑과 은사를 비교하여 사랑이 더 큰 은사라고 말하지 않는다. 사랑은 더 큰 은사가 아니고 은사를 사용하는 더 좋은 길일 뿐이다. 다만 종말론적인 관점에서 볼 때 사랑이 은사들보다 더 탁월하며 믿음과 소망보다도 더 우위에 있다고 본 것이다. 왜냐하면 사랑은 영원하나 예언과 방언은 종말에는 그칠 것이기 때문이다. 종말에 가면 믿음과 소망이 바라던 것도 성취될 것이니 믿음과 소망과 사랑 중에 제일은 사랑이라는 것이다(고전 13:13 참조). 고린도전서 전체에 흐르고 있는 어조는 확연히 종말론적 특성을 띠고 있다. 더욱이 "그때에는 얼굴과 얼굴을 대하여 볼 것이요, 지금은 내가 부분적으로 아나 그때에는 주께서 나를 아신 것같이 내가 온전히 알리라"(고전 13:12)라는 말씀은 마지막 때를 가리키는 성경의 전형적인 표현이다. 이런 말씀을 어떻게 성경이 완성될 때를 가리키는 것으로 볼 수 있는지 납득하기가 어렵다. 완결된 성경이 주어지면 내가 얼굴과 얼굴을 대하여 보며, 주님이 나를 아신 것같이 내가 온전히 알게 되는가? 이것은 우리가 마지막 날에 주님 앞에 서기까지는 결코 이루어질 수 없는 일이다.

그런 해석은 앞뒤 문맥과도 상충될 뿐 아니라 성경의 근본적인 가르침과도 배치된다. 바울이 그 글을 쓸 때 자신이 죽은 후 오랜 세월이 지나 성경의 정경화 작업이 완성될 것을 예견하여 그런 의미를 담았다고 보는 것은 지나친 억측에 불과하다. 이런 해석은 바울 사도가 전혀 의도하지 않은 뜻을 투사하여 그의 메시지를 왜곡하는 것이다. 요즘 신약학자 중에서 이런 주장을 지지하는 이는 거의 없다. 은사중지론의 대부 워필드의 뒤를 이어가는 개핀(Gaffin) 교수마저 이런 해석은 바울의 관점을 현저히 곡해한 것이라고 배격했다.

또한 옥성호 씨는 은사중지론의 논리를 그대로 따라 방언은 예언과 함께 성경 계시가 주어지는 방편이었기에 계시가 완료된 후에는 더 이상 존재하지 않는다고 주장했다. 그러나 방언의 은사가 계시의 방편이라는 견해를 입증할 만한 성경적 근거는 찾을 수 없다. 방언이 통역되면 계시적인 성격을 띠게 된다고 주장하지만, 방언의 특성상 그것은 타당하지 않은 말이다. 고린도 교회에 나타났던 방언은 하나님이 인간에게 말씀하시는 계시와는 정반대로 사람이 하나님께 기도하는 것인데, 어떻게 인간에게 주어지는 하나님의 계시가 될 수 있겠는가? 또한 방언이 성경적 계시의 통로라면 사도들에게만 주어졌어야 할 텐데 사도들 외에 많은 신자들에게도 주어졌다. 그러면 그들도 모두 계시의 전달자가 될 수 있었다는 말인가? 그렇지 않다면 사도들에게만 주어진 계시적 권위를 가진 방언과 일반 신자들에게 주어진 비계시적 방언은 도대체 어떻게 구별되는 것인가? 이런 유의 의문이 꼬리에 꼬리를 물고 이어질 수밖에 없다.

이 밖에도 고린도전서 12-14장에 담긴 바울의 메시지를 제대로 파악하지 못한 성경 해석의 오류가 곳곳에서 드러난다. 특별히 '사랑 장'으로 잘 알려진 고린도전서 13장을 쓴 바울의 의도와 거기에 담긴 바울의 교훈을 온전히 간파하지 못했다. 그 결과 방언에 대한 바울의 입장을 공정하게 이해하는 데 중요한 열쇠가 될 만한 사실을 놓치고 말았다.

그는 바울 사도가 사랑 장을 쓴 목적이 방언을 최고로 여기는 고린도 교인들에게 그보다 더 귀한 것이 사랑이라는 것을 가르치고, 방언보다 사랑을 더 우선적으로 추구하도록 하기 위함이라고 보았다.[10] 그는 "사랑은 방언과 비교할 수 없을 정도로 가장 좋은 길"이라고 했다.[11] 일견 그의 견해는 타당해 보인다. 바울이 사랑의 탁월성을 강조한 것은 사실이다. 그러나 바울이 사랑과 은사를 비교하여 사랑이 더 탁월함을 말한 것은 아니다. 이것이 아주 미묘한 차이인 것 같지만, 은사를 이해함에 있어서는 매우 중요한 포인트다.

만약 그런 식으로 사랑 장을 이해하면 바울이 본래 의도했던 의미를 파악하지 못할 뿐 아니라 그 의미를 심각하게 왜곡하는 결과를 초래하게 된다.

그렇게 해석할 경우, 사랑에 의해 은사가 열등한 자리로 밀려나고 은사를 사모하는 것이 사랑을 구하는 것으로 대체됨으로써 '더욱 큰 은사를 사모하라'는 바울의 명령이 의미를 상실하게 된다. 그러나 바울의 의도는 결코 사랑을 제시하여 상대적으로 은사의 중요성을 약화시키거나 은사에 대한 추구를 위축시키려는 것이 아니다. 그리고 사랑과 은사를 비교하여 사랑의 우월성을 말하려는 것도 아니다. 여기서 대조되는 것은 사랑과 은사가 아니라, 은사를 추구하고 사용하는 서로 다른 두 방식들이다. 곧 은사가 이기적으로 사용될 수 있는 반면에 그것이 사랑을 따라 활용될 수도 있다.···은사를 자기중심적으로 사용하면 교회에 혼란과 분쟁을 야기한다. 그러나 사랑의 길을 따라 은사를 사용할 때, 자신뿐 아니라 공동체 전체를 유익하고 풍요롭게 한다. 그것은 하나님의 나라에서 영원한 가치가 있는 것이다(고전 13:8-13 참조). 따라서 사랑은 은사를 추구하고 사용하는 더 탁월한 길이며 방식이다.[12]

사랑 장을 통해 전달하려는 바울의 메시지는 분명하다. 사랑의 길을 따라 은사를 구하라는 것이다. 바울에게는 사랑뿐 아니라 은사도 중요하다. 그는 그 어느 쪽도 양보할 수 없었다. 왜냐하면 사랑과 은사는 긴밀하게 연결되기 때문이다. 은사는 사랑을 구체적으로 실현하는 방편이며 능력이다. 은사 없이 사랑의 소원과 목표는 결코 성취될 수 없다. 그러므로 사랑만을 강조한 나머지 은사를 평가절하하는 것은 바울의 관점과는 아주 거리가 먼 가르침이다. 옥성호 씨는 "바울은 13장을 통해 '궁극적으로 은사가 있더라도 그 은사 속에 사랑이 없으면 은사가 없는 게 낫다'고 주장했다"라고 보았다.[13] 그러나 이것은 사랑 장에 담긴 바울의 메시지를 잘못 읽은 것이다.

바울 사도는 은사로 인해 분쟁과 혼란이 야기된 고린도 교회를 향해서도 그들의 은사 추구를 위축시키지 않고 오히려 권장하였다. "너희는 더욱 큰 은사를 사모하라"(고전 12:31)라고 권면했다. 이 구절에 대한 해석은 구구하고 논란이 많아 여기서 다 다룰 수 없다. 이에 대해 의문이 있는 이들은 필자가 이 구절을 좀더 자세히 다룬 글을 참조하기 바란다.[14] 물론 더욱 큰 은사를 사모하는 열정이 육적이고 이기적인 동인에 의해 자극될 수 있다. 그렇게 되면 고린도 교회에서 볼 수 있듯이 은사에 대한 열정이 교회를 세우기보다 허무는 방식으로 분출된다. 그렇기 때문에 바울 사도는 고린도전서 13장에서 은사 추구가 지향해야 할 훨씬 더 바람직한 방향, 곧 사랑의 길을 제시한 것이다. 그리하여 은사를 그 본래의 기능대로 올바르게 사용할 수 있는 확실한 바탕 위에 다시 올려놓은 것이다. 여기서 바울이 은사와 사랑과의 관계를 어떻게 보느냐가 은사에 대한 바울 이해의 저변에 흐르고 있는 근본 사상인데, 옥성호 씨는 애석하게도 그것을 파악하지 못한 것이다. 그래서 은사에 대한 그의 견해는 부정 일변도로 치우치고 말았다.

결론적으로 김우현 씨는 방언의 유익만을 일방적으로 강조하고 그 남용의 위험성에 대해서는 함구했다면, 옥성호 씨는 방언으로 인한 혼란과 문제에 초점을 맞춘 나머지 바울이 인정하고 있는 방언의 긍정적인 측면을 간과해 버렸다. 그래서 두 견해는 극과 극으로 치닫고 있다.

방언은 고귀한 하늘의 언어

이렇게 방언이 하늘의 언어인가에 대한 논쟁이 가열되면서 이 논쟁에 마침표라도 찍으려는 듯 황급히 성경적인 대안을 제시한 책이 연이어 발간

되었다. 바로 김동수 교수가 쓴 「방언은 고귀한 하늘의 언어」라는 책이다. 김 교수는 방언에 대한 입장이 양극화되어 갈등과 혼란이 점증되는 것을 보며 안타까움을 느껴 서둘러 쓴 글들을 정리하여 책으로 엮었다고 한다.

김 교수는 옥성호 씨의 책을 집중적으로 반박하면서 그의 성경 해석이 얼마나 아마추어적인가를 지적하였다. 그러면서 신학을 전공한 프로답게 성경을 심도 있게 해석하고 자신의 논리를 일관성 있게 전개하였다. 방언이 지금도 존재하며 신앙 생활에 큰 유익을 주는 은사임을 조목조목 설명하고 나서 어떻게 방언을 체험할 수 있는지 그 구체적인 방법까지 친절하게 가르쳐 주었다. 그러나 그의 견해 역시 한쪽으로 치우쳐 있다. 그는 김우현 씨의 주장에 대해서는 전혀 비판하지 않았다. 「하늘의 언어」라는 책에 대해 적극적인 호응을 보였고, 성경적인 고찰이 부족한 점을 유일한 아쉬움으로 지적하였다.[15] 그래서 그 결함을 보완해 주기라도 하듯이 자신의 책에서 김우현 씨의 주장을 성경적으로 뒷받침해 주었다. 그의 책의 핵심 논지는, 방언은 하늘의 언어가 맞다는 것이다. 결국 그가 우려한 문제, 즉 방언으로 인해 교회가 양극화되는 현상을 해소하는 데는 그의 책이 별 도움이 되지 못한 셈이다.

김 교수는 옥성호 씨가 은사중지론의 입장에서 성경을 무리하게 해석한 부분들을 잘 지적하여 교정해 주었다. 방언은 계시의 방편이 아니었다는 점, 고린도전서 13:10의 "온전한 것이 올 때"는 성경의 완성이 아니라 종말을 의미한다는 사실 그리고 사랑은 은사보다 더 우월한 것이 아니라 은사를 사용하는 제일 좋은 길이라는 점 등을 올바른 성경 해석을 통하여 잘 밝혀 주었다. 고린도전서 12-14장에 대한 그의 해석은 몇 군데를 제외하고는 신학적으로 별 하자가 없다. 이처럼 방언에 관련된 많은 성경 구절에 대한 그의 해석이 대체로 원만함에도 불구하고 그가 도달한 결론은 성경 말씀을 무시해 버린 김우현 씨의 주장과 별반 다르지 않다. 어떻게 성경을 충실히 해석해서 이르게 된 결론이 성경적 근거 없이 경험에서 나온 주관적인 확신과 엇비슷한지 쉽게 납득이 가지 않는다.

어떻게 이런 일이 일어날 수 있을까? 그는 "방언에 대한 평가는 그 사람의 방언 체험 유무와 거의 일치한다. 예외는 없었다"라고 하였다.[16] 이는 방언을 체험했는가 아니면 안 했는가가 방언에 대한 견해를 형성하는 데 결정적인 역할을 한다는 말이다. 그렇다면 이것이 김 교수 자신에게도 해당되는 것은 아닐까? 그가 확신한 대로 초자연적 현상에 대한 체험은 그것에 대한 우리의 판단과 연구를 조종할 정도로 강력한 영향을 미칠 수 있다. 김 교수도 자신이 방언 체험에서 얻은 확신, 즉 방언은 하늘의 언어라는 전제가 그의 성경 해석과 논리 전개의 모든 과정을 은밀히 주관하고 있지 않은지 냉철하게 성찰해 볼 필요가 있다.

보통 어떤 전제를 가졌느냐에 따라 어떤 자료를 취사 선택하고, 어떤 측면을 더 부각시키며, 또 어떻게 그 전제에 맞추어 자료를 분석하고 결론을 이끌어 내는지가 결정된다. 똑같은 성경 본문을 다루면서도 전제에 따라 보는 각도와 강조점이 다를 수 있으며 완전히 다른 결론에 도달할 수 있다. 김 교수의 책에서도 이런 문제들이 드러난다. 그는 방언을 긍정하는 말씀만을 다루고 방언에 대한 부정적인 언급은 회피해 버렸다. 방언의 밝은 면은 최대한 부각시킨 반면, 그늘진 면은 최대한 숨겨 버렸다. 어떤 성경 말씀은 자신의 입장에 유리하도록 무리하게 뒤틀어서 해석했다. 그러면서도 기존의 해석을 뒤집어엎는 아주 독창적인 이해처럼 보이게 했다. 그렇다면 구체적으로 그 문제가 무엇인지 짚어 보기로 하자.

먼저 그는 바울이 고린도 교회의 잘못된 방언관을 교정하기 위해 고린도전서 12-14장을 썼다는 점을 인정하였다. 그러나 이 부분에서 바울의 유일한 관심은 방언을 권장하는 것이 아니라 방언의 위험성을 지적하는 것이라는 옥성호 씨의 주장과는 대조적으로, 바울이 방언을 적극적으로 권장했다고 보았다. 두 입장 모두 서로 상반되는 편견에 이끌려 본문의 분명한 메시지를 읽어 낼 수 있는 기본적 균형 감각을 상실한 듯하다. 옥성호 씨는 바울이 방언을 포함한 모든 은사에 대해 긍정적인 입장을 취하고 있다는 사실이 고린도전서 12-14장의 기조를 이루고 있음을 제대로 파악하지 못했다.

모든 은사는 하나님이 주신 선물이기에 소중한 것이다. 여기에는 방언도 예외가 아니다. 하나님은 그리스도의 몸을 이루는 모든 지체들에게 은사를 주셔서 그리스도의 몸이 건강하게 제 기능을 하며 성장하게 하셨다. 그러므로 은사는 그리스도의 몸이 건강하게 성장하는 데 없어서는 안 될 요긴한 역할을 한다. 바울은 은사로 인해 대혼란이 빚어진 고린도 교회를 향해서도 은사에 대한 추구를 약화시키지 않고 오히려 권장하였다. 은사를 간절히 구하라고 권면하였다. 그와 동시에 바울은 은사가 잘못 사용되면 교회를 세우기보다 허무는 역기능을 할 수 있다고 경계하였다. 그런 메시지를 통해 고린도 교회에 은사로 인해 야기된 문제가 무엇인지를 보게 하며 그에 대한 해결책이 무엇인지를 밝혀 주었다. 곧 은사를 사랑으로 구해야 한다는 것이다. 사랑은 은사를 대체하는 더 우월한 은사가 아니라 은사를 더 잘 사용하게 해주는 탁월한 방식이다. 사랑은 은사의 가치와 역할을 하락시키기보다 은사의 효력을 더욱 고취시킨다. 사랑은 은사를 빛나게 하고 은사는 사랑을 성취시켜 준다. 사랑과 은사는 상호 긴밀히 연결되어 그리스도의 몸을 세우는 데 꼭 있어야 할 단짝이다.

이것이 고린도전서 12-14장의 바탕에 깔려 있는 은사에 대한 바울의 기본 입장이다. 방언에 대한 이해도 이런 맥락 속에서 정리되어야 할 것이다. 방언에 대한 바울의 입장이 기본적으로 긍정적이라는 김 교수의 지적은 백 번 타당하다. 바울은 결코 방언의 은사 자체를 부정적으로 보지 않았다. 다른 은사보다 본질적으로 열등한 것으로 보지도 않았다. 방언하는 것을 금하지도 않았다. 은사 추구를 장려하는 그의 권면에서 방언만은 제외되었다고 볼 수는 없다. 모두가 자신처럼 방언하기를 바란다는 말에는 방언을 적극적으로 권하는 그의 심정이 담겨 있다고 볼 수 있다. 그럼에도 불구하고 방언에 대한 그의 언급에 부정적인 어조가 강하게 깃들어 있는 것은 방언이 그 특성상 그리고 고린도 교인들의 성향 때문에 남용될 수 있는 위험성이 많았기 때문이다. 또한 실제 고린도 교회 안에 그것으로 인한 갈등과 혼란이 빚어졌기 때문이기도 했다. 바울은 이런 문제를 바로잡고 은사 사용의 올바른 지침을 제시하기 위해 본문을 기록한 것이다.

김 교수의 문제는 바울이 방언을 긍정적으로 보았다는 점을 변호하는 데 급급하여 바울의 가르침을 균형 있게 고찰하지 못한 점이다. 방언이 남용될 수 있는 위험성에 대한 바울의 언급에 대해서는 거의 함구하고 이런 문맥에 대한 충분한 고려 없이 방언에 대한 긍정적인 표현만을 국부적으로 발췌하여 자신의 입장을 입증하려고 했다. 그 결과 온전한 바울의 메시지를 들을 수가 없게 되었다. 방언이 잘못 사용됨으로 야기될 수 있는 혼란과 문제점을 다룬 바울의 교훈은 침묵 속에 묻혀 버렸다.

바울은 고린도전서 13:1에서 "소리 나는 구리와 울리는 꽹과리가 되고"라는 수사학적인 표현을 통해 사랑이 없는 방언이 다른 이에게 유익이 되지 못하고 피해가 될 수 있다는 사실을 아주 효과적으로 전달하였다. 자기 과시와 만족을 위해 교회에서 이해할 수 없는 방언을 무질서하게 하는 것은 교회에 아무런 도움이 되지 않을 뿐 아니라 혼란과 갈등만 조장한다. 이런 이유 때문에 바울은 방언이 잘못 사용되는 문제를 심각하게 다루고 있다. 13장의 비유적인 표현과는 달리 14장에서는 이런 문제점을 구체적이면서도 분명하게 지적하였다. 14장 내용의 상당 부분은 방언의 잘못된 사용으로 인해 빚어질 수 있는 무질서와 혼란 그리고 공동체에 덕을 끼치기보다 해를 입히는 문제를 심각하게 다루며 경계하였다.

> 그런즉 형제들아, 내가 너희에게 나아가서 방언으로 말하고 계시나 지식이나 예언이나 가르치는 것으로 말하지 아니하면 너희에게 무엇이 유익하리요 혹 피리나 거문고와 같이 생명 없는 것이 소리를 낼 때에 그 음의 분별을 나타내지 아니하면 피리 부는 것인지 거문고 타는 것인지 어찌 알게 되리요 만일 나팔이 분명하지 못한 소리를 내면 누가 전투를 준비하리요 이와 같이 너희도 혀로써 알아듣기 쉬운 말을 하지 아니하면 그 말하는 것을 어찌 알리요 이는 허공에다 말하는 것이라.…네가 영으로 축복할 때에 알지 못하는 처지에 있는 자가 네가 무슨 말을 하는지 알지 못하고 네 감사에 어찌 아멘 하리요 너는 감사를 잘하였으나 그러나 다른 사람은 덕 세움을 받지 못하리라.…교회에서 네가 남을 가르치기 위하여 깨달은 마음으로 다섯 마디 말을 하는 것이 일만 마디 방언으로 말하는 것보다 나으니라.…온 교회가 함께 모여 다 방언으로 말하면 알지 못하는 자들이나 믿지 아니하는 자들이 들어와서 너희를 미쳤다 하지 아니하겠느냐. (고전 14:6-9, 16-17, 19, 23)

비록 바울이 방언에 대해 기본적으로 긍정적이라 할지라도 이 부분에서 그의 우선적인 관심은 방언을 적극적으로 권장하기보다 방언이 남용될 위험성을 지적하는 것이었음이 틀림없다.

또한 김 교수는 어떤 본문을 자신의 주관적인 확신에 지나치게 꿰맞추는 식으로 해석하였다. 예를 들면 "다 방언을 말하는 자이겠느냐"(고전 12:30)라고 한 바울의 말에 대한 그의 해석이다. 대부분의 학자들은 지금까지 이 구절을 방언의 은사가 모든 신자들에게 다 주어지는 것은 아니라는 증거 본문으로 생각해 왔다. 하지만 그는 그런 해석은 그 말씀의 문맥과 정황을 제대로 고려하지 못한 데서 비롯된 오역이라고 했다. 이 말씀은 교인들이 예배할 때를 염두에 두고 한 말이라는 것이다. 즉, 사적으로 기도할 때가 아니라 공적으로 예배할 때 모두가 다 방언을 말할 수 있겠느냐는 뜻이라고 한다. 그러나 이렇게 보는 것이 오히려 문맥과 조화되지 않는 무리한 해석이다. 그가 지적했듯이 고린도전서 14:26 이하에는 공적 예배의 상황이 묘사된 것이 분명하다. 그러나 12장의 문맥과 정황은 예배에만 국한되지 않고 공동체의 사역 일반과 관련된다. 12장 전체에서 바울이 전달하려는 일관된 메시지는 몸은 하나이나 지체는 여럿이고 은사는 다양하다는 사실이다. 우리 몸의 지체가 다 똑같은 기능을 할 수 없듯이 그리스도의 몸의 지체에게도 다 똑같은 직분과 은사가 주어지지 않는다는 점이다. 그러므로 서로의 다름과 다양성을 인정하고 '다양성 가운데 통일성'을 이루어가야 한다는 것이다. 그런 맥락에서 바울은 다 동일한 은사를 가진 자이겠느냐고 반문하였다.

12장 전체 문맥만이 아니라 바로 앞 구절의 말씀만을 살펴봐도 이 말이 예배에만 국한될 수 없다는 사실을 쉽게 파악할 수 있다. 바울은 하나님이 교회에 사도와 선지자와 교사와 여러 직분을 세우셨다고 말했다.

> 하나님이 교회 중에 몇을 세우셨으니 첫째는 사도요, 둘째는 선지자요, 셋째는 교사요, 그 다음은 능력을 행하는 자요, 그 다음은 병 고치는 은사와 서로 돕는 것과 다스리는 것과 각종 방언을 말하는 것이라. (고전 12:28)

이것은 바울이 예배 상황을 염두에 둔 것이 아니라 교회 직분과 은사 일반에 대해 말하고 있음을 분명히 보여 준다. 그리고 바로 이어서 "다 사도이겠느냐, 다 선지자이겠느냐, 다 교사이겠느냐, 다 능력을 행하는 자이겠느냐, 다 병 고치는 은사를 가진 자이겠느냐, 다 방언을 말하는 자이겠느냐, 다 통역하는 자이겠느냐"(고전 12:29-30)라고 반문했다. 이 말은 교회에 여러 직분이 주어졌으니 모두가 같은 직분이나 은사를 가질 수 없다는 뜻으로 이해하는 것이 자연스러운 해석이다.

김 교수는 왜 이렇게 성경의 명료한 뜻을 왜곡하는 무리한 해석을 하는 것일까? 그것은 다른 성령의 은사는 모두가 다 받을 필요가 없지만 예외적으로 방언만은 모든 신자가 다 받아야 할 은사라는 그의 확신을[17] 고집스럽게 성경적으로 입증해 보려고 했기 때문이다. 그것을 관철하는 데 가장 거침돌이 되는 본문, 즉 모두 다 방언을 받을 수 없다는 입장의 증거 본문을 제거한 셈이다.

그는 또한 모든 사람이 방언을 받아 하늘의 언어로 기도하는 것이 하나님의 뜻이라는 그의 신념을 뒷받침할 성경 본문을 찾아냈다. 그가 유일하게 성경적인 근거로 제시한 본문은 고린도전서 14:5이다. 바울은 "나는 너희가 다 방언 말하기를 원하나 특별히 예언하기를 원하노라"고 하였다. 김 교수의 주장에 따르면 여기서 바울은 단순히 자신의 소망을 피력한 것이 아니라 실제 그렇게 되는 것이 자신의 분명한 뜻임을 밝힌 것이다.[18] 즉, 모두가 다 방언을 말하는 것이 실제 가능한 일이기에 그렇게 되기를 뜻했다는 것이다. 그러나 '원하다'라는 바울의 말을 이런 식으로 해석하는 것은 지극히 보편적인 이해를 초월한 지나친 비약이라고 볼 수밖에 없다.

바울은 같은 서신에서 독신에 대해 논하면서도 "나는 모든 사람이 나와 같기를 원하노라"(고전 7:7)라고 하였다. 거기서는 바울이 실제 이루어질 수 없는 것을 원한다는 것이 확실하다. 김 교수는 그 말씀은 전후 문맥에서 그 소망이 실현될 수 없음이 확실한 반면, 방언에 대한 바울의 소원은 그 문맥에서 이루어질 수 없다고 언급된 적이 없다는 점이 다르다고 하였다. 이렇게 억지스러운 해석이 가능하게 된 것은 앞에서 이미 살펴본 바와 같이 "다 방언을 말하는 자이겠느냐"(고전 12:30)라는 말씀을 근본적으로 잘못 해석했기 때문이다. 그 구절만이 아니라 12장 전체의 핵심 메시지를 잘못 이해한 결과다. 바울은 12장에서 각 사람에게 주어지는 은사는 다르다는 것을 확실시하였고, 마지막에는 모두가 다 같은 은사를 받을 수 없다는 사실을 분명히 못 박아 말하였다. 이런 명확한 말씀을 곡해하니까 억지로 꿰맞추기식의 무리한 해석이 이어진 것이다.

김 교수는 바울의 소망을 이렇게 무리하게 해석한 것만으로 부족해 그것이 바로 하나님의 뜻이라고까지 비약해 버린다. "하나님이 지금 모든 신자에게 원하시는 것도 같은 것이다."[19] 즉, "개인 기도로서의 방언의 은사에 대한 하나님의 뜻은 모든 신자가 다 방언을 경험하여 하나님과 하늘의 언어로 기도하는 것이다."[20] 그러나 이 주장은 전혀 성경적인 근거 없이 잘못된 해석과 지나친 비약으로 이끌어 낸 결론일 뿐이다. 오히려 성경에 분명히 계시된 하나님의 뜻에 정면으로 배치된다. 바울의 가르침에 의하면 은사의 기본적인 특성은 선별적이라는 점이다. 바울이 계속 강조한 것은 신자에게 주어지는 은사의 다양성이다. 그는 은사를 획일화하는 위험성을 엄중히 경계하고 그 아름다운 하모니를 이루는 구체적인 방안으로 사랑의 길을 제시한 것이다. 방언의 은사만은 예외적으로 모든 신자에게 필수적이라는 주장은 특정 은사를 획일화함으로써 다양성 가운데 통일성을 이루시려는 주님의 뜻을 무시한 것이다. 결국 고린도 교회에서처럼 방언을 과대평가하여 다른 은사에 대해 배타적인 우월성을 주장하는 문제가 재현될 것이 뻔하다. 만약 다른 은사는 모두 선택적인데 방언의 은사만은 모든 이들에게 다 주어져야 한다면 방언을 다른 은사와 좀더 다른 차원에서 다뤘어야 했을 것이다. 그렇다면 방언은 단순히 은사가 아니라 모든 신자에게 꼭 필요한 은혜의 통로인 기도처럼 자주 강조되었어야 할 것이다. 그러나 바울이 고린도전서 외에 방언을 언급한 예는 없다.

김 교수의 주장에 따르면 방언으로 기도하는 것이 바로 성령 안에서 기도하는 것이다. "성령이 말할 수 없는 탄식으로 우리를 위하여 친히 간구하시느니라"(롬 8:26)라는 말씀은 방언으로 기도하는 것을 의미한다. 즉, "신자의 연약함을 돕기 위해 성령의 직접적인 도움으로 기도하는, 알아들을 수 없는 말의 탄식이 방언 기도"라는 것이다.[21] 그렇다면 방언으로 기도하지 않는 이들은 우리의 연약함을 도우시는 성령의 간구하심조차 제대로 받지 못한다는 말인가? 성령의 도움을 받지 못하는데 그들의 기도가 어찌 천상을 가르고 하늘의 보좌에까지 상달될 수 있겠는가? 김 교수는 그렇게까지 주장한 것은 아니라고 하겠지만 그의 성경 해석은 이런 논리적인 귀결에 이르는 것을 피하기 힘들다.

방언은 모든 신자가 받아야 할 은사인가

김 교수의 주장을 종합해 보면 방언은 모든 신자에게 꼭 있어야 할 은사이며 온전한 신앙 생활을 위해 절대적으로 필요한 은사다. 그는 책 앞부분에서 자신이 방언에 대해 지나치게 긍정하는 것이 아니라 온건하게 인정하는 입장을 취한다고 밝혔다.[22] 방언은 신앙 성숙의 척도가 아니며 하나의 도구이기에 방언을 못하는 사람은 2급 신자가 아니라는 사실을 확실히 짚고 넘어갔다.[23] 이 정도면 그의 견해가 나무랄 데 없이 건실해 보인다. 그러나 그의 책이 도달한 결론은 그것과 사뭇 다르다. 그런 언급은 그의 견해가 건전하다는 것을 피상적으로 표방한 것에 그칠 뿐 실제 내용이 일관되게 말하는 바는 방언을 지나치게 강조하는 입장이다.

그는 다른 은사들과는 달리 방언만은 예외 없이 모든 신자가 받아야 한다고 고집한다. 왜냐하면 그의 말을 그대로 옮기면, "방언 기도가 신앙 생활에 절대적으로 도움이 되기 때문이다."[24] 앞부분에서는 방언이 "하나의 도움"이라고 말해 놓고 여기서는 "절대적으로 도움"이 된다고 말하는 것은 모순이다. 하지만 그 말은 그의 진정한 속내를 드러낸 것이며 그의 입장과 딱 맞아떨어지는 표현이다. 그의 주장에 따르면 모든 신자가 방언을 받아 하나님과 하늘의 언어로 교통하는 것이 성경에 계시된 바울의 뜻이며, 더 나아가 하나님의 뜻이다. 방언은 하나님과 깊은 영적인 교제를 누리고 영적으로 성숙하는 데 필수적이다. 또한 "방언이 다른 성령의 은사를 체험하는 통로일 수 있고 사실상 중요한 통로다."[25]

만일 방언을 하는 것이 그토록 중요하고 하나님의 뜻이라면 방언을 못하는 이들은 결국 성경적 수준에 미달된 삶을 사는 것이며 하나님의 뜻에 부합되지 않는 삶을 사는 셈이다. 신앙 성숙에 절대적으로 도움이 되는 은혜의 방편이 없으니 어찌 영적으로 열등한 2급 신자의 신세를 면할 수 있으랴!

방언에 대한 그의 입장은 그것을 실천에 옮기려는 그의 행동에서 극명하게 드러난다. 그는 모든 교인들이 방언받기를 원하시는 하나님의 뜻을 이루려는 열심에 사로잡혀 집회를 인도할 때마다 참석한 전 교인들이 방언을 체험하게 하려 했다. 그는 방언을 하는 이들은 "이 은사를 다른 사람들도 체험하게 하여 같은 복을 누리게 해야 하는 사명이 있다"라고 역설했다.[26] 그도 역시 김우현 씨처럼 방언 전도사로 열심히 뛰어다니며 사람들을 강권하여 방언을 받게 하려고 한다. 그의 책에 방언받는 구체적인 방법을 제시했을 뿐 아니라 자신이 그 방법대로 방언을 받게 한 실제 사례를 소개하였다.

> 수련회나 부흥회를 인도하면서 저는 첫째 날 일단 한 명이 방언을 체험하는 것을 목표로 기도합니다. 한 명만 받으면 그 다음에는 쉬워집니다. 방언받는 사람에게 공개적으로 1분간 간증을 시키면 그 다음에는 방언받는 숫자가 폭발적으로 증가합니다. 왜냐하면 학생들은 친구가 받으면 열불이 나서 못 견디기 때문입니다.[27]

결국 시기심과 경쟁심이 자극되면 다 방언을 받는다는 말이 된다. 김 교수는 그렇게 해서 나타난 현상이 성경적인 방언이라는 것을 어떻게 확증하는가? 일일이 다 검증해 보고 하는 말인가? 아니면 어떤 부흥사들이 그러하듯이 혀가 꼬여 이상한 말이 나오면 무조건 방언이라고 보는 것인가?

이것이 과연 성경을 연구하는 학자의 말인지 귀를 의심하게 된다. 성경 말씀은 아랑곳하지 않고 감정적인 반응을 유도하는 삼류 부흥사의 말과 별반 다를 것이 없다. 방언에 대한 성경적인 증거를 논하다가 어떻게 이렇게까지 비약할 수 있는지 도무지 이해가 가지 않는다. 이런 미심쩍은 행위에 대한 성경적인 근거가 어디에 있는가? 성령의 은사는 하나님의 주권적인 뜻에 따라 주어진다. 물론 이 뜻은 인간의 원함을 무시하지 않고 그 갈망에 따라 성취되기도 한다. 그러나 인간이 나서서 사람들을 강권하다시피 해서 방언을 받게 하고 그런 현상이 폭발적으로 일어나도록 교묘히 유도하는 행위는 전혀 성경적으로 지지받지 못한다. 성령의 은사는 인간의 강권이 아니라 하나님의 주권에 의해 주어진다는 성경의 분명한 진리와 완전히 상충되는 것이다. 그렇게 성경의 진리에서 벗어난 행위를 통해 촉발된 현상을 성령의 역사라고 볼 수는 없다. 질투심과 경쟁심에 의해 자극된 열심과 인간이 은사를 유도해 내려는 은근한 교만으로 점철된 곳에는 오히려 미혹의 영이 은밀히 역사할 가능성이 높다. 그래서 일종의 집단 최면이나 흥분 상태로 사람들을 몰아가 그런 현상을 성령의 역사하심으로 착각하게 할 수 있다.

김 교수는 방언에 대한 견해가 예외 없이 그 사람의 방언 체험의 유무와 일치한다는 점을 거듭 상기시켜 주었다. 영적인 은사를 체험하지 못한 사람은 영적인 일을 제대로 이해하지 못한다고 했다.[28] "우리는 성경의 방언을 해석한다고 하지만 사실은 자신의 체험을 해석하여 성경 본문에 대입하고 있지 않은가?"라고 반문했다. 이것이 바로 자신에게 해당되는 문제라는 것을 그는 인식하고 있는 것일까? 김 교수는 다른 이들에게 한 질문을 자신에게 던져 보아야 할 것이다. 자신이 견지해 온 입장이 과연 성경이 말하는 내용을 진지하게 들으려고 했던 것인지, 아니면 자신의 어떤 주관적인 확신을 주입해서 성경을 읽은 것인지 깊이 성찰해 보아야 할 것이다.

어떻게 보면 그의 책은 전혀 성경적인 근거를 제시하지 못한 김우현 씨의 책보다 독자들을 헷갈리게 하고 미혹하게 하는 위험성이 더 클 수 있다. 그것은 학자의 깊이 있고 권위 있는 성경 해석에 근거한 주장이기에 독자들은 그만큼 설득되기 쉽고 반박하기는 어렵기 때문이다. 그러므로 학자와 선생들의 책임이 막중한 것이다.

그의 견해는 이론적으로뿐만 아니라 실천적으로도 심각한 문제를 야기한다. 과거 고린도 교회 안에 방언으로 인해 빚어진 갈등과 혼란을 고스란히 한국 교회 안에 재현시킬 수 있다. 방언이 모든 신자에게 있어야 할 필수적인 은사라는 주장은 가진 자의 우월 의식과 못 가진 자의 열등 의식을 조장하여 갈등과 대립을 심화시키는 결과를 초래할 것이 뻔하다. 못 가진 이들은 하나님과의 풍성한 영적인 교제와 신앙 성숙을 위해 꼭 있어야 할 은사가 없으니 어찌 위축되지 않을 수 있겠는가? 2급 신자로 취급받는 기분이 들지 않겠는가? 반면에 가진 이들은 노골적으로 우월 의식을 표하지는 않을지라도 이 은사가 없는 이들을 무엇인가 문제가 있어 다른 사람들은 다 받는 방언을 못 받는 것으로 생각하기 쉽다. 아니면 방언 못하는 이들은 무엇인가 영적으로 결핍되고 열등한 신자라는 선입견을 떨쳐버리기가 어렵게 된다. 모두가 다 방언을 받는 것이 하나님의 뜻이기에 방언 못하는 이들은 이 주님의 뜻에 못 미치는 삶, 즉 주님이 의도하신 풍성한 은혜와 충만한 능력을 누리지 못하는 삶을 사는 셈이다. 방언 은사로 인해 전혀 교만하지 않다고 할지라도, 방언을 모두가 다 받아야 한다고 주장하는 것 자체가 다른 이들에게 큰 무례를 범하는 교만인 것이다. 그런 주장

자체에는 깊은 우월 의식이 잠재해 있을 뿐 아니라 많은 혼란과 갈등을 일으킬 위험을 내포하고 있다.

이것은 단순한 기우가 아니다. 방언 열풍이 한국 교회를 휩쓸고 지나가면서 피해 사례는 눈덩이처럼 불어나고 있다. 모두 방언받을 것을 강권하는 집회에서 끝내 방언을 체험하지 못하는 사람들의 심정은 어떠하겠는가? 은사 체험에서 자신들만이 제외되는 소외감과 하나님에게까지 '왕따'를 당하는 씁쓸한 비애를 느끼지 않겠는가? 어떤 이들은 자신만 외톨이로 남고 싶지 않은 절박한 심정에서 방언 전도사가 시키는 대로 입을 벌리고 혀를 굴려 "랄랄랄라"를 연발하며 인위적으로라도 방언과 같은 현상을 만들어 내려고 발버둥치기도 한다. 그런가 하면 방언을 받지 못한 것 때문에 평생 한 맺힌 신앙 생활을 하는 이도 있다. 한 권사는 오랫동안 방언을 사모하여 구해 왔음에도 방언을 체험하지 못한 것에 대해 늘 아쉬워하고 안타까워하며 산다. 그녀는 아주 신실하고 경건한 신자임에도 불구하고 무엇인가 자신에게 문제가 있어 방언을 못 받는 것이 아닌가 하는 찜찜한 죄의식을 가지고 있다. 또 이 죄의식과 함께 자신만 외면하시는 하나님에 대한 야속함이 그녀의 마음속에 뒤엉켜 있어 주 안에서 온전한 만족과 기쁨을 누리지 못한다.

방언을 모든 신자들이 꼭 받아야 한다는 확신을 가진 목사나 전도사 밑에서 신앙 생활하는 이들 중에 방언을 못하는 교인들은 무척 어려움이 많을 것이다. 어떤 교회에서 중고등학생들을 지도하는 한 전도사는 방언을 못하는 학생들을 방언을 받을 때까지 교회에 잡아 놓고 기도하게 해서 말썽을 빚은 적도 있다. 반면에 방언은 다 받아야 한다고 믿는 교인들이 많은 교회에서는 방언을 못 하는 목사나 복음 전도자가 엄청난 고충과 설움을 겪을 수밖에 없을 것이다. 어떤 교회에서는 방언을 체험한 몇몇 집사들이 담임목사에게 방언을 하느냐고 물었다. 목사가 방언을 못한다고 하자 그들은 평신도도 하는 방언을 목사가 하지 못하면 어떻게 교인들을 영적으로 지도할 수 있겠느냐고 도전하였다. 그 목사는 방언을 못하는 이유 때문에 목사의 리더십을 발휘하기 힘든 상황에 처한 것이다.

어떤 신학생이 노회에서 신학을 계속 공부하는 것을 허락받기 위해 여러 목사들 앞에서 면접을 보게 되었다. 세 명의 다른 신학생과 함께 면접을 보았는데 한 목사가 방언을 받았느냐고 물었다. 나머지는 다 받았다고 대답했는데 자신만 방언을 받지 못했다고 하자 기도를 잘 하지 않는 전도사라며 심하게 꾸지람을 들었다고 한다. 상당히 보수적인 교단에 소속된 목사들까지 이런 가르침에 경도되어 있으니 한국 교회의 전반적인 실태가 어떠할지 짐작할 수 있을 것이다. 극단적인 사례만을 든다고 볼 수 있겠지만, 이런 가르침이 확산되어 가면서 사태는 더욱 심각해지고 있다. 전에는 방언하는 이들이 광신자로 따돌림을 당했는데, 이제는 방언 못하는 이들이 시원찮은 신자와 사역자로 취급받고 수난받는 시대가 되었다.

결국 바울의 메시지에 대한 잘못된 이해는 바울이 그의 서신을 통해 해결하려고 했던 바로 그 문제를 다시 불러일으켰다. 그러므로 한국 교회에 점증해 가는 방언으로 인한 혼란을 극복할 수 있는 방안 역시 바울의 방언관을 올바르게 이해하는 것이다. 그러기 위해서는 주관적인 편견을 내려놓고 바울이 말하는 것을 진지하게 들으려는 자세와 균형 잡힌 감각이 필요하다.

지금도 방언은 존재하는가

성경적인 방언관을 정립하는 데 가장 큰 거침돌로 작용하는 것이 신학적인 전통과 방언에 대한 체험이다. 한편에서는 '은사중지론'이라는 잣대로 성경을 재단해 버리는가 하면, 다른 한편에서는 경험의 틀에 꿰맞추기 위해 성경을 조작해 버린다. 어떤 전제로부터 완전히 벗어난 성경 해석은 불가능할지도 모른다. 그럼에도 자신의 해석을 은밀히 주관하는 전제가 무엇인지를 냉철하게 직시해야 하며 그것을 성경을 통해 끊임없이 점검해 보려는 부단한 노력이 있어야 한다. 우리는 대개 우리가 자라온 신앙적인 배경과 전통 그리고 배워온 신학적인 입장에 따라 방언에 대해 서로 다른 선입견을 갖게 된다. 오순절 교회의 배경을 가진 이들은 거의 예외 없이 방언에 대해 긍정적인 반면, 보수적인 신학 교육을 받은 이들은 은사중지론을 따르는 경우가 많다.

필자는 아주 보수적인 교회에서 자랐고 오랫동안 보수 신학을 공부하고 가르치고 있다. 필자의 박사 학위 논문을 지도한 교수는 바로 워필드를 뒤이어 은사중지론을 철통같이 고수했던 개핀 교수였다. 이런 배경에도 불구하고 은사중지론이 필자를 설득하지는 못했다. 성경에 비추어 볼 때 신빙성이 없다는 사실을 확신했기 때문이다. 다행스럽게도 말씀의 능력이 신학적인 전통을 세뇌하는 마력에서부터 필자를 자유하게 한 것이다.

우리는 신학적인 전통이나 경험이라는 전제에 의해 휘둘리기를 거부하고 성경 자체가 무엇이라고 말하는지를 들으려는 진지한 자세를 견지해야 한다. 김동수 교수는 방언을 체험하지 못한 사람은 영적인 은사인 방언을 제대로 이해할 수 없다고 하였다. 그러나 성경에 기록된 영적인 일은 자신이 꼭 체험해야만 이해할 수 있는 것이 아니다. 성경은 영적인 세계,

즉 하나님 나라를 증거하고 있다. 만약 자신이 체험한 것만 바로 해석할 수 있다면 우리는 성경 말씀을 거의 이해할 수 없을 것이다. 성경에 기록된 방언에 대한 말씀을 바로 해석하는 데 꼭 그에 대한 체험이 요구되는 것은 아니다. 방언을 체험하는 것이 그 실체를 파악하는 데 어느 정도 도움이 될 수 있지만, 다른 한편으로는 주관에 치우치게 하여 냉철한 판단을 흐리게 할 수도 있다. 반면에 방언을 경험하지 못한 이들이 오히려 성경 말씀을 객관적으로 해석하는 균형 감각을 가질 수도 있다. 하지만 실제적으로 방언 체험이 없는 이들은 대부분 방언에 대한 부정적인 편견에 사로잡히게 된다. 많은 경우 '경험'뿐 아니라 '무경험'도 성경 해석에 영향을 미친다. 그래서 방언 체험의 유무가 방언에 대한 평가와 일치한다는 말까지 나오게 된 것이다. 이제는 이 불행한 연결고리를 끊을 때가 되었다. 그래야만 양극화를 극복하고 방언에 대한 원만한 일치에 이를 수 있을 것이다. 방언을 하는 이나 못하는 이나 자신들의 '경험' 또는 '무경험'이 성경 해석에 영향을 미치지 못하게 해야 한다.

앞에서 살펴보았듯이 성경의 어디에도 방언이 사라졌다는 확실한 증거를 발견할 수 없다. 방언은 계시의 방편으로서 성경적인 계시가 종결됨과 더불어 사라졌다는 주장은 성경적인 지지 기반을 전혀 가지고 있지 않다. 방언은 사람이 하나님께 신비한 언어로 기도하는 것이지, 예언처럼 하나님이 인간에게 말씀하시는 것이 아니다. 그러므로 그 특성상 방언은 계시의 통로가 될 수 없다. 방언이 통역된다고 해도 그것은 단순한 기도의 내용일 뿐이지 결코 하나님이 직접 계시하신 말씀이 될 수는 없다. 또한 방언이 그쳤다는 말씀을 성경에서 전혀 발견할 수 없다. 온전한 것이 올 때는 방언과 예언도 그친다는 바울의 말(고전 13:8-12 참조)을 성경이 완성되면 방언도 그친다는 뜻으로 해석하는 것은 바울이 꿈에도 생각하지 못했을 신학적인 의미를 주입하는 것이다. 앞에서 살펴보았듯이 바울이 말한 "온전한 것이 올 때"는 그 말씀의 문맥과 성경 전체의 맥락에서 볼 때 종말을 의미하는 것이 너무나도 명백하다.

그러므로 방언이 존재하느냐에 대해서는 더 이상 논란의 여지가 없다. 다만 오늘날 나타나는 방언이라는 현상이 초대교회의 방언과 질적으로 동일한 것인지에 대해서는 논란이 있을 수 있다. 먼저 사도행전 2장에 기록된 방언은 오늘날 교인들이 하는 방언과는 사뭇 다른 특성을 띠었다. 사도행전 2장의 내용을 살펴보면 오순절에 제자들이 했던 방언은 '외국어'였던 것으로 보인다. 제자들은 성령이 말하게 하심을 따라 각기 다른 방언으로 말하기 시작했고 거기 모인 사람들이 각자 자기가 난 지방의 언어로 제자들이 말하는 것을 들었다고 했다. 이로 보건대 오순절에 제자들이 체험한 방언은 배우지 않은 언어를 성령의 인도하심을 따라 말하는 현상이었다.

이런 유의 방언을 지금도 하는 경우가 있다는 보도를 종종 접한다. 대천덕 신부의 글에 의하면 한 청년은 자신이 알지 못하는 몇 개 국어로 유창하게 외국인과 대화를 했다고 한다. 어떤 목사의 부인은 집회에서 자신이 전혀 배우지 않은 헬라어로 말할 수 있게 되어 거기에 참석했던 그리스 여성 두 명을 주님께로 인도했다고 증언하였다. 또 선교사들이 선교 현장에서 습득하지 않은 토착어가 갑자기 입에서 터져 나와 설교했다는 말을 간혹 듣게 된다. 하지만 이렇게 배우지 않은 외국어로 전도하거나 설교하는 것이 사도행전 2장에 기록된 제자들의 방언과 꼭 같은 것인지는 확실하지 않다. 제자들의 방언이 찬양과 함께 선포의 성격도 띠었다는 점을 부인할 수는 없지만, 그렇다고 그것이 사람들을 향한 설교였다고 보기에는 무리가 있기 때문이다. 여하튼 습득하지 않은 언어를 통해 복음을 전할 수 있는 초자연적인 기사는 오늘날에도 일어날 수 있다고 보아야 한다. 우리는 전능하신 하나님의 주권적인 역사와 비상한 섭리를 우리의 신학적인 편견으로 제한하기보다는 그 가능성을 항상 열어 두어야 한다.

그럼에도 그런 외국어 방언은 오순절에 성령을 받은 모든 제자들에게 주어진 것처럼 모든 신자에게 나타나는 보편적인 현상은 아니다. 그 방언은 성령이 이 땅에 강림하시는 특별한 이벤트를 장식하는 표적의 성격을 띠었을 뿐 아니라 구원의 복된 소식이 만방에 전파될 새 시대가 도래했음을 알리는 섭리적 표증이라고 볼 수 있다. 동시에 교회가 이 세상을 향하여 선교 사역을 출범했다는 것을 알리는 특별한 표증이기도 하다. 그러하기에 오순절 후에도 그런 방언이 보편적인 현상으로 반복되었다는 확실한 증거가 성경에 나타나지 않는 것이다.

오늘날 많은 사람들이 경험하고 있는 방언은 고린도전서에 기록된 방언의 유형에 가깝다. 고린도전서 12-14장의 내용을 통해 알 수 있는 이 방언의 특성은 특정한 지방의 언어나 외국어가 아니라 우리의 영이 하나님과 교통하는 일종의 신비한 언어라는 점이다. 통역이 없으면 다른 사람이 전혀 이해할 수 없는 말이다. 방언을 하는 자신도 무슨 말을 하는지 잘 알지 못한다. 그래서 바울은 방언으로만 기도하면 "나의 마음은 열매를 맺지 못하리라"(고전 14:14)라고 하였다. 여기서 '마음'이라는 단어는 심령이 아니라 '생각' 또는 '이성'을 뜻한다. 즉, 이해하는 마음의 기능을 의미한다. 그래서 방언으로 기도하면 그 기도하는 내용을 자신의 마음이 이해하지 못한다는 것이다. 이런 성경적인 증거를 통해 볼 때 이 방언은 우리의 이해와 인식을 초월하여 우리의 영이 하나님과 교통하는 신비한 기도의 언어 또는 영의 언어라고 말할 수 있다.

　이 외에는 고린도 교회의 방언에 대해 더 구체적으로 아는 바가 없다. 그때의 방언이 어떤 말의 형태로 나타났는지, 어떤 음률과 강세를 띠었는지에 대해서는 알 길이 없다. 그 소리가 단음절로 끊어졌는지 연음으로 유연하게 이어졌는지 아무도 들어본 사람이 없다. 녹음된 것도 없다. 그렇기에 지금 사람들이 하는 방언이 고린도 교인들의 방언과 동일하다고 단정하기는 어렵다. 물론 방언이 알아들을 수 없는 신비한 언어이기에 그 진실성 여부를 객관적으로 정확하게 판단하기는 불가능하다. 그러나 무조건 알아들을 수 없는 말이 입에서 흘러나온다고 해서 그것을 다 방언이라고 볼 수는 없다. 요즘 소위 방언이라고 말하는 현상 중에는 의심적은 것들이 적잖다. 성령의 역사라고 볼 수 없는 것들이 더러 있다. 그러므로 각별한 주의와 냉철한 분별이 필요하다.

　어떤 이들이 극단적으로 주장하듯 지금 사람들이 하는 방언을 다 마귀적이라고 볼 수는 없다. 그러나 마귀는 성령의 역사를 모방하는 명수이기에 얼마든지 은사의 모조품을 생산해 낼 수 있다는 사실을 잊어서는 안 될 것이다. 필자가 아는 어떤 장로의 부인은 한 기도원에서 방언을 받은 후 귀신들림과 같은 현상이 나타나 한동안 고생하다가 귀신의 세력으로부터 자유하자 방언도 같이 사라졌다. 또한 몰몬교 같은 이단이나 타종교에도 방언과 유사한 종교 체험이 있다는 것은 이미 잘 알려진 사실이다. 그러므로 사람들이 하는 방언을 무조건 마귀적이고 인위적인 현상이라고 보아서는 안 되겠지만, 그것들을 모두 성령의 역사로 무분별하게 받아들이는 것 또한 지혜롭지 못한 일이다. 우리가 경험하고 있는 방언이 과연 성령의 은사인지 성경을 통하여 그리고 영적 지도자와의 상담을 통하여 면밀히 점검해 보는 신중함이 있어야 한다.

방언에 대한 잘못된 견해

앞에서 지적했듯이 방언은 모두가 다 받아야 하는 은사라는 주장만큼 이론적으로뿐만 아니라 실제적으로도 심각한 문제를 야기하는 것은 없다. 다른 은사는 선택적이지만 방언만은 예외적으로 모든 신자에게 필수적이라는 견해는 왜곡된 성경 해석이 아니고는 도저히 성경에서 발견할 수 없는 사상이다. 이는 그리스도의 몸의 지체들에게 각기 다른 은사를 주시어 '다양성 가운데 통일성'을 이루게 하신 하나님의 뜻에 분명히 상충되는 것이다. 은사는 모두 선별적인데 방언의 은사만은 필수적이라면 방언은 더 이상 은사로서의 기본적인 특성을 상실한 것이며, 은사의 범주에 속한다고 볼 수도 없다.

만약 방언을 모든 신자가 다 받는 것이 성경에 계시된 하나님의 뜻이라면 왜 실제 많은 교인들이 방언을 받지 못하는 것일까? 그들 중에서 방언을 부인하고 구하지 않는 이들은 못 받는다고 쳐도 방언을 간절히 구하여도 받지 못하는 이들은 왜 그런가? 은사는 하나님의 주권적인 뜻에 따라 주어지는 선물이다. 사도나 선지자나 교사와 같은 직분과 은사는 스스로가 원해서 된 것이 아니라 하나님이 세워서 된 것이다. 모두 순수한 선물로 주어진 것이다. 물론 어떤 은사는 받는 자의 소원과 간구에 따라 주어지기도 하지만 하나님이 선물을 주시면서 애타게 구해도 받지 못할 정도로 애먹이신다는 것은 납득하기 힘들다. 만약 방언이 모든 신자에게 주시기로 한 하나님의 선물이라면 구하기 전에라도 자연스럽게 주어지며, 구하면 필히 주어져야 할 것이다. 그러나 아무리 열심히 방언을 구해도 받지 못하는 이들이 많다. 이것은 방언이 모든 사람에게 주시는 선물이 아니기 때문이다. 하나님이 자신에게 주시기로 하신 선물이 아닌 것을 한사코 달라고 떼를 쓰는 것은 하나님의 주권을 침해하는 것이며 또 방언을 더 이상 하나님이 기꺼이 주시는 선물이 되지 못하게 하는 것이다. 방언을 달라고 하나님께 결사적으로 매달리는 것만으로도 부족해 인위적으로 방언을 유도해 내려고까지 하는 것은 그 선물을 뺏으려는 것과 다를 바 없다.

이런 잘못된 가르침이 교회에 미치는 폐해는 엄청나다. 교인들 모두가 방언을 받아야 한다고 주장하는 것은 은사 체험의 다양성을 무시하고 그것을 완전히 획일화해 버리는 우를 범하는 것이다. 자신이 경험한 것을 다른 이도 반드시 경험해야 한다고 강요하는 것은 상대방에게 대단한 무례를 범하는 것이다. 비록 다른 이들도 자신이 누리는 은혜를 동일하게 경험하기를 원하는 순수한 의도에서 비롯되었다고 할지라도 그런 행위는 자신의 잘못된 확신을 따라 다른 이들을 강압하려는 교만의 발로다. 그러므로 이런 가르침은 필연적으로 영적인 우월 의식을 낳고, 그 반대급부로 영적인 열등 의식과 소외감을 불러일으키며, 급기야는 그로 인한 갈등과 혼란을 조장한다.[29]

이런 문제는 실제 교회 현장에서 더 역력히 드러난다. 방언이 모든 신자의 영적인 성숙에 필수적이라는 가르침은 자연히 방언을 못 하는 교인들을 영적으로 미성숙하거나 열등한 신자로 강등시킨다. 신앙의 성숙을 위해 꼭 필요한 은혜의 통로가 없으니 어떻게 영적인 충만함을 누릴 수 있겠는가? 모든 신자에게 필히 있어야 할 은사이기에 강권하는 사례가 비일비재하게 발생하며, 그렇게 방언을 받게 하는 집회가 유행병처럼 번져간다. 그런 집회에서는 은사가 하나님의 주권적인 뜻에 따라 주어지는 순수한 선물이라는 진리는 묵살되어 버리고 방언을 꼭 받게 하려는 인간의 강권이 은사를 기꺼이 주시고자 하시는 하나님의 주권을 압도해 버린다. 마치 방언이 인간에 의해 유도될 수 있는 것처럼 방언 전도사들은 가는 곳마다 방언의 돌풍을 일으키며 수많은 사람들에게 이 선물을 안겨 준다. 일단 한 사람만 방언을 받게 하면 다른 이들의 시기심이 자극되어 방언하는 이의 수가 폭발적으로 늘어난다고 한다. 이것이 과연 하나님이 주권적으로 내려주시는 선물이라고 할 수 있는지 심히 의심스럽다. 이런 현상은 인간의 부패한 시기심을 자극하여 열심을 부추기는 방언 전도사들에 의해 촉발되고 조작되는 일종의 영적인 집단 흥분 상태를 방불하게 한다. 이것을 은사를 나눠 주시는 성령의 역사하심이라고 보기에는 의심쩍은 점이 한두 가지가 아니다.

방언에 대한 바울의 가르침에서 주축을 이루는 것은 공중에서 알아들을 수 없는 방언을 마구 해 대는 것을 삼가라는 권면이다. 그런데 모든 교인들을 모아 놓고 강권해서 방언을 받게 하고 모두 방언으로 말하게 하는 것은 바울의 간곡한 권면을 깡그리 무시해 버리는 처사다. 성경 어디에도 인간이 주동하여 다른 이들에게 방언을 받게 부추기고 강권한 예나 그런 행위를 권장한 말씀을 전혀 찾아볼 수 없다. 그것은 엄연히 계시된 하나님의 말씀을 무시하는 행위이며 하나님의 주권을 침범하는 소행이라고밖에 볼 수 없다. 그렇게 성경 말씀을 도외시하고 성령의 순리적인 역사하심에 배치되는 행위를 통해 미혹의 영이 은밀히 역사하기 쉽다.

그런 집회의 진정성은 그 열매로 드러난다. 집회에 모인 교인들이 모두 방언받기를 강권하지만 어떤 이들에게는 끝내 방언이 터지지 않는 사태가 항상 발생한다. 그렇게 되면 방언을 받지 못한 이들은 공개적으로 모든 교우들 앞에서, 다른 사람들로부터 그리고 하나님으로부터 처절히 소외당하는 비애를 맛보게 된다. 모든 신자에게 예비된 하늘의 선물이 자신들만 비켜 가는 것을 체험하면서 자신의 믿음과 구원을 의심하게 되고 자신들에게만 싸늘하게 등을 돌리시는 하나님에 대한 야속함을 느낀다. 이런 집회는 어떤 이들에게는 흥분과 기쁨을 안겨 주지만, 다른 교인들에게는 씻을 수 없는 상처와 회의를 안겨 줄 수 있다.

자신이 일시적인 희열과 감정적인 도취를 맛보는 대가로 다른 형제들이 큰 상처를 받을 수 있다는 사실을 왜 모르는가? 김우현 씨는 방언이 작고 소외된 이들을 세우는 귀한 은사라고 했는데, 이런 식으로 방언을 받게 하는 집회에서는 도리어 방언이 우리 주위의 작고 소외된 이들을 더 소외시키고 짓밟을 수 있다. 방언 집회가 성행하며 방언 전도사들이 맹활약을 하면서 이런 피해자들이 점점 늘어나고 있다. 이런 문제 때문에 성경은 공중에서 방언을 마구 해 대는 것을 철저히 금하였다. 방언 집회를 인도하는 이들은 이 성경 말씀을 거스르면서도 성령의 인도하심을 따르고 있다는 커다란 착각과 모순 속에 빠져 있는 것이다.

이런 비판에 대해 방언 집회로 인한 좋은 열매까지 싸잡아 무시해 버리는 것이 아니냐고 반문할 수 있다. 방언 집회에서 많은 사람들이 방언을 체험하고 그들의 삶에 놀라운 변화가 일어난 것처럼 보이기도 한다. 그러나 보이는 현상과 실제는 매우 다를 수 있다. 방언 체험의 경우가 특별히 그렇다. 왜냐하면 방언은 그 특성상 가장 전시 효과가 크기 때문이다. 눈에 보이는 기이한 현상과 센세이션과 표적을 동반하기에 그 당시에는 굉장한 부흥이라도 일어난 것같이 보이지만, 실제 어떤 변화가 일어났는지는 시간을 두고 점검해 보아야 한다. 그런 집회에서 방언받은 이들의 삶에 얼마나 지속적인 변화가 나타나는지 조사해 보았는가? 그런 변화의 열매가 있다면 감사한 일이다. 물론 그런 열매가 없지 않을 것이다. 그러나 많은 경우 방언은 사람들에게 일시적인 열심과 흥분을 불러일으킬 수는 있지만 그들의 삶과 신앙에 근본적인 변화는 일으키지 못한다. 꾸준히 말씀을 따라 성령과 동행하는 신앙 훈련을 대신하는 임시변통의 은혜 체험으로 그치고 만다.

김우현 씨의 글에는 방언이 단숨에 하늘 문을 열어 충만한 영적 세계로 도약시키는 마술과 같은 은혜로 과대선전되었다. 그래서 책을 읽는 이들로 하여금 방언 체험이 금방이라도 자신들에게 놀라운 변화와 부흥을 가져다줄 것 같은 기대에 사로잡히게 한다. 끝없는 영적인 침체와 방황에서 헤어날 수 있는 빠르고 쉬운 비결을 찾는 수많은 교인들의 귀를 솔깃하게 한다. 부진한 목회의 돌파구를 찾기에 여념 없는 목사들의 구미를 당기기에 충분하다. 신비하고 초자연적인 현상에 쉽게 매료되고 흥분과 감흥을 체험하고 믿음의 가시적인 증거와 표적이 있어야만 신앙을 지탱하고 열심을 내는, 영적으로 미성숙한 교인들을 끌기에는 방언보다 효과적인 것이 없기 때문이다.

게다가 성경적이기를 따지기보다 얼마나 개인과 교회에 실제적인 효과와 유익이 있느냐를 먼저 계산하는 이 시대의 실용주의 가치관과 이런 대중의 심리와 관심을 잘 이용하여 그들을 선동하는 포퓰리즘과 영적 현상을 대중화하여 큰 유익을 챙기는 기독교 상업주의가 한국 교회에 방언 열풍을 몰고 오는 데 일익을 담당했다고 볼 수 있다. 방언이 지금 한국 교회가 절실히 필요로 하는 '부흥 코드'라고 보는 견해는 지극히 피상적이면서도 근시안적인 생각이다. 침체한 한국 교회가 다시 새로워지며 부흥하기 위한 색다른 비결은 없다. 그리스도의 십자가로 돌아가는 것 외에 다른 뾰족한 대안이 있을 수 없다.

방언에 대한 균형 잡힌 견해

방언을 과대평가해서는 안 되지만 그렇다고 방언을 평가절하하는 것도 경계해야 한다. 바울의 가르침에 의하면 방언은 하나님의 귀한 은사다 (고전 12:4-28 참조). 방언을 성경적인 지침을 따라 올바르게 사용하면 개인의 영적인 성숙에 도움이 될 뿐 아니라(고전 14:4 참조) 그로 인해 공동체의 성숙에도 간접적으로 기여하게 된다. 그러므로 방언의 남용은 교회를 허물지만 방언의 선용은 교회를 세운다. 하나님이 방언의 은사를 주신 목적은 방언으로 기도함으로 영이 새로워지고 하나님과의 영적인 교통함이 깊어지며 풍성해지게 하시기 위함이다. 그래서 그리스도를 닮은 거룩하고 진실한 신앙 인격자와, 형제들과 교회를 위해 열심히 간구하는 기도의 사람이 되게 하시기 위함이다. 건전한 방언의 은사를 받았는가는 이런 성령의 열매를 통해 증명되어야 한다. 겸손하고 온유하신 그리스도의 영으로 인도함을 받는 이들은 자신의 은사를 조금이라도 과시하지 않는다. 다른 이들도 다 자신과 같은 은사를 체험해야 한다고 강권하며 무례히 행하지 않는다. 자신이 방언함으로 인해 다른 이들이 위축되며 혼란스러워할까 우려하여 공중에서 방언하는 것을 절제한다. 방언하는 이들 중에 이렇게 겸손하고 훌륭한 교인들도 많다. 이들처럼만 한다면 방언으로 인해 무슨 문제 될 것이 있겠는가? 그렇게 된다면 방언의 은사는 교회에 큰 축복이 될 것이다.

이런 자세가 바로 바울이 가르친 바이다. 방언은 많은 은사들 중에 하나다. 하나님의 선하시고 주권적인 뜻에 따라 어떤 사람에게는 주어지지만, 어떤 이에게는 주어지지 않는다. 또한 방언하는 이가 더 영적으로 성장하고 충만하기 쉽다고 말할 수 없다. 뉴욕에 있는 어느 한인 순복음 교회 집사가 필자가 잘 아는 목사를 찾아와 고민을 털어놓았다. 그 집사는 자기가 다니는 교회에서 많은 집사들 중에 유일하게 방언을 못한다고 했다. 그러니 그 교회에서 신앙 생활을 하기에 어려움이 많다는 것이다. 그는 오랫동안 간절히 방언을 구했음에도 하나님이 방언을 안 주시는 이유를 알 수 없어 무척이나 답답해하며 그런 하나님을 향해 서운한 감정을 내비치기까지 하였다. 그는 어떻게 해야 할지 몰라 장로교 목사를 찾아왔다는 것이다. 그의 안타까운 사정을 들은 목사는 이렇게 조언해 주었다고 한다. "하나님이 보시기에 어떤 사람은 방언이 꼭 있어야 신앙 생활을 잘할 수 있을 것이기에 방언을 주시지만, 집사님은 방언의 은사가 없어도 기도와 경건 생활을 잘하실 수 있을 것 같기에 방언을 안 주시는 것이라고 생각합니다." 그 집사는 이 말을 듣고 큰 위로를 받고 돌아갔다고 한다.

이 단순한 말 한마디에 지혜와 진리가 담겨 있다. 우리를 너무도 잘 아시는 하나님은 우리 각자의 기질과 성향과 사명과 상황에 꼭 필요하고 알맞은 은사를 주신다. 그분의 자녀들에게 최상의 은혜를 주기 원하신다. 어떤 이에게는 방언의 은사가 없는 것이 더 유익하다고 보시기에 그 은사를 안 주실 것이다. 그것이 그에게는 최상의 은혜다. 그러므로 방언의 은사가 영적인 성숙에 꼭 필요한 은사이기에 방언을 못하면 뭔가 영적으로 부족하고 열등한 신자라고 생각해서는 안 된다. 방언을 유창하게 하면서도 영적으로 미성숙하고 인격적으로 문제가 있는 이들이 많은 반면에, 방언을 못 하면서도 성령으로 충만하고 그리스도를 닮은 성숙한 신앙 인격을 소유한 이들도 많다. 교회 역사 속에 수많은 신앙의 위인들이 방언을 하지 못했지만 그 누구도 범접할 수 없는 탁월한 영성과 신앙의 발자취를 남겼다. 아우구스티누스, 성 프란체스코, 칼뱅, 루터, 조나단 에드워즈, 스펄전, 빌리 그레이엄 같은 이들이 그랬고, 한국 교회에서도 주기철, 손양원, 박윤선, 한경직 등 수많은 훌륭한 목사들과 교우들이 그 사실을 증명해 준다. 그러므로 방언 체험의 유무는 결코 신앙 성숙이나 영적인 충만함의 척도가 될 수 없다.

그렇다면 방언의 유익은 무엇인가? 그것은 우리의 이성적인 인식과 이해의 한계를 초월하여 하나님과 영적인 교통을 누린다는 점이다(고전 14:14-18 참조). 그로 인해 우리의 영이 새로워지고 하나님의 임재를 체험하게 된다. 믿음의 확신이 없는 이들이 방언을 체험함으로 자신 안에 성령이 거하신다는 것을 확신하게 될 수도 있다. 동시에 신앙의 열심이 자극된다. 기도를 잘 안 하던 이들, 5분만 기도해도 기도할 것이 없던 이들이 기도를 자주, 오래 하게 되며 그로 인해 그들의 영이 새로워지기도 한다. 그러니 기도를 10분도 못하는 교인들은 방언이라도 받아 기도를 열심히 하는 것이 낫지 않느냐는 반문이 제기될 만하다. 거기에 충분히 공감할 수 있다. 그러나 여기에 따르는 문제도 고려해야 한다. 기도를 안 하던 이가 방언을 체험한 후 방언으로는 기도하지만 여전히 생각과 이성을 통해 기도하는 데는 전혀 진보가 없을 수 있다. 그래서 바울 사도도 방언으로만 기도하면 마음(생각, 이성)이 열매 맺지 못한다고 했다(고전 14:14 참조). 생각 없이 기도하게 되어 하나님과의 이지적인 관계가 성숙하지 못한다. 방언을 말하는 신비한 현상에 탐닉하여 많은 시간과 에너지를 소비하며 정작 중요한 일은 소홀히 할 수 있다. 또한 방언 체험은 믿음이 약한 이들에게 성령이 그들과 함께하신다는 확신을 갖게 하는 반면에, 항상 그런 표적과 증거가 있어야만 하나님의 임재를 믿는 영적인 미성숙에서 벗어나지 못하게 하는 역기능을 하기도 한다.

그러므로 방언의 실제적인 유익만을 일방적으로 강조하여 방언에 대한 환상을 심어 주는 것은 바람직하지 못하다. 오랫동안 방언을 해 온 어느 목사의 솔직한 고백을 들어볼 만하다.

> 나는 방언을 30년 넘게 하고 있는 사람이다. 하지만 나는 아직도 이런 방언이 100퍼센트 하나님이 주신 은사인지 아니면 내가 만들어 낸 것인지 잘 모르겠다. 한 가지 확실한 사실은 내 마음이 주께로 향해 있다는 것이고, 어떤 의미에서는 이 사실이 방언의 문제보다 더 중요하다고 생각한다.[30]

오늘날 방언하는 이들 중에는 방언으로 기도하는 중에 기쁨으로 충만해지는 황홀경을 체험하는 이들도 있다. 그러나 이런 경지에까지 이른 이들은 실제 많지 않은 것 같다. 대부분은 방언으로 기도하지만 자신에게 실제 무슨 유익이 있는지 잘 모르며 시간만 많이 소비하는 것 같아 방언을 그렇게 즐겨하지 않는다. 방언 집회에서 방언과 같은 현상을 처음 체험했을 때는 열광했던 이들도 별 효력이 없으니 차츰 열심이 식어지고 방언 말하기를 포기해 버리는 경우가 많다.

마지막으로 방언하는 이들에게 하고 싶은 권면은 자신의 방언이 과연 성령이 주신 은사인지 냉철하게 분별해 보아야 한다는 것이다. 그리고 하나님이 이 은사를 주신 뜻대로 그리스도의 몸을 세우는 데 유용한 방편으로 사용해야 할 것이다. 그러기 위해서는 성경적인 지침을 따라 공중 예배에서 방언하는 것을 삼가며, 이 은사로 인해 영적인 우월 의식에 빠져 다른 이들도 방언을 해야 한다고 강권하는 무례함을 범하지 않도록 해야 한다. 동시에 방언을 통하여 하나님과 깊은 영적인 교제를 누림으로써 은혜가 충만하여 교우들에게 영적인 감화력을 미치며 교회에 덕을 세우는 겸손한 사람들이 되어야 한다. 그럴 때에 그들이 누리는 방언의 은사가 더 빛을 발하게 되며 다른 교우들도 그런 은혜 체험을 사모하게 될 것이다.

마찬가지로 방언을 못하는 이들은 신학적인 편견과 교만한 아집을 내려놓고 성경이 방언에 대해 무엇이라고 말하는가를 진지하게 들으려는 겸손하고 진실한 자세를 가져야 한다. 방언은 하나님이 교회에 내려 주신 귀한 은사라는 점을 바로 인식해야 한다. 오늘날 나타나는 방언 현상이 다 성령의 은사인지 조심스럽게 분별해야 하지만, 교인들이 하는 방언을 다 싸잡아 마귀적이고 인위적인 것이라 매도해서는 안 될 것이다. 바울은 "방언 말하기를 금하지 말라"(고전 14:39)라고 했다. 방언의 은사 자체를 멸시하고 평가절하하거나 방언하는 이들을 광신자처럼 취급해서는 안 된다. 오히려 그들이 성경 말씀을 따라 방언의 은사를 잘 분별하며 올바르게 사용할 수 있도록 격려하고 선도해 주어야 한다. 그들의 은사 체험을 존중하며, 제대로 기도 생활을 하지 못하는 교인들은 그들이 누리는 하나님과의 깊은 영적인 교제를 보고 부끄러워하며 도전을 받아야 할 것이다.

이렇게 우리가 성경 말씀으로 돌아와 서로 화합할 때 방언의 은사는 교회에 더 이상 갈등의 요인이 아니라 축복의 방편이 될 것이다. 방언 열풍을 통하여 한국 교회를 뒤흔드는 사탄의 역사는 물러가고 화평하게 하는 성령의 미풍이 한국 교회를 부드럽게 감싸안을 것이다.

토론을 위한 질문

1. 한국 교회에 방언 열풍이 다시 부는 이유가 무엇이라고 생각하는가?

2. 방언이 지금 한국 교회가 절실히 필요로 하는 진정한 부흥의 전략이 될 수 있는가?

3. 방언의 은사가 중지되었다는 견해를 뒷받침할 만한 분명한 성경적인 근거가 있는가?

4. 방언만은 예외적으로 모든 교인들이 받아야 한다는 주장은 성경적인가?

5. 그렇게 가르칠 때 실제로 야기되는 문제는 무엇인가?

6. 모든 신자들에게 방언을 받도록 강권하는 방언 집회의 문제점은 무엇인가?

7. 방언의 유익은 무엇인가?

8. 방언으로 인해 어떤 혼란이 야기될 수 있는가?

9. 방언하는 이들의 자세는 어떠해야 하는가?

10. 방언을 못하는 이들이 방언하는 이들을 향하여 가져야 할 태도는 어떠해야 하는가?

5장

성령의 불세례를
받았는가

성령의 불세례를 받은 제자들에게 나타난 놀라운 변화

"믿을 때 성령을 받았는가?" "물세례 말고 성령의 불세례를 받았는가?" 성령 집회나 부흥회에서 심심찮게 듣는 질문이다. 이런 질문을 받을 때마다 전통적인 교회에서 신앙 생활을 해 온 이들은 매우 혼란스러워진다. 그동안 믿을 때 성령을 받았다고 배웠지만 실제 자신의 삶을 돌아보면 성령받은 증거가 너무 결핍된 것 같기에 그런 획기적인 은혜 체험이 있어야 하는 것이 아닌가 하는 의혹을 품게 된다. 그렇게 주장하는 이들의 말을 들어보면 상당히 설득력과 호소력이 있는 것 같다. 나름대로 성경적인 근거도 있고 우리 경험과 교회의 현실에도 딱 들어맞는 것 같다.

주님이 승천하시기 전에 제자들에게 "요한은 물로 세례를 베풀었으나 너희는 몇 날이 못 되어 성령으로 세례를 받으리라"(행 1:5)라고 하시지 않았는가? 이 말씀대로 제자들이 오순절에 성령으로 세례(충만)를 받아 그들의 삶과 사역이 획기적으로 변화되었다. 그전까지 그들의 모습은 얼마나 한심했는가? 주님이 고난받으러 가시는 마당에 그들은 누가 크냐는 문제로 서로 다투며 시기하는 추태를 보였다. 주님이 잡혀가시자 모두 주님을 버리고 줄행랑쳤고, 다른 사람이 다 주를 버릴지라도 나만은 죽기까지 주를 따르겠다고 호언장담했던 베드로마저 여종 앞에서 주님을 세 번씩이나 저주하면서 부인하였다. 그러나 오순절에 성령으로 불세례를 받은 후 그들의 모습은 얼마나 달라졌는가? 나약하고 비겁한 오합지졸 같은 이들이 세상이 감당할 수 없는 담대한 복음의 증인으로 변했으며, 어리석고 믿음이 없었던 이들이 지혜와 믿음으로 충만한 이들로 돌변했고, 육신적인 혈기와 잔꾀로 가득한 이들이 온유하고 겸손한 사도들로 새로워졌다.

이렇게 제자들의 사례를 들어 성령 세례를 받아야 할 당위성을 주장할 때 매우 호소력이 있게 들린다. 만약 우리도 제자들처럼 성령을 받았다면 왜 우리의 모습은 그들과 이다지도 다른가? 우리의 모습은 오히려 오순절에 성령받기 전의 제자들의 모습과 같지 않은가? 어떤 이들은 그 이유가 우리도 제자들처럼 물세례는 받았으나 아직 불세례를 받지 못했기 때문이라고 주장한다.

곧 제자들처럼 예수님은 이미 믿고 따랐으나 아직 성령 세례는 받지 못했기 때문이라는 말이다. 그러므로 제자들처럼 성령 세례를 받아야 우리의 삶과 사역이 획기적으로 변화된다고 역설한다. 이런 주장은 매우 타당하게 들린다. 성경적으로도 흠잡을 곳이 없이 모두 맞는 말인 것 같다. 그렇기에 상당히 사람들을 설복시키는 감화력이 있다. 그래서 많은 전통 교회의 목사와 신자들까지도 이런 가르침으로 개종하여 성령 세례의 열렬한 옹호자가 된다.

이런 주장은 과연 성경적인가? 피상적으로 보면 분명한 성경적인 근거에서 이런 주장을 하고 있는 것 같지만 사실은 그렇지 않다. 사도들의 가르침과 신앙은 오고 오는 세대의 교회에 터와 규범이 되기에 그들이 성령을 체험한 것처럼 우리도 성령을 체험해야 하는 것이 마땅하다는 주장은 타당한 것처럼 들린다. 물론 올바른 기독교 신앙은 사도적 가르침과 전통에 충실한 사도적인 신앙을 견지해야 한다는 점에서는 두말할 나위가 없다. 그러나 하나님을 체험함에 있어서 우리도 그들과 똑같은 방식으로 모든 것을 체험해야 한다고 말하는 것은 옳지 않다. 예를 들어, 우리는 제자들처럼 육신을 입으신 예수님을 더 이상 보고 믿을 수 없다. 그들은 시대가 바뀌는 특수한 상황, 즉 예수님의 승천 전후에 존재하였기에 육신의 예수님을 보고 믿다가 그분이 떠나신 후로는 우리처럼 보지 못하고 믿은 것이다. 이런 면에서 그들의 예수님 체험은 2단계적이다. 그들은 오순절 성령강림 전후에 걸쳐 살았기에 2단계적으로 성령을 체험할 수밖에 없었다.

제자들은 오순절 전에 이미 말씀으로 깨끗해졌고 거듭난 사람들이라고 볼 수 있다(요 15:3-4 참조). 그렇다면 그들이 어떻게 거듭나서 예수님을 믿을 수 있었단 말인가? 물론 성령의 은혜로 그것이 가능했다. 그렇다면 제자들이 오순절 전에도 성령을 체험했다는 말인가? 그것이 사실이라면 오순절에 가서야 성령을 받았다는 것은 무엇을 의미하는가? 이에 대한 질문이 꼬리를 물고 이어진다. 오순절에 성령이 오셨다면 그전에는 성령이 계시지 않았는가? 그렇다면 구약에 나타나는 성령의 임재와 사역은 어떻게 이해해야 하는가? 구약에서도 성령이 계셨다면 어떤 의미에서 오순절에 와서야 성령이 오셨다는 것인가? 오순절 전과 후의 성령 사역의 차이는 과연 무엇이란 말인가? 이 문제는 성령을 이해하려 할 때 교인들이 가장 궁금해하는 점이다.

성경은 한편으로는 오순절 전까지는 성령이 아직 계시지 않았다고 말하면서도, 다른 한편으로는 오순절 이전 구약에도 성령이 계셨다고 증거한다. 이렇게 서로 모순되어 보이는 두 흐름의 성경 증거들을 어떻게 조화롭게 이해하느냐가 우리 앞에 놓인 숙제다.

구약에도 계셨던 성령이 오셨다는 말은 무슨 뜻인가

지금까지 이 난제를 풀어보려는 많은 시도들이 있었다. 그중에서 대표적인 견해 몇 가지만 짚고 넘어가도록 하자. 어떤 이들은 '성령이 오셨다', 또는 '강림하셨다'라는 말을 단순히 비유적인 표현으로 봐야 한다고 주장한다. 그 이유는 성령은 무소부재하시는 하나님의 영이시기에 이 영적인 실체가 마치 물체가 공간을 이동하는 것처럼 전에 여기에 없던 것이 내려왔다고 생각할 수 없다는 것이다. 이 말은 지금까지 우리 가운데 계셨던 성령이 새로운 차원에서 더 풍성하게 역사하신다는 사실을 비유적으로 표현한 것이라고 한다.

이에 반하여 더 많은 학자들은 성경적 표현의 문자적인 의미를 최대한 살려 성령의 오심을 예수님이 이 땅 위에 오심에 비유되는 실제적인 강림 사건으로 이해한다. 이 견해는 구약에 나타나는 성령의 사역을 설명해야 하는 부담을 안고 있다. 대개 구약에서는 성령이 왕이나 제사장, 선지자와 같은 특별한 임무를 부여받은 사람들에게만 주어졌다는 식으로 설명한다. 반면에 오순절 후에는 요엘 선지자가 예언한 대로(욜 2:28-29 참조) 성령이 특정인에게만 제한되지 않고 믿는 모든 자들에게 차별 없이 주어진다는 것이다. 이것이 우리 귀에 아주 익숙한 보편적인 설명이다. 이 견해가 안고 있는 문제점은 만약 구약 시대의 일반 성도들에게는 성령이 주어지지 않았다면 그들의 믿음과 경건을 어떻게 설명할 수 있느냐는 것이다. 구약 성경, 특별히 시가서나 지혜서에서 접하는 그들의 뛰어난 영성과 경건은 인간의 생래적인 종교성이나 영성의 산물이라고 볼 수 없는 일이다. 그것은 마땅히 성령의 열매로 보아야 할 것이다.

이런 설명들은 부분적으로는 일리가 있으나 온전한 설명이 되지는 못한다. 이런 식으로 설명할 때 여러 가지 의문과 반박이 제기될 수 있다. 그렇다면 이 문제를 어떤 식으로 설명하는 것이 성경적으로 가장 적절한 것인가? 오순절 전과 후의 성령 사역의 동일성과 차이점을 다음 도표로 정리해 보았다.

오순절 전과 후의 성령 사역의 동일성과 차이점

이스라엘(구약) 시대	하나님의 영	선재하신 그리스도	새 언약의 약속(promise)
예수 시대	하나님의 영	육신의 예수	새 언약의 중보 사역(Mediator)
교회 시대	하나님의 영	부활하신 그리스도	새 언약의 성취(fulfillment)

도표에서 볼 수 있듯이 신구약 시대 전체에 걸쳐 성령은 하나님의 영으로 역사하셨다. 이것이 오순절 전후 성령 사역의 동일성이다. 성령은 삼위일체의 영으로서 구약에서도 하나님의 영인 동시에 그리스도의 영이시다. 그래서 성경은 구약 선지자들 안에 "그리스도의 영"(벧전 1:11)이 계셨다고 증언한다. 구약에 계셨던 이 그리스도께서는 아직 성육신하시기 전의 성자 하나님이시다. 그분을 편의상 '선재하신 그리스도' 또는 요한의 언어로는 '말씀'이라고 칭할 수 있다. 구약 시대에 역사하셨던 성령은 선재하신 그리스도의 영이시라는 점에서 신약 시대의 성령과 구별되는 독특성을 안고 있다. 또한 구약에서 가장 중요한 성령 사역은 오실 메시아와 그분을

통한 새 언약의 성취를 예언하는 것이었다.

이에 반하여 예수님이 이 땅 위에서 사역하셨을 때에는 육신의 예수님과 함께하는 성령으로 역사하셨다. 그리하여 예수님이 구약의 예언대로 기름부음을 받은 메시아로서 새 언약을 위해 피를 흘리는 중보 사역을 온전히 감당하실 수 있게 하셨다. 그 당시 예수님과 함께했던 제자들과 예수님을 만난 이들은 육신의 예수님 안에 계셨고 그분을 통해 역사하신 성령을 체험했다고 볼 수 있다. 예수님 자신이 하나님의 영광으로 충만한 참된 성전이시기에 그분의 임재하심 자체에서부터 생수의 강이 흘러나왔을 것이다. 그래서 그분을 만났던 이들은 하나님의 영광을 접하고 그 임재를 느낄 수 있었다. 또한 성령의 능력이 함께했던 예수님의 권세 있는 말씀 사역을 통해, 병을 고치고 귀신을 쫓아 내시는 사역을 통해 사람들은 성령의 은혜를 체험했다고 볼 수 있다. 그래서 제자들이 이런 성령의 은혜로 거듭나 예수님을 믿고 따른 것이다. 그들이 전도자로 파송되었을 때에는 귀신을 쫓아 내고 병을 고치는 성령의 능력을 친히 체험하기까지 하였다 (마 10:1-15; 눅 10:1-20 참조).[1]

오순절 전에도 제자들이 성령을 체험했다면 성령이 아직 그들에게 계시지 않았다는 말씀을 어떻게 이해해야 하는가? 요한은 "예수께서 아직 영광을 받지 않으셨으므로 성령이 아직 그들에게 계시지 아니하시더라" (요 7:39)라고 말했다. 여기에서 '영광을 받는다'는 표현은 예수 그리스도의 구속 사역의 정점에 이르는 사건, 즉 죽으심과 부활과 승천을 의미한다. 곧 예수님의 죽으심과 부활로 완성되는 구속 사역이 아직 종료되지 않았기에 성령이 그들에게 임하시지 않았다는 말이다.

그렇다면 여기서 말하는 성령, 즉 오순절이 이르기 전까지 아직 제자들과 함께하지 않으신 성령은 누구이신가? 그전에도 계셨던 성령과는 어떻게 다른가? 그 성령은 동일한 하나님의 영이시지만 이제 구속사가 완성됨에 따라 부활하시고 영광을 받으신 그리스도께서 보내시는 영이시며 그리스도께서 친히 함께하시는 영이 되셨다. 예수님의 피로 이루신 새 언약의 풍성한 은혜를 우리에게 전달해 주시는 영이시다.

지금도 성령의 불세례를 기다려야 하는가

오순절 전과 후의 성령 사역의 근본적 차이는 오순절에 임하신 성령이 부활하신 그리스도의 영이시라는 점이다. 오순절 전까지는 아직 예수님이 구속 사역을 완료하고 영광을 받지 못하셨기 때문에 부활하시고 영광을 받으신 그리스도께서 함께하시는 성령이 임하시지 못하였다. 제자들은 육신을 입으신 예수님을 통해 역사하시는 성령으로 거듭났지만 예수님의 지상 사역이 완료되기까지는 부활하여 영광을 받으신 예수님이 보내신 성령의 선물은 받지 못했다.

그러므로 그들이 중생 후 성령을 받은 것은 그들이 처한 특수한 시대적 상황 때문이었다. 그들은 성령의 옛 시대에서부터 새 시대로 넘어가는 과도기적 상황에 서 있었다. 제자들의 성령 체험은 그들을 새 시대, 즉 교회 시대로 진입시킨 '시대 전이적 사건'이었다. 이런 점에서 제자들의 경험은 오순절 후에 살아가는 우리에게 더 이상 성령 체험의 정상적인 규범이 되지 못한다.

우리 중 1945년 8월 15일 이전에 태어난 이들은 해방 전후에 걸쳐 산 이들이기에 두 시대를 경험했고 일제의 압제에서 해방되는 새 시대가 도래하기를 기다려야 했다. 그러나 그날 이후에 태어난 이들은 더 이상 해방을 기다릴 필요가 없다. 일제의 식민 시대로 되돌아갈 수 없다. 이와 마찬가지로 우리는 이미 성령이 와 계신 새 시대 속에 살고 있다. 우리는 오순절 전 시대로 타임머신을 타고 되돌아갈 수 없다. 더 이상 성령의 오심을 기다릴 필요가 없다. 오히려 성령이 우리를 기다리고 계신다.

새 시대의 성령, 즉 부활하신 그리스도께서 함께하시며 구약에 약속하신 새 언약의 모든 은총과 선물을 안고 오순절에 임하신 성령이 지금 우리 가운데 계신다. 오랫동안 우리를 애타게 기다리고 계신다. 우리의 문제는 오순절 전의 제자들처럼 아직 새 시대의 성령을 받지 못한 것이 아니라 영적으로 어두워서 이미 와 계신 성령의 영광과 그 은혜의 풍성함을 알지 못하고 그것을 갈망하지 않으며 또 우리의 삶 전체가 성령께 주관되는 삶을 원하지 않는 것이다.

만약 우리가 성령께 온전히 사로잡힌 삶을 살기 원한다면 우리도 제자들처럼 삶과 사역을 놀랍게 변화시키는 성령의 역동성을 체험하게 될 것이다. 주님은 "목마른 자는 다 내게 나아와 마시라"고 말씀하셨다. 진정으로 목마르면 우리의 갈증을 해소하는 성령의 생수가 공급되어 있다는 사실을 발견한다. "나를 믿는 자는 성경에 이름과 같이 그 배에서 생수의 강이 흘러나오리라"(요 7:38)라는 주님의 말씀을 체험하게 된다.

그러므로 성령이 다시 우리에게 오셔야 하는 것이 아니라 우리가 성령께 돌이켜야 한다. 세상과 육신의 정욕을 따라 삶으로 오랫동안 성령을 근심시킨 삶에서 돌이켜야 한다. 물세례 말고 성령의 불세례를 받아야 하는 것이 아니라 물세례의 참된 의미를 회복해서 삶 속에 구현하는 신앙 생활을 해야 한다. "요한은 물로 세례를 베풀었으나 너희는 몇 날이 못 되어 성령으로 세례를 받으리라"(행 1:5)라고 하셨을 때 주님이 말씀하신 요한의 물세례는 지금 우리가 받는 물세례와는 구별되는 것이다. 요한의 물세례는 임박한 메시아의 왕국과 구원을 예비한 회개의 세례였다. 예수님의 구속 사역이 완성된 바탕 위에서 주어지는 죄 사함과 구원의 은혜에 근거한 세례가 아니기에 예수님의 이름으로, 삼위 하나님의 이름으로 주어진 세례가 아니었다. 우리가 지금 삼위 하나님의 이름으로 받는 물세례는 우리가 그리스도와 연합할 뿐 아니라 성령으로 세례를 받고 인침을 받는 것을 외적으로 상징하는 것이다. 우리 안에 일어난 성령 세례라는 내적인 실체와 외적인 상징인 물세례는 긴밀히 연결되어 있다. 오순절에 성령이 강림하신 후 신자들의 경험에서 믿음(회개)과 세례와 성령받음은 하나로 엮어져 있었다.

그러므로 물세례와 성령 세례를 서로 별개의 체험으로 볼 수 없다. 예수님을 영접할 때 성령을 받고 그 내적인 실체를 물세례를 통해 외적으로 인 치는 것이 성경이 제시한 규범적인 패턴이다. 그러나 현대 교회에서는 세례의 참된 의미가 퇴색되어 실제 상황에서 물로 세례를 받는 것과 성령을 체험하는 것 사이에 심각한 괴리 현상이 나타나고 있다. 참된 믿음과 회개 없이 형식적으로 세례를 받는 이들이 있는가 하면, 많은 교인들이 옛사람이 죽고 새사람으로 사는 세례의 근본 의미를 삶 속에서 전혀 실천하며 살지 않기에 성령의 은혜를 누리지 못하고 영적으로 무력하고 피폐한 삶을 살아간다.

우리에게 긴급하게 요구되는 것은 신앙의 정도로 돌이키는 것이다. 우리 교회에 세례의 의미를 회복하여 우리의 옛사람을 십자가에 못 박고 그리스도 안에서 새사람으로 살려고 할 때 우리는 성령의 생수의 강에 잠기는 성령 세례의 실체를 누리게 될 것이다.

믿은 후에 성령 세례를 받은 사례가 있는가

이 정도로 성령 세례에 대한 논쟁이 마무리되면 좋으련만, 오순절 교회의 입장을 옹호하는 이들은 결코 여기서 물러나지 않으려 할 것이다. 제자들은 그렇다 치더라도 오순절 후에도 믿은 후에 2차적으로 성령을 받은 사례가 사도행전에 나타나는 것은 어떻게 봐야 하느냐고 반박할 것이다. 정말 성경에서 그런 분명한 예를 찾을 수 있을까?

이에 대해 어떤 이는 사도행전 19장에 기록된 에베소에서 있었던 사건이 그것의 확실한 증거라고 말할 것이다. 바울이 에베소에서 어떤 제자들을 만나 "너희가 믿을 때에 성령을 받았느냐"라고 물으니 그들이 "우리는 성령이 계심도 듣지 못하였노라"(행 19:1-2)라고 대답했다. 곧 바울이 그들에게 복음을 전하고 세례를 베풀자 성령이 그들에게 임하셨다. 얼핏 보기에는 그들이 믿은 후 2차적으로 성령을 받은 것 같지만 문맥 속에서 말씀을 자세히 살펴보면 전혀 그렇지 않다는 사실을 간파하게 된다. 에베소에 있었던 제자들은 온전한 의미에서 예수님의 복음을 믿은 자들이라고 할 수 없다. 그들은 아직 예수 그리스도 안에서 완성된 구원의 복음을 듣지 못한 채 여전히 세례 요한의 가르침을 따르고 있었던 자들이었다. 그래서 바울이 그들에게 세례 요한이 증거한 이가 바로 예수님이시라는 것을 전하고 세례를 베풀자 성령이 그들에게 임하셨던 것이다. 여기서 믿음과 세례와 성령 받음이 한 묶음으로 연결되어 있다. 예수님의 복음을 믿을 때 성령을 받는 아주 정상적인 사례가 기록되어 있는 것이다. 본문을 조금만 주의 깊게 읽고 전후 문맥만 살펴보아도 쉽게 파악할 수 있는 사실을 놓쳐버리고 단지 이것을 믿은 후 2차적으로 성령을 받은 분명한 사례로 보는 것은 몰지각한 성경 해석이다. 얼마나 많은 부흥사와 설교자들이 이 본문을 가지고 "너희가 믿을 때에 성령을 받았느냐"라며 교인들을 몰아세우는가?

에베소의 제자들은 분명히 오순절이 지난 지 오랜 후에 존재했던 이들이지만 지금처럼 대중교통이나 매체가 발달되지 않은 상황에서 아직 예수 그리스도의 복음을 듣지 못했던 자들이었다. 여기서 누가가 특별히 이 사건을 기록한 목적은 믿은 후 성령을 받는다는 사실을 말하려 함이 아니다. 오히려 이미 새 시대가 도래했고 신약 교회가 탄생하였으나 아직 그 사실을 알지 못하고 여전히 옛것을 따르던 남아 있던 무리가 마지막으로 신약 교회로 편입되는 특별한 의미를 띤 사건에 성령이 어떻게 역사하시는가를 부각시키기 위함이었다.

이와 유사한 사건이 사도행전 10장에도 기록되어 있다. 가이사랴에 있던 고넬료라는 백부장에게 성령이 임하신 사건이다. 누가는 고넬료가 하나님을 경외하는 경건한 사람이었으며 그의 구제와 기도가 하나님께 상달되었다고 기록하였다(행 10:2 참조). 후에 환상을 통해 깨우침을 얻은 베드로가 성령의 인도하심을 받아 이방인인 고넬료의 집으로 찾아가 그의 온 식솔들에게 예수 그리스도의 복음을 전할 때 그들 위에 성령이 임하셨다(행 10:44 참조).

여기서도 고넬료가 믿은 후에 성령을 받은 것으로 생각하기 쉽다. 고넬료는 하나님을 경외한 이로서 구약의 성도와 같은 경건한 이임에는 틀림없으나 아직 신약적인 의미에서 온전히 믿는 자라고 볼 수 없다. 그는 아직 예수 그리스도의 복음을 듣지 못했다. 그는 역사적으로는 오순절 후에 살고 있었지만, 개인적으로는 아직 새 시대의 은총에 참여하지 못했다. 개인적 신앙의 역사 속에서는 아직 오순절을 맞이하지 못한 것이다. 그는 오순절 너머에 있던 구약 성도들과 비슷한 처지에 있었다고 볼 수 있다. 그의 경건과 신앙은 구약 성도들에게도 임했던 성령의 은혜에서 비롯되었다고 봐야 할 것이다.

그렇기 때문에 베드로가 예수 그리스도의 지상 사역과 그분의 죽으심과 부활로 인해 구원이 완성되었다는 복음을 아주 상세하게 증거하였다 (행 10:34-43 참조). 베드로가 전하는 말씀을 들을 때 그들에게 성령이 임하셨다. 여기서도 분명한 것은 말씀을 들음으로 믿는 것과 성령을 받는 것이 동시적이라는 점이다. 그들에게 성령이 임하신 사건은 하나님이 이방인들도 그분의 합법적인 백성으로 받아들이셨다는 사실을 만방에, 특별히 이방인들을 개처럼 여긴 유대인들에게 전시하고 시위하는 중대한 의미를 띠고 있다. 하나님이 이렇게 성령을 주심을 통해 그들을 하나님의 백성으로, 신약 교회의 정식 구성원으로 받으셨다는 것을 친히 확증하시지 않고는 이방인들을 경멸하고 상종하지 않으려는 유대인들의 지독한 배타 의식은 결코 변하지 않을 것이다. 유대인들이 이 배타주의에서 벗어나기가 얼마나 어려웠는지는 성령의 인도하심을 받았던 베드로마저 여기서 벗어나지 못해 성령이 부득불 환상까지 동원하여 그를 깨우치셔야만 했다는 씁쓸한 사실에서 여실히 드러난다.

앞에서 살펴보았듯이 에베소에 있던 제자들이나 고넬료는 예수 그리스도의 복음을 듣거나 믿을 때 성령을 받았다. 그들의 성령 체험은 믿은 후 2차적으로 성령 세례를 받는 성경적인 근거가 결코 될 수 없다. 오히려 믿을 때 성령을 받는 정상적인 사례에 속한다. 사도행전에서 제시한 성령 체험의 규범적인 패턴과 꼭 들어맞는다. 베드로는 오순절에 모인 사람들에게 "너희가 회개하여 각각 예수 그리스도의 이름으로 세례를 받고 죄 사함을 받으라. 그리하면 성령의 선물을² 받으리니"(행 2:38)라고 했다. 마찬가지로 예루살렘 교회 앞에서 고넬료에게 성령이 임하신 사건을 보고하면서 "그런즉 하나님이 우리가 주 예수 그리스도를 믿을 때에 주신 것과 같은 선물을 그들에게도 주셨으니 내가 누구이기에 하나님을 능히 막겠느냐"(행 11:17)라고 말했다. 여기서 믿음과 회개 및 세례가 성령받음과 하나로 연결되어 있다. 이것이 사도행전이 제시한 성령 체험의 정상적인 패턴이다. 특수한 상황에 처해 있던 제자들을 제외하고 오순절 후에 복음을 듣고 믿은 이들은 이 규범을 따라 성령을 받은 것으로 보아야 한다. 오순절에 베드로의 설교를 듣고 3천 명이 예수님을 믿었고 그 후에는 5천 명이 복음을 받아들였는데, 여기에서 그들이 믿을 때 성령을 받았다는 언급이 없다. 그러나 누가가 제시한 규범을 따라 예수님을 믿을 때 성령을 받은 것을 당연한 사실로 전제하고 있다고 봐야 한다.

믿은 후 성령을 받은 유일한 사례

그런데 사도행전에는 이 규범에서 벗어난 사례가 딱 한 군데 있다. 그것은 사마리아에 성령이 임하신 사건이다. 예루살렘 교회의 일곱 직분자 중에 하나였던 빌립이 사마리아에 내려가 복음을 전하자 많은 사람들이 예수님을 믿고 세례를 받았다(행 8:4-13 참조). 이 소식을 듣고 예루살렘 교회에서 베드로와 요한이 사마리아로 내려가 그들을 위하여 성령받기를 기도하고 그들에게 안수하자 성령이 임하셨다(행 8:14-17 참조). 이 사건은 믿음과 성령받는 것이 분리된 유일한 사례라고 할 수 있다.

어떤 신학자는 그들에게 성령이 임하시지 않은 것은 그들의 믿음이 아직 온전하지 못했기 때문이라고 한다. 예수님을 믿고도 성령의 능력을 돈으로 사려고 했던 마술사 시몬에게서 볼 수 있듯이 그들의 믿음이 순수하지 못했다는 것이다. 그러나 이것은 지나친 논리적 비약이다. 성경 본문에 빌립이 전한 메시지에 문제가 있었다거나 그들의 믿음에 결함이 있었다는 암시를 발견할 수 없다. 그 성에 큰 기쁨이 있었다고 했는데(행 8:8 참조) 이는 칼뱅이 지적한 대로 믿음의 결과라고 할 수 있다.[3] 본문의 내용과 정황을 살펴볼 때 그들 안에 믿음의 실체를 인정할 수밖에 없다. 이 본문이 분명히 증거하고 있는 바는 그들이 믿고 세례를 받았지만 사도 베드로와 요한이 사마리아에 내려가 그들에게 안수하기 전까지는 성령을 받지 못했다는 것이다. 오순절 이후에는 믿음과 성령받는 것이 분리될 필요가 없다고 했는데 왜 여기서는 성령이 임하시는 것이 지연되었는가?

이 사건은 특별히 성경의 역사적 배경과 구속사의 큰 틀 속에서 이해할 필요가 있다. 만약 여기에 등장하는 인물들이 또 다른 유대인들이었다면 이런 점들을 고려할 하등의 이유가 없다. 이 사건은 본문에 기록된 그대로 믿은 후에 2차적으로 성령을 받은 분명한 성경적인 근거라는 주장에 대해 누구도 토를 달 수 없을 것이다. 그러나 이 사건의 주역들은 아주 특별한 사람들이었다. 유대인들이 개처럼 여겼던 이방인들보다 더 혐오하고 경멸했던 특종 인물들, 즉 사마리아인들이었다. 그 당시 유대인들과 사마리아인들 사이에 놓여 있던 높은 반목의 담이 무너져 서로 손을 잡는다는 것은 베를린 장벽이 무너지는 것보다 훨씬 어려운 천지개벽과 같은 일이었다.

성경에 기록되어 있듯이 북쪽 이스라엘 왕국의 수도였던 사마리아는 앗수르에 의해 멸망당한 후 앗수르의 정책에 의해 주변 이방 민족과 혼혈이 이루어졌다. 자연히 종교적인 면에서도 혼합주의 현상이 나타나게 되었다. 사마리아인들은 구약 중에서 모세오경만을 경전으로 받아들였으며 주전 400년경에는 예루살렘 성전에서 제사드리는 것을 거부하고 그리심 산에 그들만의 성전을 건축했다. 민족적·종교적 순수성을 중요시했던 유대인들은 이렇게 이방인과 섞여 잡탕이 되어버린 사마리아인들을 심히 경멸하여 그들과 상종하기를 거부하였다. 그런 사실이 우물가에서 주님을 만났던 수가 성 여인의 반응에서 여실히 드러난다. "사마리아 여자가 이르되 당신은 유대인으로서 어찌하여 사마리아 여자인 나에게 물을 달라 하나이까 하니 이는 유대인이 사마리아인과 상종하지 아니함이러라"(요 4:9).

만약 이러한 역사적인 상황 속에서 사마리아에 예루살렘 교회와 상관없이 별도로 성령이 임하셨다면 어떤 사태가 발생할지는 너무도 자명한 일이다. 초대교회는 출범한 지 얼마 안 되어 서로 다른 전통과 배경을 주장하는 두 분파, 즉 예루살렘 파와 사마리아 파로 나뉘게 될 위험성이 다분했던 것이다. 하나님은 이런 잠재적인 위험을 예방하시기 위하여 예루살렘 교회를 대표하는 베드로와 요한을 파견해 그들의 기도와 안수를 통해 성령이 그들에게 임하시게 하셨다고 볼 수 있다. 그리하여 예루살렘과 사마리아 교회를 성령 안에서 하나로 묶고, 사마리아 교회를 그리심 산의 혼합주의 전통이 아니라 예루살렘의 순수한 구약 전통 위에 세우며, 구약의 선지자와 신약의 사도들의 터 위에 세우고자 하신 것이다.

성령의 가장 중요한 사역은 서로 막힌 담을 허물고 주 안에서 하나로 연합하게 하는 것이다(엡 2:11-22 참조). 여기서 누가의 관심은 복음이 유대의 경계를 넘고 오랜 반목과 분쟁의 장벽을 넘어 사마리아까지 확산되는 중대한 역사적 사건에서 성령의 특별한 역사하심을 부각시키는 데 있다. 곧 오랜 역사 속에서 유대인들과 단절되고 대립되었던 사마리아인들을 통합하여 신약 교회로 편입시키는 성령의 특수하면서도 예외적인 사역을 조명한 것이다. 사마리아인들에게 성령이 임하신 것은 하나님이 유대인들의 배타적인 인식을 뒤집어엎으시고 그들이 경멸했던 사마리아인들을 합법적인 하나님의 백성으로 받아들이셨다는 사실을 공표하며 확증해 주시는 중요한 의미를 띤 사건이다.

이러한 이유 때문에 성령의 임하심이 잠시 지연되었으나 이는 곧 시정되어야 할 것으로 보았다. 누가는 그들이 믿었음에도 성령을 받지 못한 것을 아주 예외적이고 비정상적인 사태로 간주하였다. "아직 한 사람에게도 성령 내리신 일이 없고"(행 8:16)라는 표현에는 왜 이런 일이 일어났는가 하는 의문이 깔려 있다. 사도행전 2:38에 제시된 규범대로 믿고 세례를 받으면 당연히 성령을 받아야 하는데 왜 아무도 받지 못했는지를 아주 의아해함이 암시되어 있다.

사마리아에 성령의 임하심이 잠시 지연된 것은 오랜 민족적인 대립과 반목이라는 특수한 역사적 상황 때문에 빚어질 수 있었던 교회 분열의 위험을 막으시고, 민족적 단절의 아픔을 치유하시며, 유대와 사마리아를 그리스도와 성령 안에서 하나로 연합하시려는 하나님의 주권적인 섭리였다고 볼 수 있다. 한 가지 남은 의문은 그들이 성령을 받기 전에 어떻게 믿을 수 있었는가의 문제다. 새 시대의 영이 임하기 전에도 구약 성도들이나 제자들이 성령으로 거듭나 하나님을 믿었던 것과 유사한 방식으로 그들이 중생하여 믿을 수 있었다고 생각할 수 있다. 여기서 우리는 성령의 신비하고 특별한 사역을 인간의 논리로 완벽하게 설명하는 데는 한계가 있다는 점을 솔직히 인정할 수밖에 없다.

그럼에도 이런 설명을 자신의 입장에 꿰맞추기식으로 성경을 해석한 것으로 일축해 버려서는 안 된다. 이런 관점에서 해석하는 것이 오히려 성경 전체의 맥락과 배경 속에서 본문에 기록된 사건을 조명해 보는 충실한 성경읽기다.

성령 세례에 대한 확실한 성경적 증거는 전무하다

지금까지 살펴보았듯이 믿은 후 2차적으로 성령 세례를 받는다는 주장의 성경적인 근거를 사도행전에서 찾아내려는 것은 헛된 시도다. 사도행전을 기록할 때 누가의 우선적인 관심은 믿은 후에 성령 세례를 받느냐의 문제를 다루는 것이 아니었다. 그보다는 복음이 예루살렘과 유대에서부터 사마리아로 그리고 이방과 땅 끝까지 확산되는 과정을 기술하는 데 있었다. "오직 성령이 너희에게 임하시면 너희가 권능을 받고 예루살렘과 온 유대와 사마리아와 땅 끝까지 이르러 내 증인이 되리라"(행 1:8)라는 말씀이 사도행전의 아웃라인이라고 할 수 있다. 누가는 이 말씀을 따라 성령의 능력에 사로잡힌 제자들이 어떻게 예루살렘에서부터 땅 끝까지 주님의 증인이 되는가를 기록하였다. 복음이 확산되는 결정적인 전이 단계마다, 교회가 발전되는 중요한 국면마다 어떻게 성령이 역사하셨는지를 밝히고 있다. 그렇기 때문에 인종과 민족과 관습의 장벽을 넘어 복음이 사마리아와 더 나아가 이방(고넬료)에 처음 증거될 때 성령이 특별하게 역사하셨음을 부각시켰다. 이런 구속사적인 맥락에서 사마리아와 고넬료 그리고 에베소의 제자들에게 임하신 성령의 사역을 이해해야 한다.

이렇게 볼 때 2차적 성령 세례를 지지하는 분명한 성경적 증거라고 생각했던 본문들도 사실은 복음을 믿을 때 성령을 받는다는 정상적인 사례를 증거하고 있다(고넬료, 에베소 제자들의 경우).[4] 사도행전에 나타나는 증거들을 종합적으로 분석해 보면 2:38과 11:17에 명시되었듯이 믿음(회개와 세례)

과 함께 성령을 받는 것이 규범적인 패턴이라는 사실을 알 수 있다. 앞에서 언급한 사건들은 '믿은 후 성령 세례'의 도식보다는 이 규범적인 패턴과 딱 들어맞는다. 유일하게 이 규범에서 벗어난 사례가 사마리아에서 나타났다. 그러나 이것은 특별한 목적을 위한 하나님의 주권적인 섭리라는 관점에서 이해해야 한다. 이는 정상이 아니라 극히 예외적인 일이었다. 그러므로 믿은 후에 성령 세례를 받아야 한다는 주장을 뒷받침하는 확실한 성경적 증거는 사도행전에서도 전무한 셈이다.

그러면 사도행전 외에 다른 서신서에서 이런 증거를 발견할 수는 없는가? 먼저 바울의 가르침을 살펴보자. 바울은 누가와는 달리 믿을 때 성령을 받는 문제, 다시 말하면 성령의 구원론적인 사역을 논쟁의 여지가 없을 정도로 논리적으로 명쾌하게 밝혀 주었다. 바울의 가르침에 의하면 믿는 것 자체가 성령이 아니고는 불가능하다(고전 12:3 참조). 또한 그렇게 믿을 때 성령을 받는다(갈 3:2 참조). 믿음으로 그리스도를 영접하는 것은 곧 그리스도의 영을 받는 것이다. 그래서 "누구든지 그리스도의 영이 없으면 그리스도의 사람이 아니라"(롬 8:9)라고 못 박았다. 그리스도인 안에는 그리스도와 성령이 함께 내주하신다. 그리스도인의 정체성은 '그리스도 안에' '성령 안에' 있는 복된 존재다. 그리스도인이 된다는 것은 육신, 즉 아담의 부패한 본성에 속했던 이가 이제 성령에 속한 이가 됨을 의미한다. 곧 성령의 사람, 성령의 인도하심을 받는 이가 된다는 것이다.

바울은 성적으로 문란하며 서로 시기하고 다투던 고린도 교인들을 향해 성령 또는 성령의 불세례를 받으라고 가르치지 않고 오히려 그렇게 형편없이 사는 그들 안에도 성령이 계시며 그들이 성전이라는 사실을 거듭 일깨워 주었다. "너희는 너희가 하나님의 성전인 것과 하나님의 성령이 너희 안에 계시는 것을 알지 못하느냐"(고전 3:16, 6:19 참조). 이런 바울의 가르침에 주목해 볼 때 과거 고린도 교회와 유사한 영적인 상태에 처해 있는 오늘날의 교회를 향하여 어떤 메시지를 전해야 하는지가 자명해진다. 부흥사들이 자주 그러듯이 바르게 살지 못하는 교인들을 향해 성령의 불세례를 받으라고 강권해야 할까? 그것은 그다지 지혜롭거나 성경적인 접근이라고 볼 수 없다. 오히려 바울처럼 그들이 그리스도 안에서 어떤 존재인지와 성령이 그들 안에 내주하시고 강력으로 역사하신다는 복된 사실을 거듭 일깨워 주어 영적으로 각성하게 하는 것이 훨씬 더 현명한 접근일 것이다.

베드로와 요한 그리고 야고보의 가르침도 바울의 입장과 맥을 같이한다. 그들의 서신서에서도 믿은 후에 성령 혹은 성령 세례를 받아야 한다는 언급이나 사상을 전혀 발견할 수 없다. 이것은 아주 이해하기 힘든 특이한 일이다. 베드로를 한번 생각해 보자. 오순절에 그가 성령을 체험한 것, 즉 성령 세례를 받은 것은 그에게 있어 일생일대의 획기적인 사건이었다. 그 체험으로 인해 그의 삶과 사역은 놀랍게 변화되었으며 그는 위대한 사도의 역할을 감당할 수 있었다. 베드로의 다혈질적인 성향을 감안해 볼 때 이런 중대한 은혜 체험에 대해 함구하고 자기 안에만 고이 묻어 놓고 있었다는 것은 쉽게 이해되지 않는 부분이다. 만약 어떤 전도자가 베드로처럼 놀라운 변화의 은혜를 체험했다면 그가 전하는 복음 메시지는 그 체험을 중심으로 재구성될 것이다. "저도 전에는 여러분처럼 능력 없는 신앙 생활을 했는데 성령의 불세례를 받고 삶이 이렇게 변화되었습니다. 그러니 여러분도 이런 은혜를 받아야 합니다." 이런 식으로 설교하고 경건 서적을 쓰는 이들이 얼마나 많은가? 이런 획기적 은혜의 비결이 자신에게는 통했을지 모르나 많은 사람들에게는 헛된 소망만 잔뜩 불어넣고 아무런 도움을 주지 못하는 불통의 메시지가 되어버리는 경우가 많다.

그러나 베드로 서신을 아무리 뜯어보아도 그런 식의 메시지를 발견할 수 없다. 그는 그의 성령 체험을 구심점으로 그의 복음 메시지와 가르침을 재구성하지 않았다. 그것은 베드로가 성령을 2차적으로 체험한 것은 그가 처했던 특수한 시대적 상황에서 불가피했던 것으로, 더 이상 다른 이들이 따라야 할 규범적인 패턴이 되지 못한다는 것을 잘 알았기 때문이다. 만약 베드로가 이렇게 생각하지 않고 성령 세례를 받는 것이 그렇게 중요한 일이라고 여겼다면 왜 이 점을 전혀 강조하지 않았겠는가? 그의 서신서에서는 예수님을 믿은 후 성령 세례를 받아야 한다는 사상이나 암시조차 발견할 수 없다. 오히려 "그의 신기한 능력으로 생명과 경건에 속한 모든 것을 우리에게 주셨으니"(벧후 1:3)라며 이미 이루어진 과거완료 시제로 말하고 있다. 요한과 야고보도 베드로처럼 오순절에 성령 세례를 체험했지만 그들의 서신서에서 자기들처럼 성령 체험을 해야 한다고 주장하지 않았다.

지금까지의 논의를 결론적으로 정리하면, 서신서뿐 아니라 사도행전에서도 성령 세례를 2차적으로 받아야 한다는 주장을 지지하는 확실한 성경적 증거는 없다. 유일하게 믿음과 성령 받음이 분리된 변칙적인 현상이 사마리아에 나타났는데 이는 하나님의 비상 섭리로 봐야 한다. 그러므로 지금도 믿은 후 성령 세례를 받아야 한다고 가르치는 것은 성경의 모든 확실한 증거들과 가르침을 무시한 채 극히 예외적인 한 사례에만 매달려 자신의 고착화된 사상을 고집하는 우를 범하는 것이다.

또한 성령 세례가 무엇을 의미하는지 정의하기가 모호한 면이 있다. 보통 성령 세례의 증거 본문으로 제시되는 성경 구절들에는 성령 세례라는 표현이 나타나지 않는다. 바울은 우리가 "한 성령으로 세례를 받아 한 몸이 되었고"(고전 12:13)라고 할 때 이 말을 사용하였다. 바울의 이 말에 의하면 성령 세례는 그리스도의 몸의 지체가 되는 체험을 의미한다. 반면에 누가는 이 용어를 새 시대에 진입하는 은혜 체험 혹은 복음 증거를 위한 능력 부여를 의미하는 데 사용하였다.[5] 이렇게 이 용어의 정의가 각기 다를 뿐 아니라 이 말을 지금 사용하는 이들 간에도 견해 차이로 인해 상당한 혼란이 있다. 그래서 오순절 교회의 입장을 따르는 이들 중에서도 '성령 세례'라는 말보다 '성령 충만'이라는 표현을 사용하는 것을 더 선호하는 이들이 늘고 있는 추세다.

성령 세례 교리가 이 시대에 유행하는 이유

성경적인 근거도 없는 이 가르침이 왜 이 시대의 교회에 먹혀들어 수많은 추종자를 끌게 되었는가? 이 교리는 성경에서 나온 것이 아니라 우리 교회의 영적인 현실이 불러온 변종 복음이다. 수많은 교인들이 예수님을 믿지만 성령의 다스림을 받기보다는 옛사람의 소욕과 습관을 따라 영적으로 방황하는 아주 비정상적인 그리스도인의 삶을 살고 있다. 현대 교회는 어느 날 성령이 아주 떠나 버리실지라도 그 사실조차 눈치 채지 못하며, 그로 인해 별 차이와 아쉬움도 느끼지 못할 정도로 영적으로 어둡고 피폐해져 있다. 성령 세례의 가르침은 믿을 때 성령을 받았다고 하지만 실제 삶 속에서는 성령이 거의 계시지 않은 것처럼 살아가는 교인들을 겨냥한 일종의 충격 요법이다. 그들에게 획기적인 성령 체험을 해야 한다고 주장하는 가르침은 그들을 영적으로 각성하게 하는 데 상당한 자극과 도전을 안겨 준다. 이 점에서 성령 세례 교리는 이 시대의 교회 현실에 적중했고 그 필요에 잘 부응했다고 볼 수 있다. 믿을 때 성령을 받았으니 새로운 성령 체험을 추구할 필요가 없다는 점을 강조하는 전통적인 가르침은 영적으로 잠자고 있는 현대 교인들을 더욱 깊은 잠에 빠지게 할 수 있다. 이런 면에서 전통적인 교리에 대해 아쉬움과 불만을 느끼는 이들이 성령 세례의 교리를 도입하여 영적인 갱신과 부흥을 꾀하고 있는 것이다.

전통적인 가르침이 교인들을 새로운 성령 체험에 대한 별 기대와 갈망 없이 은혜 없는 상태에 안주하게 하는 약점이 있다면, 성령 세례의 교리는 최소한 교인들 안에 새로운 성령의 은혜에 대한 갈망과 추구를 자극하는 장점을 안고 있다. 그렇기 때문에 이 교리가 실제 교인들을 각성하게 하는 데 어느 정도 효력이 있다는 것을 부정할 수 없다.

그러나 이 가르침은 교리적으로 문제가 있을 뿐 아니라 실제적으로도 많은 혼란을 야기한다. 믿음과 성령 세례를 분리함으로 두 번째 축복을 '가진 자'와 '못 가진 자'가 차별화되어 가진 자의 영적 엘리트주의와 못 가진 자의 열등 의식이 조장될 수 있다. 또한 '믿은 후 성령 세례'라는 구도 속에 모든 신자들의 은혜 체험을 획일화함으로써 성령 체험의 다양성을 무시해 버리는 우를 범하게 된다. 교인들 중에는 믿은 후 획기적인 은혜 체험 없이 점진적으로 성숙하는 이들이 있는가 하면, 한 번만이 아니라 여러 차례 극적인 성령 체험을 하는 이들도 있다.

이 교리의 치명적인 약점은 한번 성령 세례를 받으면 그전과는 완전히 다른 영적인 수준으로 변화되어 그 상태가 지속되리라는 잘못된 기대감에 빠지게 한다는 것이다. 그러나 그런 은혜는 지상에 존재하지 않는다. 극적 은혜 체험이 영적 도약의 계기가 되고 대반전의 요인이 될 수는 있으나 우리의 영적인 문제를 단번에 해결해 주고 우리를 단숨에 영적인 고지로 끌어울려 영구히 거기 머물게 하지는 못한다. 성령 세례를 받았다는 이들 중에서 시간이 지나면서 더 깊은 죄와 침체의 수렁에 빠진 사람들이 많다. 다음 이야기는 이 사실을 잘 예증해 준다.

> 나와 제인은 오랄 로버츠 대학교 시절에 결혼했다. 우리는 대학을 사랑했고 캠퍼스에 대한 아름다운 추억을 가지고 있다. 그 당시 우리가 학교 식당에서 먹었던 음식에 무슨 문제가 있었는지는 모르겠지만 6개월 만에 캠퍼스 커플 열 쌍이 결혼했다. 10년이 지난 후 알아보니 부부로 남아 있는 커플은 우리밖에 없었다. 우리를 포함해서 열한 쌍 모두가 성령 세례를 경험했다. 그것도 방언이라는 증거와 함께 말이다. 우리는 성령 체험이 우리로 하여금 더 높은 수준의 신앙 생활을 할 수 있게 만들어 줄 것이라고 배웠다. 그러나 가장 기본적인 부부 관계도 유지하지 못한, 성령 세례를 받은 열 쌍에 대해서 우리는 무슨 설명을 할 수 있겠는가?[6]

이와 같이 성령 세례 교리는 한 번의 획기적인 성령 체험으로 마치 죄의 삶이 끝장이라도 날 것 같은 비현실적이고 그릇된 기대감을 심어 주어 영적인 나태와 해이에 빠뜨리기 쉽다. 더불어 성화의 힘겨운 과정 없이 하룻밤 사이에 영적인 충만함에 이르려는 요행 심리를 조장할 수 있다. 그러므로 이런 가르침은 성경적 지지 기반이 허약할 뿐 아니라 현실적 실효성도 그다지 뛰어나지 못하다. 성령 세례의 교리는 현대 교회에 영적인 부흥과 각성이 있어야 한다는 사실을 일깨워 주었으나 그에 대한 성경적인 해답을 제시하지는 못했다.

전무후무한 은혜를 헛되게 하지 말라

그렇다면 성경적인 대안은 무엇인가? 현대 교회에 시급한 것은 성령 세례를 2차적 은혜로 받는 것이 아니라 이미 우리 안에 와 계신 성령의 충만한 은혜와 역사하심을 계속 거스르고 소멸하는 삶에서 돌이키는 것이다. 우리에게 필요한 것은 2차적 은혜가 아니라 회개다. 성령이 우리에게 다시 임하셔야 하는 것이 아니라 우리가 성령께 돌아가야 한다. 성령을 더 이상 기다릴 필요가 없다. 오히려 성령이 우리를 애타게 기다리신다. 우리를 충만한 은혜로 인도하고 주관하기를 간절히 원하고 계신다. 우리의 고질적인 불신앙과 완고함으로 그 뜻을 이루지 못하시기에 심히 안타까워하시며 말할 수 없는 탄식으로 슬퍼하신다.

현대 교회의 문제를, 교인들이 믿은 후 성령 세례를 받지 못한 것으로 진단하는 가르침은 이러한 교회의 영적인 현실을 올바르게 파악하지 못하고 그에 대한 회개를 촉구하지도 못한다. 믿은 후 나중에 가서야 성령으로 세례를 받는 것이 성경이 제시하는 정상적인 패턴이라면 그전까지 변화된 삶을 살지 못한 데 대한 우리의 책임은 별로 없는 셈이다. 왜냐하면 성령으로 충만한 은혜가 아직 주어지지 않았으니 열매 없이 무력하게 사는 것은 어쩔 수 없는 일이기 때문이다. 그에 대한 책임이 우리에게 있는 것이 아니라 그런 식으로 우리를 충만하게 하시는 성령께 있는 셈이다. 그러므로 그에 대해 긴급한 회개를 촉구할 수 없다.

그러나 문제는 성령이 아니라 우리에게 있다. 성령이 우리 가운데 충만히 거하시어 우리를 주관하기 원하시나 우리가 그 은혜를 거부함으로 성령을 한없이 근심시키고 있는 것이다. 지금 우리는 전무후무한 은혜의 시대에 살고 있다. 우리의 상상을 초월할 정도로 엄청나게 풍성한 성령의 은혜가 임한 것이다. 마지막 때에 하나님이 부어 주실 이 성령의 은혜에 대해 이사야 선지자는 이렇게 예언하였다.

> 마침내 위에서부터 영을 우리에게 부어 주시리니 광야가 아름다운 밭이 되며 아름다운 밭을 숲으로 여기게 되리라. (사 32:15)

여기서 '부어 주다'는 동사는 원래 '벌거벗기다' '바닥을 드러내다', '비우다'라는 뜻을 가졌다. 이런 의미를 살려 이 말을 다시 표현하면 하늘의 바닥이 드러날 정도로, 하늘이 텅 비도록 성령을 이 땅에 쏟아부어 주신다는 것이다. 마치 성령이 그 거처를 완전히 하늘에서 이 지상으로 옮기신 것과도 같다. 물론 시공간을 초월한 성령의 임재를 이런 식으로 표현하는 것은 비유적인 특성을 띨 수밖에 없는 한계가 있다. 그럼에도 성경은 성령이 이 땅에 강림하셨다는 표현을 사용하고 있기에 우리도 이 땅 위에서 살 동안은 그렇게 시공간적인 개념으로 말하고 생각할 수밖에 없다.

성령은 하늘의 복락과 영광을 뒤로하시고 죄가 가득한 이 땅으로, 부패한 인간들 안으로 그분의 거처를 옮기셨다. 심슨(Simpson)은 이것을 예수님의 자기비하에 비견한 성령의 낮아지심이라고 말했다. 그리고 2천 년 동안 성령이 이 땅 위에서 당하신 고난과 수모가 예수님의 고난보다 훨씬 더 긴 것이라고 했다.[7] 심슨이 이렇게 말하는 의도는 이해할 수 있으나 엄밀한 의미에서 예수님의 대속적인 고난과 성령의 고난은 서로 비교할 성격이 아니다. 우리를 대신하여 하나님의 저주를 받아 참혹하게 도살당하신 예수님의 고난은 유일무이한 것이며, 그 크기와 정도와 의미와 효력에서 그 어떤 고난도 견줄 수 없는 독특하면서도 탁월한 것이다. 제2위 하나님의 주된 사역이 고난이었다면 제3위 하나님의 독특한 사역은 그 고난의 풍성한 열매를 전달해 주시는 것이다. 예수님의 고난으로 인해 하나님과의 화평이 이루어졌다는 기쁜 소식을 전하며 천국 잔치를 배설해 주시는 것이다. 성령은 아들의 고난으로 인해 즐거워하시는 하나님의 충만한 기쁨을 전달하는 영이시다. 그러므로 예수님이 고난의 종이시라면 성령은 기쁨의 영으로 특징지어진다.

그럼에도 불구하고 성령은 이 구원의 기쁜 소식과 선물을 거부하는 인간의 완악함과 어리석음으로 인해 우리 가운데서 탄식하시며 근심하신다. 어떻게 보면 2천 년 교회 역사는 성령의 수난의 역사라고도 볼 수 있다. 끊임없이 반복되는 교회의 부패와 타락으로 인해 성령은 심히 슬퍼하고 괴로워하신다. 우리 개인의 신앙 역사도 마찬가지로 성령이 우리 안에서 고난당하시는 역사다. 우리의 거짓되고 부패한 마음속에 거하시며 우리의 냉담과 무관심과 반역과 배신으로 인해 계속 고통받으신다. 오늘날 많은 그리스도인들이 거의 일평생에 걸쳐 그들 마음의 강퍅함과 완고함으로 성령을 거스르고 근심시키며 산다. 그럼에도 불구하고 성령은 한순간도 그들을 떠나지 않으시고 무한한 인내와 온유로 기다리신다. 이 성령의 오래 참으심의 사랑이 우리를 구원에 이르게 한다. 결국 우리를 위한 예수님의 대속의 고난과 우리 안에서 성령의 오래 참으심의 고난으로 인해 우리가 구원받는 것이다.

성령은 우리 안에서 시기하기까지 사모하신다고 하였다(약 4:5 참조). 성령의 시기하심은 우리를 향한 사랑의 강렬한 표현이다. 우리를 너무도 사랑하시기에 우리의 마음과 사랑을 독점하기를 원하신다. 우리의 마음이 하나님 외에 다른 대상에 끌릴 때 말할 수 없는 사모함으로 질투하신다.

성령의 관심은 온통 사랑하는 이의 잘됨에 있다. 그 사랑하는 대상을 사랑스럽고 아름다운 이, 복되고 영광스러운 이가 되게 하시는 데 있다. 이를 위해 우리를 성령으로 충만하게 하시려고 한다. 이러한 성령의 기쁘신 뜻과 간절한 소원이 우리의 완고함과 불신앙으로 인해 계속 저지될 때 성령은 한없이 슬퍼하신다. 성령의 근심은 우리를 향한 오래 참으시는 사랑과 인자하심의 극치의 표현이다. 또 우리의 강퍅함과 사악함에도 불구하고 우리를 거칠고 두렵게 다루지 않으시고 부드럽게 인격적으로 대하시는 무한한 온유하심의 발로다.

언제까지 이 성령의 오래 참으심과 온유하심과 인자하심을 멸시할 것인가? 우리는 마치 공기 속에 있듯이 지금 성령의 충만한 임재 속에 살고 있다. 바다 가운데 떠 있는 병에 물 한 방울 들어가지 않듯이 성령의 생수의 바닷속에 있으면서도 몇 방울의 생수도 누리지 못하는 것은 어찌 된 일인가? 우리 안에 영적인 진공, 즉 가난하고 주린 마음이 있어야 성령이 그곳으로 빨려 들어가시는데 우리 마음이 세상과 옛 자아의 헛바람으로 가득 차 있어 성령의 바람이 도무지 들어갈 틈이 없는 것이다. 병의 코르크 마개가 열려야 바닷물이 병 속으로 들어가듯이 우리의 옛 자아가 깨어져 애통하는 마음의 틈새가 열려야 성령의 생수가 밀려들어 간다.

이 시대의 교회에 긴급한 메시지는 우리가 성령을 오랫동안 근심시키며 그 충만한 은혜를 헛되게 해 왔다는 사실을 일깨워 주는 동시에 우리 가운데 거하시는 성령의 영광과 그 은혜의 탁월함이 무엇인지를 밝히 증거하는 메시지다. 이런 가르침은 성령 세례 교리가 안고 있는 많은 문제를 극복할 수 있을 뿐 아니라 잠자고 있는 현대 교회를 영적으로 각성하게 하는 데 훨씬 더 효과적인 메시지가 될 수 있다.

토론을 위한 질문

1. 물세례 말고 성령의 불세례를 받았느냐는 질문을 받아 본 적이 있는가? 이 말을 들었을 때 당신의 반응은 어떠했는가?

2. 오순절 전과 후의 성령 사역의 근본적인 차이는 무엇인가?

3. 오순절에 믿은 후 2차적으로 성령을 받은 제자들의 체험이 더 이상 우리에게 규범이 될 수 없는 이유는 무엇인가?

4. 고넬료(행 10장)와 요한의 제자들(행 19장)의 성령 체험이 믿은 후 성령 세례를 받은 성경적인 근거가 될 수 있는가?

5. 복음을 믿은 사마리아인들에게 성령의 임하심이 지연된 이유는 무엇인가?

6. 바울의 서신에서 믿은 후 성령 세례를 받아야 한다는 가르침을 발견할 수 있는가?

7. 믿은 후 획기적인 성령 체험을 했던 베드로가 그의 서신서에서 자신과 같이 성령 체험을 해야 한다고 가르치지 않은 이유는 무엇이었겠는가?

8. 믿은 후 성령 세례를 받아야 한다는 가르침이 야기하는 실제적인 문제는 무엇인가?

9. 왜 이런 가르침이 이 시대에 유행하는가?

10. 이 시대의 교회가 절실하게 필요한 것이 성령 세례가 아니라면 그것은 과연 무엇인가?

6장

오순절로
돌아가는 길

오순절에 임하신 성령

오순절 성령 강림은 다시 되풀이될 수 없는 단회적인 사건이다. 그러나 오순절에 임하신 성령은 과거 제자들을 충만하게 하셨듯이 지금도 우리를 충만하게 하신다. 그럼에도 우리는 오순절 이전의 제자들의 모습처럼 무력하기 짝이 없다. 스탠리 존스(Stanley Jones)가 지적했듯이 현대의 기독교는 십자가와 부활 사이에 머물고 있는 아주 슬프고 실망스러운 모습이다.[1] 우리는 아직도 오순절 저쪽 건너편에 살고 있는 것 같다. 역사적으로는 분명히 오순절 후에 살고 있지만 우리 개인의 신앙 역사 속에서는 아직 오순절을 맞이하지 못한 것 같은 모습으로 살아가고 있다.

우리는 시급히 오순절 성령의 능력을 회복해야 한다. 부흥은 오순절로 복귀하는 것이다. 성령이 다시 강림하셔야 하는 것이 아니라 우리 가운데 이미 와 계신 성령께 우리가 돌이켜야 한다.

오순절로 돌아가는 길을 막는 새로운 십자가

오순절로 돌아가는 길은 오직 한 길뿐이다. 이 길을 피하고 다른 길로 우회하려고 할 때는 영적인 불모지에서 끊임없이 맴돌게 될 뿐이다. 한국 교회가 지금 처해 있는 상황이 바로 그런 것이다. 영적 침체에서 벗어나기 위해 성령의 능력을 추구하며 방언과 예언과 병 고침 등을 강조하는 은사 집회와 성령 운동을 통해 그 돌파구를 찾으려 한다. 그러나 그것은 근본적인 해결책이 되지 못하고 오히려 사태를 더욱 악화시킬 뿐이다. 성령 운동이 한국 교회를 참된 개혁과 부흥으로 이끌기보다 오히려 광신과 혼란을 조장하는 경우가 많다. 그것은 십자가를 건너뛰고 곧장 오순절로 나아가려 하기 때문이다. 옛사람의 부패한 욕망을 십자가에 못 박는 성령의 깊은 사역을 먼저 추구하지 않은 채 성령의 능력과 은사를 받으려 하기 때문에 광명의 천사로 위장된 악의 영이 은밀히 역사하는 것이다.

그러나 십자가를 통과하지 않고 오순절에 이르는 길은 없다. 만약 십자가 없이 성령의 충만한 은혜가 부어진다면 이 땅에 부흥이 아니라 재앙이 임할 것이다. 성령의 능력이 십자가의 죽음을 거치지 않은 사람의 손에 주어지면 그 능력이 부패한 육신의 일들을 증진시키는 원동력으로 남용되는 무서운 사태가 발생한다. 현대 성령 운동의 가장 심각한 결함은 인간의 육신적 열정과 야망을 십자가에 못 박기보다는 오히려 십자가의 유익을 교묘히 이용하고 있다는 점이다. 진정한 성령 운동의 확실한 표지인 십자가의 중심성이 결여되어 있다.

참된 성령 체험과 영적 부흥의 한복판에는 언제나 옛 자아가 십자가의 죽음에 넘겨지는 경험이 자리 잡고 있다. 진정한 성령의 활동인지 아닌지는 이 십자가의 죽음으로 판가름이 난다. "나는 그리스도를 위해 십자가에 못 박히고 하나님이 우리 존재의 중심을 새롭게 변화시키셨는가? 주님이 우리 존재의 가장 깊숙한 곳까지 들어오셔서 나는 십자가에 못 박히고 성령이 그 자리에 새로운 자리를 창조하심으로 예수 그리스도를 닮아가고 있는가?"[2] 이 질문 앞에 우리 자신을 정직하게 돌아보아야 한다. 십자가의 사건에 깊이 뿌리내리지 못하면 결코 오순절의 능력을 체험할 수 없다.

현대 교회는 낡고 오래된 십자가를 새로운 십자가로 교체했다. 옛 십자가는 아담의 옛 생명을 찔러 쪼개어 끝장내지만, 새로운 십자가는 오히려 옛사람을 살려 세련된 종교인으로 변형시킨다. 옛 십자가는 죄와 세상과 깨끗이 결별하게 하지만, 새로운 십자가는 죄와 세상의 일락을 즐기면서도 천국 가는 밝은 길을 열어 준다.

서울 시내의 밤하늘은 무수히 많은 십자가의 불빛으로 붉게 아롱져 있다. 교회에서는 수많은 말과 상징으로 십자가의 중요성을 강조하지만 정작 교인들의 삶 속에서 십자가는 실종되어 버렸다. 현대 교회는 예수님이 나를 위해 못 박히신 십자가를 찬미하고 환영하지만 내가 예수님과 함께 못 박힌 십자가는 질색하며 배척한다. 새로운 십자가는 이 땅 위에서 교회 생활과 종교적인 활동에는 좀 도움이 되고 죽은 후 우리를 천국에 보내 줄 수 있을지는 모르나 이 땅에서 그리스도 안의 풍성한 생명을 누리게 하는 데는 전혀 도움이 되지 않는다. 우리 삶의 한복판에서 옛 십자가가 사라지면 기독교 신앙은 모든 생명력을 잃어버리게 된다. 저명한 신학자 포사이드가 지적했듯이 십자가를 교회의 중심에서 옮기면 교회의 관에 바로 못을 박는 것이다. 그러면 교회는 죽을 수밖에 없는 운명에 처하고 교회가 언제 죽느냐는 시간 문제다.

한국 교회는 지금 이런 위기에 직면해 있다. 세상에 대해 못 박힌 십자가가 교회를 세속화에서 굳게 지켜 주는데 이 십자가의 빗장이 열려 세속의 물결이 교회 안으로 거세게 밀려들어 오고 있다. 교회는 성장 제일주의,

물량주의에 매몰되어 간다. 십자가에 못 박히지 않은 교인들의 육적이고 세속적인 욕망과 교회 지도자들의 종교적인 야망이 서로 맞물려 교회의 양적 팽창을 이끌어 내는 강력한 견인차 역할을 하고 있다.

십자가에 못 박히지 않은 옛사람의 욕망은 기독교의 신앙을 변질시킨다. 기독교가 세상적인 성공과 평안과 풍요를 갈구하는 이들의 이기적인 욕망을 위해 봉사하는 시녀로 전락하기 쉽다. 이런 현상이 한국 교회에 여실히 나타나고 있다. 한국 교회에 만연한 기복 신앙, 웰빙 신앙, 성령 운동이 이것을 부추긴다. 사람들의 세상적인 욕망과 육적인 심리를 잘 이용하여 거기에 부응하는 목회를 하는 것이 부흥의 비결이다. 이 일을 위해 주로 동원된 것이 기복 신앙과 성령 운동을 통한 기적의 전법이다. 종교적인 천재성을 타고난 이들이 사람들의 이런 심리를 잘 이용해 종교적인 야욕을 한껏 채우려는 음흉한 시도가 먹혀든 곳이 바로 한국 교회였다. 이것이 우리의 슬픈 현실이다. 그러므로 한국 교회가 살 길은 옛 십자가로 돌아가는 것이다. 내가 예수님과 함께 못 박힌 십자가가 우리 교회와 우리 삶의 한복판에 복귀되어야 한다.

십자가의 능력이 떠난 강단

교회 강단에 말씀의 능력이 사라진 이유는 무엇인가? 성령의 기름부음이 말씀 사역자들에게 임하지 않는 이유는 무엇인가? 목사는 목사대로 매주 반복되는 설교 사역을 꾸려가기가 힘겹고, 교인들은 그들 나름대로 식상한 내용의 설교를 들어 주느라 무척이나 힘들다. 교인들뿐 아니라 목사도 자신의 설교에 별로 기대하지 않는다. 아무리 설교해도 변화되지 않는 교인들의 모습을 보면서 목사는 말씀의 능력에 대한 믿음을 상실해 간다.

여러 가지 세미나와 은사 집회에 기웃거리며 부진한 목회에 대한 돌파구를 다른 데서 찾아보려고 한다. 열매 없고 무기력한 말씀 사역의 공백을 다른 것으로 메우려다 보니 복음 사역의 정도에서 벗어나 편법을 동원하게 된다. 말씀의 능력 대신 사람들을 쓰러뜨리거나 신비한 표적이나 은사를 나타냄으로 교인들을 제압하여 사역의 즉각적인 성과를 거두려는 유혹에 빠진다.

대부분의 한국 개신교 교회들은 여전히 설교가 가장 중요한 은혜의 방편이며 교회의 표지라고 굳게 믿고 있지만 실제 목회 현장에서 나타나는 설교의 효과에 대해서는 회의적이다. 개신교는 설교 중심의 목회를 포기하든지 아니면 개혁 교회의 간판을 내려놓든지 해야 할 판이다.

교회에서 십자가의 복음이 능력 있게 전파되지 못하는 이유 중에 하나는 복음 전파자들이 십자가의 죽음을 거치지 않았기 때문이다. 물론 복음의 능력은 전하는 자와 상관없이 역사한다. 그러나 진정한 의미에서 복음 사역은 십자가의 죽음을 거쳐 오순절을 체험한 이, 즉 성령으로 충만한 사람만이 감당할 수 있다. 십자가에 못 박혔으나 다시 사신 예수님은 십자가에 못 박혔으나 다시 산 신자 안에 성령을 통하여 다시 사시고 강력으로 역사하신다.

십자가에 못 박히지 않은 옛사람의 욕망에 끌려 사는 사역자 안에는 예수님의 영이 충만히 거할 수 없고 능력으로 역사할 수 없다. 십자가의 복음은 오직 성령을 통해서만 효력이 있게 되는데, 이 복음을 전하는 사역자 안에서부터 성령의 은혜가 소멸되니 어찌 그의 사역에 능력이 함께할 수 있겠는가? 십자가의 복음은 그것을 전하는 사람 안에 먼저 옛사람을 죽이는 효력을 발휘해야만 그를 통해 능력 있게 역사한다. 십자가의 죽음을 거치지 않은 이들은 그들 안에 아직도 살아 있는 교만과 부패성으로 인해 성령의 역사가 계속 차단된다. 그는 성령의 통로가 되기보다 오히려 성령의 흐름을 차단하는 거침돌이 된다.

그러므로 복음 사역의 필수 조건은 십자가의 죽음을 깊이 체험하는 것이다. 십자가에 못 박힌 사람만이 십자가의 복음을 올바르게 전할 수 있다. 그런 사역자 안에 부활하신 그리스도께서 충만히 거하시고 부활의 생명력을 풍성히 공급하시며 그의 모든 삶과 사역을 친히 주관하신다. 십자가의 죽음을 통해서 풍성한 생명을 누리지 못하는 이는 그 생명을 전달할 수 없다. 십자가에 못 박히지 않은 전도자는 근본적으로 사람들을 변화시키지 못하고 자신처럼 십자가에 못 박히지 않은 교인들을 양산할 뿐이다.

복음 사역에 열매가 없는 근본 원인은 사역자들이 이 죽음에 이르지 않았기 때문이다. 주님이 그때까지는 그를 능력 있게 사용하실 수 없다. 그러므로 주님의 우선적인 관심은 그의 사역의 성공이 아니라 그의 죽음이다. 그를 사용하기 위해서는 그의 옛사람을 죽이는 일을 먼저 끝내셔야만 한다. 그래서 많은 실패와 고통을 통해 그를 죽음으로 몰아가시는 것이다.

주님은 우리를 부르실 때 와서 죽으라고 부르신다. 이 점에서 있어서는 조금도 타협하지 않으신다. 전적이고 결정적인 자아의 죽음을 요구하신다. 그것은 옛사람이 죽음에 넘겨져야만 우리 안에 부활의 새 생명이 밀려오고 성령으로 충만하게 되기 때문이다. 이 십자가를 회피할 때 그 모든 능력과 은혜는 떠나간다. 우리는 이 십자가를 통과하지 않았기 때문에 오순절을 맞이하지 못하고 있다. 성령으로 충만한 삶으로 들어가는 것이 한없이 지체되고 있다.

바울 사도는 우리의 옛사람이 이미 그리스도와 함께 십자가에 못 박혔다고 했다(롬 6:6 참조). 그러나 이 사실이 자동적으로 우리에게 체험되지는 않는다. 우리가 그런 자로서 살기를 원하지 않고 아직 우리 안에 잔재해 있는 옛사람의 소욕에 끌려 사는데 그것이 우리에게 체험될 리는 만무하다. 그 객관적인 사실이 우리 삶의 실제 체험이 되기 위해서는 우리가 자원해서 그런 자로 살려고 하는 구체적인 결단의 행위가 필요하다. 그리스도와 함께 십자가에 못 박힌 사실에 대해 우리 스스로 우리의 옛사람과 그 욕심을 죽음에 넘겨 주는 적극적인 행위로 반응해야 한다. 이렇게 우리에게 수동적으로 이루어진 것과 우리의 능동적인 반응이 결합될 때 십자가의 죽음은 더 이상 교리가 아니라 실제 경험이 된다.

우리가 자원하여 이 죽음에 동의하고 죽은 자로 살기로 결단하면 이 죽음은 빨리 끝난다. 십자가의 죽음은 우리의 힘이 아니라 근본적으로 십자가의 은혜와 성령의 능력으로 이루어지기 때문이다. 우리가 이 죽음을 한사코 꺼려하고 회피하니 아주 길고 고통스러운 과정을 거쳐 죽음에 이르게 되는 것이다. 성령은 어쩔 수 없이 고통스러운 사건과 환경을 통하여 우리를 죽음의 자리로 몰아가신다.

시들게 하는 성령의 바람

성령은 두 방향으로 역사하신다. 우리가 성령의 뜻을 따라 살면 '풍성하게 하는 성령의 은혜'를 맛보지만 성령을 거스르는 육신의 소욕을 따라 살면 '시들게 하는 성령의 역사'를 체험한다. 성령 사역의 두 측면은 긴밀히 연결되어 있다. 성령이 우리를 번성하게 하시기 위해 우리를 시들게 하시는 것이다. 우리가 옛사람의 야망을 따라 사는데 성령의 큰 능력과 은사가 주어진다면 우리는 영적으로 망할 것이다. 그래서 성령은 먼저 육신의 야심과 열정을 시들게 하고 육신이 추구하는 바가 좌절되게 하신다. 육신을 신뢰하고 자랑하는 완고함을 깨뜨리시고 육신의 힘을 빼게 하신다. 성령의 시들게 하는 바람은 우리가 저항할수록 더 거센 돌풍으로 변해 우리의 완고함을 산산이 부서뜨리고 우리의 육신이 쌓아올린 것들이 폐허가 되게 한다.

하나님은 성령으로 충만하게 해달라는 우리의 기도를 대개 거꾸로 응답하신다. 우리를 충만하게 해 달라는 기도를 우리를 비우시는 손길로 응답하시고, 우리를 능하게 해 달라는 간구를 우리를 깨뜨려 스스로 아무것도 할 수 없는 무력한 자리에 내려가게 하는 희한한 방식으로 응답하신다. 그래서 우리를 심히 당혹스럽게 하신다. 육신의 힘과 지혜의 막다른 길에 이르게 하신다. 거기에서는 모든 것이 혼돈스럽고 어두워 보인다. 현실은 암담하기만 하고 앞길이 도무지 보이지 않는다. 모든 소망이 끊어지고 꿈이 산산이 부서진 것처럼 보인다. 그래서 영혼은 낙심하고 절망에 빠진다. 토저(Tozer)는 이런 경험을 다음과 같이 진술하였다.

성령으로 충만하기 위해서는 혼란스러움과 불안함과 실망과 공허함을 느끼는 과정을 거쳐야 한다. 당신이 그 절망의 자리에 이르렀을 때…당신은 하나님이 당신을 위해 하시려는 일을 마침내 하실 수 있는 자리에 왔다는 사실을 깨닫게 될 것이다. 자아에 대한 절망, 자아의 비움, 내적인 고독이 임했을 때 당신은 거기에 가까이 왔다.[3]

그는 또한 이렇게 말한다.

이 장소에 들어온 사람은 자기가 이 세상에 남은 유일한 그리스도인이라고 착각할 정도다. 이곳은 정신적 어두움, 마음의 공허 그리고 영혼의 고독으로 가득하다. 그러나 명심하라. 조금 있으면 이곳으로 눈부신 햇살이 쏟아져 들어온다는 것을! 오, 하나님이시여, 그 햇살을 기다릴 줄 아는 지혜를 주소서.[4]

이런 당혹스러운 경험이 성령으로 충만하기 위해서 반드시 거쳐야 할 필수 과정이라고는 볼 수 없다. 이것은 오히려 죽기를 한사코 거부하는 우리 자아의 지독한 완강함이 불러온 비상 사태이지 성경이 제시한 정상 코스라고는 볼 수 없다. 그럼에도 우리의 실제 경험에서는 대부분 이런 어두움과 혼란과 낭패의 쓰라린 과정을 맛보게 된다. 하나님은 이런 곤혹스러운 경험을 통하여 우리가 스스로는 절대 자원해서 하지 않으려는 자기비움의 자리에 내려가도록 도와 주시는 것이다. 우리는 수많은 실패와 깨어짐의 아픔을 통해 아주 서서히 자기죽음의 자리로 기어 내려간다. 자신의 능력에 대한 믿음이 모두 사라지고 자아의 욕심과 야망을 쫓는 일에 넌더리가 날 때 또 옛 자아 중심적인 삶에 더 이상 매력을 느끼지 못하고 그 삶이 고통스럽고 비참하게만 느껴질 때 그리고 자기 안에서 어떤 선한 것도 찾을 수 없다는 완전한 절망을 체험할 때 우리는 죽음을 승인한다.

이런 고통스러운 경험을 통하여 우리는 우리가 떠나온 십자가의 길로 발걸음을 돌이키게 된다. 마치 허랑방탕하게 살다가 더 이상 비참해질 수 없을 정도로 비참해져서야 아버지 집으로 돌아가기를 원했던 탕자처럼 우리도 옛 사람의 욕망을 따라 사는 것이 살아 있는 지옥을 맛보는 것처럼 곤고하고 비참한 삶이라는 것을 뼛속 깊이 체득한 후에야 집으로 돌아가기 원한다.

하지만 우리가 받는 고난과 징계는 우리를 십자가로 인도하는 방편일 뿐 우리를 근본적으로 변화시키지는 못한다. 아무리 고통스러운 타격을 당해도 우리의 옛 자아는 깨지지 않는다. 오직 십자가만이 옛 자아를 깨뜨린다. 우리의 고난이 아니라 예수 그리스도께서 우리를 위해 받으신 고난과 징계만이 옛사람의 생명을 끝장낸다.

그러므로 십자가만이 아버지 집으로 돌아가는 유일한 길이다. 십자가에 기꺼이 올라가 주님의 죽으심과 연합하는 것이 우리를 애타게 기다리시는 하늘 아버지의 품속에 안기며 아버지 집의 풍성한 양식을 누리는 방도다. 그 십자가 위에서 주님이 하나님의 무시무시한 진노의 얼굴빛을 보셨기에 우리가 하나님의 환한 미소와 사랑의 얼굴빛을 보게 된 것이다. 거기서 주님이 하나님께로부터 버림받으셨기에 우리가 하나님의 품속에 안긴 것이다. 주님이 목마르다고 외치신 그 십자가에서 우리를 영원히 목마르지 않게 하는 성령의 생수가 폭포수처럼 흘러나오게 되었다.

죽음을 통한 새 생명

십자가의 죽음을 체험하는 것은 새 생명을 만들어 내는 죽음의 체험이다. 이 죽음은 죄로부터의 해방인 동시에 부활하신 그리스도와의 연합이다. 그리스도께서는 자신의 죽음에 동참한 우리의 죽음을 통해 우리 안에서 그분의 삶을 고스란히 되살아 내신다. 십자가에 못 박히신 그리스도께서는 십자가에 못 박힌 신자 안에 들어와 사실 수 있기 때문이다. 내가 죽어야 그리스도께서 내 안에 사신다. 나의 옛 자아가 살아 있으면 그리스도께서 내 안에서 죽으신다. 내 안에서 그 생명을 나타내지 못하신다. 옛사람의 욕망을 따라 사는 것은 십자가의 원수로 행하는 것이며 그리스도를 내 안에서 다시 죽이는 행위다.

우리 자신을 죽었다가 다시 산 자로서 하나님께 산 제물로 드리면 그리스도께서 우리 육체 안에 다시 사신다. 지상에서의 주님의 몸이 하나님의 성령이 거하시는 처소, 하나님의 영광이 충만한 성전이었듯이 이제 우리의 몸을 하나님의 성령과 그리스도께서 거하시는 새로운 성전으로 삼으신다(고전 6:19 참조).

우리가 성령으로 충만하면 우리의 몸은 하나님의 영광을 반영하며 생명수를 흘려보내는 성전의 역할을 한다. 우리의 입, 눈, 얼굴, 인상, 행동이 하나님의 영광을 드러내며 은혜가 흘러나가는 출구가 된다. 성령이 우리의 전인을 관통하시어 우리 영혼에 충만한 은혜와 평강이 얼굴과 인상에 배어나게 하신다. 누가는 성령으로 충만했던 스데반의 얼굴이 천사의 얼굴과 같았다고 묘사했다. 이것은 자신의 주관적인 느낌이 아니라 공회에 모여 있던 이들이 모두 직감했던 사실이었다고 했다(행 6:15 참조). 로이드 존스(Lloyd-Jones)도 성령으로 충만할 때 나타나는 두드러진 현상으로 얼굴의 변화를 들었다. 성령으로 충만한 사람으로부터 무언가 말로 표현하기 힘든 은혜로운 인상이 전달된다. 인위적으로 자아낼 수 없는 부드러움과 위엄이 절묘하게 조화된 온유함이 흘러나온다. 그래서 주위에 있는 이들에게 하나님을 느끼게 해준다. 이것은 단순히 선하고 좋은 인상을 뜻하는 것이 아니라 성령에 의해 이루어진 전인격적인 변화가 얼굴에까지 표출되는 것을 의미한다. 예수님의 얼굴에서 "하나님의 영광을 아는 빛"(고후 4:6)이 비친 것처럼 예수님과 성령으로 충만한 이들의 얼굴에서도 작은 빛이 반사되는 것이다.

또한 마음에 가득한 것이 입으로 흘러나온다. 성령으로 충만하면 그 증거는 입에서 나오는 말을 통해 분명히 드러난다. 그 입에서 진리와 은혜가 흘러나온다. 누가는 성령 충만을 우선적으로 복음 증거를 위한 '능력 부여'로 이해하였다(행 1:8 참조). 하나님이 제자들을 성령으로 충만하게 하셔서 복음 사역을 감당하는 데 필요한 지혜와 능력과 영감을 주셨다. 그래서 제자들이 전하는 복음이 죽은 영혼들을 살리는 권세 있는 말씀이 되게 하셨다. 복음이 단순히 이론으로 제시된 것이 아니라 그 내용이 구체적으로 실현되는 새 창조의 능력으로 증거되었다. 복음의 내용대로 사람들이 죄와 사탄의 권세에서 해방되어 그리스도 안에서 풍성한 생명을 누리는 아름다운 인생들로 변화되는 역사를 동반하였다. 그렇게 변화된 이들이 또한 성령의 능력을 받아 많은 이들을 살리는 복음의 증인이 됨으로써 새 생명이 증식되는 재생산의 순환이 가속화된다.

부활하신 그리스도께서 성령을 통하여 우리 안에 사시면 우리 안에 부활의 생명이 약동한다. 바울 사도는 신자의 삶을 근본적으로 그리스도와 함께 부활한 삶이라는 관점에서 이해하였다(롬 6:4; 골 2:5 참조). 그리스도인의 삶은 부활하신 그리스도와 연합하여 부활의 생명을 누리는 삶이다. 그런 의미에서 부활하신 그리스도와 연합한 신자의 삶을 한마디로 부활의 삶이라고 정의할 수 있다. 부활의 능력은 마지막 날 우리의 육체가 부활할 때만 맛볼 수 있는 것이 아니라 부활하신 그리스도와 연합한 모든 신자들이 이 땅 위에서부터 누릴 수 있는 능력이다.[5]

그래서 바울 사도는 예수님을 죽은 자들 가운데서 살리신 능력이 믿는 자 안에 강력으로 역사한다고 하였다.

> 그의 힘의 위력으로 역사하심을 따라 믿는 우리에게 베푸신 능력의 지극히 크심이 어떠한 것을 너희로 알게 하시기를 구하노라. 그의 능력이 그리스도 안에서 역사하사 죽은 자들 가운데서 다시 살리시고 하늘에서 자기의 오른편에 앉히사. (엡 1:19-20)

얼마나 놀라운 말씀인가? 그러나 우리에게는 전혀 실감나지 않는 말씀이다. 우리의 경험과는 너무나 거리가 먼 말씀이기 때문이다. 현대 교회가 참된 기독교 신앙을 회복하려면 이 말씀을 바로 이해하고 믿어야 한다. 그래서 부활의 능력을 회복해야 한다.

종말에 맛볼 부활의 능력을 우리 안에 내주하시는 성령이 현재로 앞당겨 이 땅 위에서 미리 맛보게 하신다. 성령이 우리에게 부여하시는 능력은 죄와 사망의 세력에서 우리를 해방시키는 부활의 능력이다(롬 8:2 참조). 이 부활의 능력이 그리스도인의 삶의 원동력이다. 이 능력이 없이 우리는 죄와 세속의 세력에 대해 한없이 무기력할 수밖에 없다.

왜 죄를 극복하기가 그다지도 어려운가? 죄의 배후에는 사망의 권세가 도사리고 있기 때문이다. 왜 세상의 헛된 영광과 성공을 좇는 삶에서 헤어 나오기가 힘든가? 그것은 사망의 권세가 세속적인 가치관으로 우리를 은밀히 사로잡고 통제하기 때문이다. 그러므로 죄를 이기기 위해서는 죄와 세속주의 문화의 배후에 역사하는 사망의 권세를 제압할 수 있는 유일한 능력인 부활의 능력이 있어야 한다. 부활의 능력만이 우리를 죄와 세상의 정욕에서 벗어나 그리스도를 닮은 새사람으로 변화되게 한다.

그리스도 안의 삶이 부활을 미리 경험하는 삶이라면, 그리스도 밖의 삶은 죽음을 미리 경험하는 삶이다. 그래서 성경은 우리가 전에는 죄와 허물로 죽었다고 말한다(엡 2:1, 5 참조). 실존주의 철학자 마르틴 하이데거(Martin Heidegger)는 우리 삶에 가장 필연적이고 확실한 체험은 매일 죽음을 미리 체험하는 것이라고 했다. 우리의 삶은 죽음에 의해 완전 포위되어 있다. 죽음의 세력과 두려움과 불안은 우리의 전 존재를 관통하여 우리를 완전히 장악하였다. 죽음의 위력과 그 두려움은 우리가 살아 숨 쉬는 매순간 우리의 삶을 은밀히 지배한다. 왜 사람들이 세상에 종노릇하는 삶을 살고 있는가? 왜 세상 것에 그토록 애착하며 거기에 목을 매는 비루한 인생을 살아가는 것일까? 그것은 죽음이 그들의 인생관과 가치관, 즉 삶의 전반적인 의미와 태도를 결정짓는 절대 권위를 가지고 있기 때문이다. 곧 죽을 것이니 이 세상을 즐기자는 허무한 인생관에 종노릇하게 한다.

살았다고 하나 죽은 교회

그리스도 안의 삶이 부활이 주관하는 삶이라면, 그리스도 밖의 삶은 사망이 주관하는 삶이다. 이런 삶의 특징은 바울이 지적한 대로 "이 세상 풍조를 따르고 공중의 권세 잡은 자를"(엡 2:2) 따르는 삶이라고 볼 수 있다. 악의 영이 사람들을 지배하는 강력한 무기가 세상의 풍속과 유행과 가치관이다. 사람들은 생각조차 하지 않고 살 정도로 세상 풍조에 푹 젖어 산다. 이 사회의 성공 제일주의, 경제 제일주의, 외모와 학벌 지상주의를 정신없이 쫓아간다. 마귀는 세상의 풍조와 유행이라는 덫을 쳐 놓고 낮잠을 자면서 인간들을 자신의 손아귀 안에 완전히 장악할 수 있다.

그런데 교회까지 이런 세상의 풍조와 가치관에 젖어 성장 제일주의와 물량주의에 매몰되어 가고 있다. 이것이 한국 교회가 부활의 능력이 아니라 사망의 세력에 의해 은밀히 조종당하고 있다는 증거가 아니고 무엇이겠는가! 거대한 규모를 자랑하는 한국 교회가 극단적인 세속주의로 치닫고 있는 이 사회를 변혁시키는 데 별 힘을 발휘하지 못하고 있다. 막강한 수적, 재정적 위력이 상당 부분 성령의 능력을 대체해 버린 듯하다. 화려한 종교적 기념탑을 세우고 놀라운 양적인 성장을 자랑하지만 영적인 생명력은 잃어버렸다. 교회 안에서 볼 수 있는 엄청난 종교적 열심이 이 사회의 어두움을 밝히는 빛의 열매로 환원되어 세상에 발산되지 못하고 있다. 세속 사회에 아무런 영향을 미치지 못하는 무기력한 신앙에 교인들이 길들여져 있다. 부활의 영에 의해서만 산출될 수 있는 세상의 빛 된 열매, 즉 죄와 세상에 대해 죽은 거룩한 인격과 삶은 좀처럼 나타나지 않는다.

이런 변화를 일으키지 못하는 한국 교회의 문제는 무엇인가? 그것은 교회가 사망의 세력이 주관하는 세속적 가치관에 포로가 되어 있기 때문이 아니겠는가? 이 사회가 온통 물질과 권력과 쾌락의 욕망에 취해 비틀거리고 있는데 이 사회를 헛된 욕심에서 해방시켜야 할 책무를 띤 교회마저 이 땅에서의 성공과 번영과 영광을 좇는 데 급급함으로써 이 사회의 세속화에 합세하고 있는 형국이다.

주님이 사데 교회를 향하여 말씀하셨듯이 한국 교회는 살았다는 이름은 가졌으나 실은 죽어 있는지도 모른다. 죽은 일과 업적을 쌓아 올려 세상의 썩어질 영광을 얻기 위해 부활의 능력을 끌어내리려 한다. 성령 운동을 그 목적을 이룰 방편으로 이용한다. 그러나 사망에 의해 은밀히 조종당하는 세속적 가치관과 목표를 성취하기 위해 동원된 성령 운동은 부활의 영인 성령보다 도리어 사망의 권세 잡은 자, 사탄이 부리는 미혹의 영들이 활개 치는 무대가 되어버린다. 그렇기 때문에 현대 교회의 많은 성령 운동에는 부활의 영이 산출하는 열매는 나타나지 않고 미혹의 영이 장난치는 혼란스러운 현상과 광신이 난무하고 있다.

이 민족이 한국 교회에 등을 돌리고 있는데, 그렇게 되면 한국 선교는 끝난 셈이다. 교회가 복음에 합당하게 행함에도 불구하고 세상에서 핍박과 비난을 당한다면 그것은 교회의 무한한 영광이다. 그러나 교회가 세속화되어 세상의 조소와 지탄의 대상이 되면 교회는 심각한 몰락의 위기에 처한 것이다. 교세가 커지면서 교회가 오만하고 무례하기 그지없는 모습을 보일 때가 있다. 그러나 세상을 설복시키고 구원하는 능력은 거대한 건물과 수적이고 재정적인 위력에 있는 것이 아니라 죽음에서 생명을 이끌어 내시는 부활의 영, 즉 성령께 있다. 이 부활의 능력은 우리가 약할 때 강력으로 역사한다. 교회는 소박하고 연약한 모습으로 이 민족과 함께하는 교회가 되어야 한다. 세상을 구원하기 위해서는 세상의 종이 되어야 한다. 우리를 구원하기 위해 종의 길을 가신 예수 그리스도를 본받아 우리도 세상을 구원하기 위해 십자가의 길을 가야 한다. 십자가를 본받는 사랑과 겸손만이 세상을 감화시킬 수 있다.

부활의 권능은 그리스도의 죽음을 본받는 권능으로 작용한다. 이 능력은 이 땅에서 꼭 성공하고 번영하게 하는 동력이 아니라 오히려 세상적인 기준으로는 어리석고 무명하며 실패한 삶을 살게 하는 원동력이다. 곧 세상과 옛 자아에 대해 못 박힌 십자가의 길을 걷게 하는 능력이다. 성령의 능력, 즉 부활의 권능은 십자가와 결코 분리될 수 없다. 이 능력을 체험하는 것은 매일 죄와 세상과 옛 자아에 대해 못 박히는 십자가의 죽음을 체험하는 것이다. 그래서 부활의 영에 사로잡혔던 바울 사도는 "세상이 나를 대하여 십자가에 못 박히고 내가 또한 세상을 대하여 그러하니라"(갈 6:14)라고 하였다. 그런 면에서 볼 때 성령은 능력의 영이신 동시에 약함의 영이시다. 언제나 십자가의 연약함을 통해서만 역사하시기 때문이다.

열린 하늘 체험

그러므로 성령 체험의 핵심은 그리스도와 함께 죽고 부활하는 체험이다. 이 체험은 우리의 정체성과 가치관에 근본적인 혁신이 일어나게 한다.

이 땅에 속한 옛 정체성이 죽고 하늘에 속한 새로운 정체성이 부여된다. 죽음에 의해 주관되는 세속적 가치관이 부활에 의해 새롭게 규정된 가치관, 즉 하늘의 영원한 것에 궁극적인 가치를 두는 가치관으로 바뀌게 된다. 우리는 그리스도와 함께 이미 하늘에 앉힌 바 되었다(엡 2:6 참조). 비록 우리가 육체적으로는 이 땅에 있지만 영적인 차원에서는 참으로 그리스도와 함께 하늘에 앉아 있다고 볼 수 있다. 그러므로 하나님의 우편, 즉 하나님과 동등한 권세의 자리에서 만물을 주관하시는 그리스도의 영광스러운 특권에 동참하게 되었다.

우리가 누구인가에 대한 정체성을 그리스도와 연합한 근거 위에서 발견해야 한다. 그리스도와 함께 죽고 부활했을 뿐 아니라 그분과 함께 하늘에 앉은 것이 우리 구원의 절정이다. 거기에서 우리의 새로운 정체성을 발견해야 한다. 우리는 하늘에 속한 이들, 즉 하늘의 시민(빌 3:20 참조)으로서 하늘의 권세를 가지고 하늘에서 공급해 주는 모든 자원(엡 1:3 참조)을 누리며 하늘에서 부여받은 사명을 이 땅에 수행하는 하나님의 전권 대사들이다. 세상 국가가 다른 나라에 대사를 파견할 때 그에게 전권을 위임하며 필요한 모든 자원을 제공해 준다. 하물며 하나님이 우리를 이 땅에 그분의 전권 대사로 보내셨을 때 하늘의 사명을 수행하는 데 필요한 권세와 자원들을 충분히 공급해 주시지 않겠는가? 그리스도 안에서 우리에게 이루어진 이 놀라운 사실에 대한 확고한 믿음이 그 믿음대로 되는 역사를 체험하게 하실 것이다. 우리는 믿음만큼 누리며, 믿음의 분량만큼 큰 일을 할 수 있다. 문제는 우리가 과연 하늘의 비전과 사명을 좇아가고 있는가 하는 것이다. 우리는 이 땅의 영광과 성공을 위해 하늘의 능력과 자원을 끌어내리려고 한다. 그러나 그것은 불가능한 일이다.

성령 체험은 인간 안에 있는 가장 강렬한 욕구인 인정 욕구를 변화시킨다. 성령은 우리 안에 있는 인정 욕구를 말살하는 것이 아니라 새로운 차원으로 승화시키신다. 우리의 인정 욕구가 근본적으로 지향하는 바가 바뀌게 하신다. 현세 지향적인 욕구가 내세 지향적인 욕구로 변하는 것이다. 이 땅에 잠시 있을 영광보다 하늘에서 영원히 존속될 영광에 목마르게 하신다. 사람들의 간사하고 변덕스러운 아첨과 칭찬보다 하나님의 신실하고 변하지 않으시는 인정과 칭찬을 사모하게 하신다.

성령의 사람에게는 수많은 사람들의 박수갈채보다 한 분의 평가와 인정이 훨씬 더 중요하다. 수많은 사람들에게 인정받을지라도 그분이 알아주지 않으시면 결코 행복하지 않다. 사람들로부터 받는 영광과 인기는 우리를 더욱 공허하고 목마르게 한다. 영적인 공허를 채우기 위해 더욱 명성과 성공에 집착하게 만든다. 그러나 하나님으로부터 받는 인정은 영혼에 그윽한 만족과 평안과 즐거움을 안겨 준다.

자신이 하나님께 인정받고 사랑받는 이라는 복된 사실에서 스스로의 가치와 정체성을 발견하기까지 우리는 자신의 소유나 업적, 위치나 재능, 타인의 인정과 평가에서 그것을 찾으려는 방황을 계속한다. 우리는 하나님 대신 우리가 소중하고 가치 있는 존재라고 인정해 줄 사람들을 애타게 찾는다. 마치 마약 중독자처럼 사람들의 인정과 칭찬에 목말라한다. 사람들에게 내가 남보다 더 뛰어나고 중요한 존재라는 것을 인정받을 때 우리는 살맛이 난다. 삶의 의미와 희열을 느낀다. 그렇기 때문에 사람들의 인정과 칭찬과 평가에 목을 매고 산다. 우리가 하는 모든 일의 배후에는 사람들의 인정과 아첨과 찬사를 통해 자신의 가치를 느껴 보려는 집요한 욕구가 도사리고 있다. 이 인정 욕구는 우리 안에 성취 지향적인 성향을 과도하게 부추긴다. 끊임없이 무엇인가 성취하여 남과의 경쟁과 비교에서 앞서감으로써 자신의 가치를 입증하려고 한다.

성령 안에서 내가 하나님께 지극히 사랑받는 자이며 소중한 존재라는 의식에 사로잡힐 때 우리는 끊임없는 성취와 경쟁을 통해 자신의 가치를 인정받으려는 집요한 욕구와 수고에서 자유하게 된다. 성령 체험은 우리의 인정 욕구를 종말론적으로 재조정한다. 하늘의 영광을 사모하는 강렬한 인정 욕구를 갖게 한다. 이 종말론적인 욕망이 참된 경건의 비결이며 신앙의 기초다.

현대 교회는 이 경건의 기초가 무너졌다. 한국 교회가 세속화된 심층적인 원인은 이 인정 욕구가 종말론적인 지향성을 잃어버린 데 있다고 볼 수 있다. 특별히 복음 사역자와 교회 지도자들의 인정 욕구가 세속화되어 하늘의 영광과 인정보다는 도리어 이 땅에서의 목회 성공과 명성에 목말라 하기 때문이다. 성령의 은사와 능력을 이 땅에서의 성공에 대한 야망을 성취하기 위한 동력으로 활용하기 위해 열렬히 구한다. 그러나 그것은 불가능한 일이다. 성령은 종말의 영이시다. 세상의 헛된 영광을 향한 야망을 날카롭게 대적하는 영이시기 때문에 그 야망 성취를 위해 동원될 수 없는 분이시다. 종교적 야욕을 따라 성령 운동하는 사람들은 종말의 영이신 성령께 사로잡혀 있기보다 현세 지향적 영인 세상의 신에 사로잡혀 있음이 분명하다.

성령으로 하나님의 사랑이 우리 마음에 부어진 바 되는 경험 없이 우리는 결코 세상을 향한 강한 끌림과 애착과 추구에서 돌이켜 하늘의 영광을 바라고 즐거워할 수 없다. 이 성령 체험은 하나님의 영광을 힐끗 보는 체험이다. 하늘 문이 살짝 열리고 하나님의 영광의 얼굴빛이 우리 마음에 비친 것이다. 이것은 어떤 신비 체험을 의미하는 것이 아니라 복음에 계시된 예수 그리스도의 성품을 통해 반영된 하나님의 얼굴빛을 보는 것이다. 그래서 바울은 "어두운 데에 빛이 비치라 말씀하셨던 그 하나님께서 예수 그리스도의 얼굴에 있는 하나님의 영광을 아는 빛을 우리 마음에 비추셨느니라"(고후 4:6)라고 하였다.

성령은 말씀을 통해 예수님의 형상을 우리 마음에 그려 주신다. 예수님의 아름다우심, 인자하심, 온유하심을 통해 하나님의 어떠하심, 그 영광스러운 얼굴빛을 우리 마음에 비추어 주신다. 특히 예수 그리스도의 십자가에서 계시된 사랑에서 하나님의 영광이 찬란하게 빛난다. 성령이 십자가의 복음을 통하여 우리에게 구원을 베푸신 전능하신 하나님이 우리로 말미암아 기쁨을 이기지 못하시며 우리를 잠잠히 사랑하시며 우리로 말미암아 즐거이 부르며 기뻐하신다(습 3:17 참조)는 진리를 우리 마음에 확신시켜 주실 때 우리는 이 땅 위에서 열린 하늘을 경험하게 된다.

성령으로 충만하라

오순절에 임하신 성령은 우리를 충만하게 하시기 위해 우리를 애타게 기다리고 계신다.[6] 생수의 강은 여전히 우리 가운데 줄기차게 흐르고 있다. 문제는 우리에게 생수에 대한 목마름이 없다는 것이다. 성령의 생수는 그리스도 안에서 무제한적으로 공급된다. 그래서 주님은 "누구든지"(요 7:37) 내게로 와서 마시라고 하셨다. 그러나 여기에는 한 가지 단서가 붙어 있다. 곧 "목마르거든"이다. 목마른 자만이 생수를 마신다. 우리가 오순절 성령으로 충만하지 못한 것은 목마르지 않기 때문이다. 그 은혜를 받지 못하는 이유는 예상 외로 아주 단순하다. 그것을 원하지 않기 때문이다. 자신이 성령 충만을 원한다고 생각하고 굳게 믿지만 사실은 그렇지 않을 수 있다. 자신이 진정으로 성령 충만을 원하지 않는다는 사실조차 파악하기가 쉽지 않다. 이 은혜를 원하는 마음속의 깊은 동기가 복합적인 요인으로 얽혀 있기 때문이다.

복음 사역자치고 성령 충만을 원하지 않는 이는 없을 것이다. 보편적으로 목사가 평신도보다 이 은혜를 더 간절히 원하고 추구하지만 실제로는 더 받기가 힘들다. 그것은 목사가 성령 충만을 구하는 동기가 그다지 순수하지 못할 때가 많기 때문이다. 성령께 주관받으며 사는 것은 원하지 않으면서도 사역을 위한 능력이 필요하기에 성령 충만을 구하는 경우가 많다. 그래서 이 은혜를 간절히 구하지만 그 갈망은 진정으로 자원하는 마음에서 우러나온 것이라기보다 필요에 의해 강요된 원함이라고 할 수 있다. 그래서 목회 성공과 교회 부흥에 대한 집착과 야망이 클수록 성령 충만을 더 열렬히 구한다. 이 은혜를 자신의 비전과 야망을 성취하기 위한 방편으로 삼으려 한다. 이러한 욕망이 목사 안에서 거의 무의식적으로 일어나며 더욱이 성스러운 명분으로 교묘히 포장되기에 그 진상을 파악하기가 무척 힘들다. 그렇기 때문에 목사가 성령 충만이 가장 필요한 사람인 동시에 성령 충만을 받기가 가장 힘든 사람이다.

필자가 이미 다른 책에서 밝혔듯이 "성령 충만을 오랫동안 추구한 후에야 자신이 진정으로 성령 충만을 원하지 않는다는 사실을 발견했다. 성령의 뜻을 온전히 따르는 삶보다는 성령 충만함으로써 능력 있고 훌륭한 사역자가 되기를 더 갈구했던 것이다. 나의 목마름은 생수에 대한 갈증이 아니라 자기 영광과 성공에 대한 기갈이었던 것이다."[7]

이같이 성령 충만 자체보다도 성령으로 충만하면 누리게 될 혜택과 유익에 더 목마를 수 있다. 목사들은 성공적인 사역을 위한 능력과 은사에 더 목마르고, 교인들은 기쁨과 평강으로 충만한 행복감이나 황홀감에 목마르다. 이런 혜택을 바라는 것 자체가 잘못된 것은 아니다. 성령으로 충만하면 이런 은혜들이 주어질 것이다. 그러나 우리가 이것들보다 더 우선적으로 목말라야 하는 것은 우리의 전인격과 삶이 성령께 온전히 주관되는 것이다.

성령 충만이란 성령이 우리 삶의 주인이 되시어 그분의 통치권을 행사하심을 뜻한다. 성령 대신 우리가 우리의 삶과 소유의 주인 행세를 하는 한 성령이 우리를 다스리실 수 없다. 성령은 온유하신 분이시기에 강압적으로 우리를 지배하시지 않는다. 그러므로 성령이 우리를 주관하시기 위해서는 자원하여 우리 자신과 모든 소유를 주님께 양도해야 한다. 성령은 자기자랑, 자기과시, 자기만족, 자아도취와 같은 자기중심적 성향을 날카롭게 대적하신다. 성령을 거스르는 옛 자아가 살아 있는 한 성령은 우리를 주관하실 수 없다. 죄와 옛 자아는 성령 충만을 소멸시키고 성령 충만은 죄와 옛 자아를 죽인다. 둘은 서로 상극 관계다. 죄와 옛 자아를 택함으로 성령 충만을 포기하든지, 아니면 성령으로 충만함으로써 죄에 대하여 죽든지 양자택일해야 한다. 그 중도는 없다. 우리는 항상 그 중간에서 머뭇거리다가 이 축복을 놓친다. 성령은 우리의 죄와 옛 자아를 죽음의 자리, 곧 예수 그리스도와 함께 못 박힌 십자가로 인도하신다. 그러므로 성령으로 충만한 삶은 우리의 옛 사람이 예수님과 함께 못 박힌 십자가를 매일 지고 주님을 따르는 삶이다. 우리는 과연 자신이 진정으로 이러한 십자가의 삶을 원하는지를 자문해 보아야 한다.

우리가 성령 충만하기를 원하는 그 한 가지 이유가 바로 주님의 기쁨이 되는 것인가? 과연 주님의 기쁘신 뜻대로 거룩하게 사는 것인가? 내 평생의 소원이 주 예수님을 닮기 원하는 것인가? 성령의 열매를 풍성히 맺어 주님의 아름다운 형상을 반영하는 이가 되는 것인가? 주님의 몸 된 교회와 하나님 나라를 위해 헌신하며 주님의 남은 고난에 참여하는 것인가? 이런 거룩한 목마름이 있어야 진정으로 성령 충만을 원하는 것이라 할 수 있다.

진정한 목마름은 우리 안에서 생성되는 것이 아니라 성령의 산물이다. 오히려 종교적인 야망에 의해 자극된 갈증이 사라질 때 성령에 의해 타오르는 목마름이 생긴다. 성령은 목마르게 하는 생수이시다. 목마름 자체가 성령의 은혜다. 성령으로 충만할 때 먼저 목마르게 된다. 목마름은 성령 충만의 앞부분인 셈이다. 그 뒷부분은 채워짐이다. 목마름과 채워짐이 성령으로 충만한 삶에서 한 짝을 이룬다. 성령으로 충만하는 것은 계속 목마르면서 동시에 계속 마시는 행위다. 마치 매일 물을 마시는 것처럼 일상적인 일이다.

매일 목마르고 배고픈 것이 육적 생명의 자연스러운 현상이듯이 매일 성령의 생수에 목마른 것은 영적인 생명의 자연적인 표출이다. 성령으로 거듭난 생명은 매일 생명의 떡이신 예수 그리스도를 영적으로 섭취하고 생수의 강이신 성령을 들이켜야만 한다. 이 '주리고 목마름'이 영적으로 건강하다는 증거다. 그런데 왜 교인들에게 영적인 생명의 자연적인 현상이 나타나지 않는가? 사람이 중병에 걸리면 식욕을 잃어버려 제대로 먹고 마시지 못해 비쩍 말라간다. 그러다 병이 치유되고 건강을 회복하면 식욕이 다시 돌아와 식사를 잘 하게 된다. 마찬가지로 그리스도인이 심각한 영적 질병에 걸리면 영적인 식욕, 즉 하나님을 향한 주리고 목마름을 상실하게 된다. 그리스도 안에 풍성한 생명의 양식이 주어졌고 성령의 생수가 강같이 흐르고 있는 천국의 잔치가 배설되었음에도 도무지 입맛이 당기지 않는 것이다. 세상의 짜릿한 불량 음식으로 입맛을 버려 놓아서 영적인 양식에 오히려 구역질을 느낀다. 영적인 영양분을 섭취하지 못하기 때문에 영적으로 파리해져 간다. 지금 한국 교회의 문제는 양식이 없는 것이 아니라 식욕이 현저히 저하된 것이다. 이것은 한국 교회가 영적으로 중병을 앓고 있다는 증거다.

성령이 우리의 영적 건강을 회복시키실 때 왕성한 식욕이 돌아오게 된다. 그래서 다시 하나님을 향해 주림과 목마름을 느끼게 된다. 성령은 먼저 우리 자신의 영적인 빈곤과 곤고함을 보게 하신다. 우리를 채우시기 위해 먼저 우리를 비우신다. 우리 안의 텅 빈 공간이 성령의 충만을 부른다. 우리의 빈곤이 성령의 부요함을, 우리의 무능이 성령의 능력을 초청한다. 자신이 처절하게 무력하고 빈곤하다는 사실을 절감하며 자신 안에 영적인 진공이 형성되어 있는 사람만이 충만할 수 있는 적격자다. 아직 육신의 탁월함과 지혜를 의지하는 자만의 헛바람이 가득 차 있는 곳에는 성령이 도무지 비집고 들어가실 틈이 없다.

마치 풍선을 바늘로 찌르듯이 성령이 잔뜩 부풀어 오른 옛 자아를 찔러 자만의 공기가 다 빠지게 하신다. 이 일을 위해 성령이 자주 동원하시는 방법은 성령의 후폭풍으로 우리가 쌓아 올리고 있는 육적인 기념탑을 산산이 부서뜨려 우리를 비참한 실패의 자리로 내던지시는 것이다. 우리가 그토록 내려가기 싫어하는 그 실패의 자리가 성령의 충만한 은혜가 임하는 축복의 동산이다. 그 자리가 바로 인간이 인간 되고 하나님이 하나님 되시는 곳이다. 인간이 하나님을 전적으로 의존할 수밖에 없는 피조물 본연의 위치로 되돌리고 하나님이 모든 것 위에 모든 것이 되시는 하나님의 역할을 하실 수 있는 자리로 복귀하시는 것이다.

그러므로 인간이 더 이상 내려갈 수 없을 정도로 깊은 실패의 골짜기가 부흥하게 하는 하나님의 놀라운 은혜가 임하는 곳이다. 인간의 깊은 것이 하나님의 깊은 것을 부른다. 인간의 심연이 하나님의 충만한 은혜를 부른다. 바로 그곳이 하나님이 즐겨 일하시는 장소다. 새 역사를 창조하시는 곳이다. 우리의 실패의 심연을 부흥의 정점으로 바꾸시는 것이 하나님의 전공이다. 그럴 때에 그 은혜의 풍성함이 밝히 드러나 모든 영광이 하나님께만 돌아가게 된다.

실패한 이들을 위한 은혜

우리는 이러한 처절한 실패를 통해 더 이상 지금과 같은 모습으로 살 수 없으며 지금까지 해 오던 방식으로 사역을 할 수 없다는 사실을 뼈저리게 절감하는 지경에 이른다. 거기서부터 성령의 생수에 대한 타는 듯한 목마름이 일어난다. 동시에 이 시대 교회의 영적인 상태를 보면서 이 은혜를 더욱 갈망하게 된다. 마치 하나님의 영광이 떠난 것같이 영적으로 어두워지고 황폐해져 세상의 조롱거리가 된 교회를 보며 이 시대의 아픔을 절절히 끌어안게 된다. 그래서 그것을 개혁의 의지와 부흥의 열정으로 승화시켜 성령의 생수에 대한 갈망으로 뿜어내게 된다. "주여, 나를 회복하사 주님의 교회를 회복하시고 이 땅을 고치소서"라고 간절히 부르짖는다. 이런 부르짖음이 하늘을 찌를 때 이 땅에 부흥의 소낙비가 내릴 것이다.

성령 충만은 영적으로 철저히 실패했다는 것을 절감하고 인정하는 개인과 교회만이 받을 수 있는 은혜다. 이 점에서 성령으로 충만하기에 자격 미달인 교회가 많다. 전반적으로 한국 교회는 성령으로 충만하기에는 너무도 충만해 있는 것 같다. 하나님이 성령의 능력으로 충만하게 하시기에는 너무도 크고 강한 것 같다. 막강한 수적 위력과 거대한 조직력 그리고 재정적 파워가 상당 부분 성령의 능력을 대신하고 있다. 한국 교회는 성령이 사용하시기에 너무 비대해졌는지도 모른다. 만약 하나님이 한국 교회를 통해 큰 부흥의 역사를 일으키신다면 그것은 하나님께만 영광이 돌아갈 정도로 충분히 작고 연약하고 가련한 자들을 통해서일 것이다. 지금의 대형 교회와 탁월한 지도자들은 이 일에 사용되기에 가장 부적합한 대상일 것이다. 그들을 통해 부흥이 일어난다면 과연 하나님만이 영광을 받으실 수 있을지 심히 의심스럽기 때문이다.

지금 한국 교회는 자만할 때가 아니라 입을 티끌에 대고 회개할 때이다. 외적 성장을 자축할 때가 아니라 내적인 타락을 애통해야 할 때이다. 주님이 라오디게아 교회를 향하여 "네가 말하기를 나는 부자라. 부요하여 부족한 것이 없다 하나, 네 곤고한 것과 가련한 것과 가난한 것과 눈먼 것과 벌거벗은 것을 알지 못하는도다"(계 3:17)라고 책망하신 말씀이 바로 우리에게 적용되는 말씀이 아닌지 깊이 자성해 보아야 한다. 만약 한국 교회가 외형적 성공으로 만족하지 않고, 숫자와 조직과 재정의 위력을 의지하지 않고, 성령 충만하게 하시기에 충분히 작고 가난하고 애통해하는 교회로 돌이킨다면 하나님은 한국 교회를 다시 부흥하게 하실 것이다.

성령 충만은 자신의 처절한 실패를 통해 성령으로 충만하지 않으면 비참하게 실패할 수밖에 없다는 사실을 뼈아프게 경험하고 이 은혜 없이는 더 이상 살아갈 수 없다고 하나님께 매달리는 사람과 교회를 위한 은혜다. 성령 충만은 우리가 경건하게 산 것에 대한 하나님의 보상이 아니라 우리의 죄와 실패에도 불구하고 우리에게 주어지는 하나님의 파격적인 은혜다. 그러나 실패를 통해 귀한 깨우침을 얻고 거기서 돌이키기를 원하는 이들을 위한 은혜다. 실패의 심연에서도 하나님의 무한한 긍휼에 대한 소망과 믿음의 줄을 놓지 않은 이들을 위한 선물이다. 하나님이 예수 그리스도의 보혈로 맺으신 영원한 사랑의 언약을 어기실 수 없다는 확신을 가지고 이 약속에 호소하며 자신과 교회를 회복시켜 달라고 울부짖는 사람들을 위한 은총이다.

성령 충만을 회복할 수 있는 유일한 비결은 예수 그리스도의 보혈의 공로를 새롭게 의지하는 것이다. 성전에 하나님의 영광이 충만하기 위해서는 올바른 제사를 드려야 했다. 마찬가지로 새로운 성전인 교회에 하나님의 영광이 회복되려면 그동안 성령을 근심하게 한 우리의 죄에 대한 회개의 제사가 필요하다. 하나님이 원하시는 제사는 예수 그리스도의 보혈만을 의지하는 상하고 통회하는 마음이다(시 51:17 참조). 예수님의 피만이 우리의 모든 죄와 옛 사람을 도살하여 하나님의 진노를 진정시키고 성령이 다시 충만히 임하시게 한다.

많은 교인들이 오랜 영적 침체와 거듭되는 실패로 인해 자신들도 성령으로 충만할 수 있다는 믿음과 소망을 잃어버렸다. 성령 충만은 바로 처절하게 실패한 이들을 위한 하나님의 은혜로운 조치라는 사실에서 다시 소망을 발견해야 한다. 오순절 성령 충만은 처음부터 주님을 따르는 데 형편없이 낙오한 제자들, 즉 실패한 이들을 위한 하나님의 선물로 주어졌다. 교회 역사 속에서도 영적으로 가장 절망적이고 암울한 시기에 부흥의 여명은 밝아 왔다. 그러므로 한국 교회에도 이런 회복의 희망이 있다. 성령은 우리가 떨어진 타락의 심연에까지 찾아오셔서 우리를 충만하게 하심으로 침체의 깊은 골짜기가 부흥의 높은 봉우리로 바뀌게 하신다. 영적인 황무지개, 생수의 강이 흐르고 화초가 만발한 물 댄 동산으로 변하게 하신다. 이같이 성령의 충만한 은혜가 인간적으로 회복이 불가능해 보이는 절망적인 상황에 임함으로써 하나님의 영광은 한층 더 고조되며, 우리가 최선의 모습이 아니라 최악의 모습일 때 찾아옴으로써 하나님의 놀라운 은혜가 더 밝히 드러난다. 주여, 다시 한 번 이 일을 행하소서!

토론을 위한 질문

1. 오순절로 돌아간다는 것은 무엇을 의미하는가?

2. 십자가의 죽음을 거치지 않고 성령의 능력을 구하는 성령 운동의 문제는 무엇인가?

3. 당신은 십자가의 죽음을 체험했는가?

4. 매일의 삶 속에서 부활의 능력을 누린다는 것은 무엇을 의미하며, 왜 이 능력이 우리에게 꼭 필요한 것인가?

5. 성령을 체험하면 우리의 인정 욕구가 내세 지향적으로 바뀌는데 당신에게는 이런 변화가 있는가?

6. 당신은 왜 성령으로 충만하려고 하는가?

7. 대개 실패를 통해 성령 충만에 이르게 되는 이유는 무엇인가?

주

1장 뒤틀린 성령의 음성
1) 토마스 주남, 「천국은 확실히 있다!」, 조용기 역 (서울: 서울말씀사, 2009), p. 62.
2) 같은 책, p. 126.
3) 참고, Anthony Hoekema, *Seventh-day Adventism* (Grands Rapids: Eerdmans, 1963), p. 18.
4) 같은 책, p. 74.
5) 같은 책, p. 320.
6) 같은 책, p. 324.
7) 유진 피터슨, 「현실, 하나님의 세계」, 이종태 외 역 (서울: IVP, 2006), p. 183.
8) 같은 책, p. 174.
9) 릭 워렌, 「회복으로 가는 길」, 김주성 역 (서울: 국제제자훈련원, 2007), p. 44.

2장 성령의 얼굴에 나타나는 수줍음
1) John White, *When the Spirit comes with Power* (Downers Grove: InterVarsity Press, 1988), p. 139.
2) 폴 히버트, "치유목회의 위험과 함정", 「성령과 종말론」, 두란노 목회자료 큰 백과 16 (서울: 두란노, 1996), p. 302.
3) 참고, Gordon Fee, *God's Empowering Presence* (Peabody, Mass.: Hendrickson Pub., Inc., 1944), pp. 838-839; Jurgen Moltmann, *Der Geist des Lebens* (Munchen: Kaiser, 1991), p. 83; Kilian McDonnell, "A Trinitarian Theology of the Holy

Spirit?," *Theological Studies* 46 (1985): p. 207.
4) 김열방, 「성령님과의 실제적인 교제법」(서울: 보이스사, 1997). 이 책의 저자가 삼위일체 교리를 인정한다는 것은 틀림없다. 그러나 그가 쓴 책의 내용에서 성자는 간혹 언급되고 있으나 성부의 역할은 성령에 의해 거의 대체된 격이 되었다.
5) 김열방, 「영적 거성들의 비밀」(서울: 크레도, 2003), p. 131.
6) 같은 책, 43.
7) 게할더스 보스(Geerhardus Vos)는 바울의 가르침에 두드러지게 나타나는 성령 사역의 특이성을 '환경적 특성'(atmospheric character of the Spirit's working)이란 말로 묘사했다. 곧 성령은 우리의 영과 예수님이 교제하는 영적인 영역, 공간, 환경을 제공하는 독특한 사역을 하신다는 것이다. 「바울의 종말론」, 이승구 역 (서울: 엠마오서적, 1989), p. 59.
8) Frederick Dale Bruner & William Hordern, *The Holy Spirit-Shy Member of the Trinity* (Minneapolis: Augsburg, 1984), p. 11-33.
9) J. V. Taylor, *The Go-between God: The Holy Spirit and the Christian Mission* (London: SCM Press, 1972).

3장 치유는 과연 하늘의 터치인가
1) 아내와 장모님은 간절한 소원과 믿음으로 치유 기도를 받았지만 아무런 효과가 없었다.
2) 임범진, "손기철 장로의 치유 사역에 대하여," http://elimbp.onmam.com/1158760 (2010년 7월 26일 검색).
3) 물론 성경 시대에 나타났던 초자연적인 은사가 지금도 그대로 재현된다고 볼 수는 없다. 성경적인 계시의 방편으로 주어졌던 은사들, 사도와 선지자들에게 주어졌던 계시적인 예언은 더 이상 존재하지 않는다.
4) 존 스토트, 「살아 있는 교회」, 신현기 역 (서울: IVP, 2007), p. 29.

4장 방언은 과연 하늘의 언어인가
1) 김우현, 「하늘의 언어」(서울: 규장, 2007), p. 218.
2) 같은 책, p. 85.
3) 같은 책, p. 207.

4) 같은 책, p. 216.
5) 같은 책, p. 222.
6) 같은 책, p. 220.
7) 옥성호, 「방언, 정말 하늘의 언어인가」 (서울: 부흥과개혁사, 2008), p. 21.
8) 같은 책, p. 32.
9) 같은 책, pp. 146-154.
10) 같은 책, pp. 138-146.
11) 같은 책, p. 144.
12) 박영돈, 「성령 충만, 실패한 이들을 위한 은혜」 (서울: SFC, 2008), pp. 292-293.
13) 옥성호, p. 145.
14) 박영돈, pp. 285-303. 특히 288-292 참조
15) [방언, 그것이 알고 싶다 ①] '하늘 언어'의 위력, 김동수/ 평택대 신학과 교수 cafe.daum.net/emfwhdo.
16) 김동수, 「방언은 고귀한 하늘의 언어」 (서울: 이레서원, 2008), p. 136.
17) 같은 책, p. 101.
18) 같은 책, pp. 171-173.
19) 같은 책, p. 95.
20) 같은 책, p. 94.
21) 같은 책, p. 52.
22) 같은 책, pp. 17-18. 그는 책 서두에서 방언에 대한 견해를 크게 네 가지로 분류하였다. 먼저 옥성호 씨처럼 방언의 은사는 중지되었고 오늘날 방언이라는 현상은 모두 가짜라고 '적극적으로 부정'하는 입장이 있다. 다음으로 한국 교회에서 많이 가르치듯이 방언은 지금도 존재하지만 신앙 생활에 열매만큼 중요한 것은 아니라고 방언을 '소극적으로 인정'하는 견해가 있다. 세 번째로 방언에 대한 '지나친 긍정'인데, 방언을 신앙 성숙의 척도로 보며 방언을 못하면 영적 세계를 알 수 없다고 보는 입장이다. 마지막으로 그가 가장 성경적이라고 보는 견해는 방언이 신앙의 침체에서 쉽게 회복하게 하며 신앙의 성장을 촉진하는 은사라고 '적극적으로 인정'하는 입장이다.
23) 같은 책, pp. 40-43.
24) 같은 책, p. 101.

25) 같은 책, p. 64.
26) 같은 책, p. 99.
27) 같은 책, p. 104.
28) 같은 책, p. 45.
29) 다른 은사들과는 달리 방언만은 모든 신자에게 꼭 필요한 은사라는 가르침은 방언이 그만큼 신앙 생활과 영적인 성숙에 절대적으로 중요하다는 것을 의미하며, 그것은 결국 다른 은사들에 비해 방언의 배타적인 우월성을 주장하는 셈이다. 방언이 다른 은사보다 본질적으로 더 우월한 것은 아니라고 변론할지라도 방언이 필수적이라는 주장은 이미 다른 은사들과의 형평성을 깨뜨려 버린다. 그것은 영적인 성숙을 위해서 다른 은사는 없어도 큰 상관이 없지만 예외적으로 방언만은 반드시 있어야 한다는 것을 의미하기 때문이다. 그렇게 되면 방언은 모든 은사들 위에 뛰어난 위치, 즉 절대적으로 중요한 자리로 등극하게 된다. 결국 방언을 지나치게 과대평가하여 혼란과 분쟁을 일으켰던 고린도 교회의 문제를 답습하게 된다.
30) 빌 힐, 「성령의 능력에 관한 솔직한 대화」, 박노철 역 (서울: 국제제자훈련원, 2007), p. 182.

5장 성령의 불세례를 받았는가

1) 그럼에도 복음서 기자들은 성령에 대한 언급에 있어 각별한 주의를 기울이고 있다. 주로 예수님께 국한해서만 이런 표현을 사용하였다. 제자들의 행적을 기록할 때에는 사도행전과 같이 성령론적인 관점에서 묘사하여 기술하지 않았다. 베드로와 제자들이 성령으로 충만했다는 식의 표현을 사용하지 않았다. 복음서에서는 예수님만이 유일하게 성령 충만한 분으로 묘사되었다. 그 외에 누구도 성령의 선물을 받았다는 언급을 찾아볼 수 없다. 물론 누가복음 앞부분에는 사가랴와 세례자 요한, 마리아와 시므온에게 성령이 임하신 예외적인 사례가 기록되어 있다. 그러나 이것은 오실 메시아를 증거하는 구약의 예언의 영이 마지막으로 그들에게 임한 것으로 보아야 한다. 복음서는 '유일한 성령 충만한 이'(One Spirit-filled Man)가 어떻게 메시아 사역, 즉 새 언약의 중보 사역을 완수하는가에 집중하고 있다. 반면에 사도행전은 그 사역의 결과로 '수많은 성령 충만한 사람들'(many Spirit-filled men)이 탄생하게 됨을 증거하였다. 한 알의 밀알이 땅에 떨어져 죽어야 많은 열매가 맺히

듯이 유일하게 성령으로 충만하신 분의 지상 사역이 완료된 후에야 많은 성령의 사람들이 태어날 수 있었던 것이다. 공관복음서는 이 사실을 암묵적으로 다루었다면 요한복음은 좀더 명시적으로 진술했다. 요한복음 14-16장에는 이런 의미가 더 확실하게 드러난다. 고별 메시지에서 예수님은 "내가 아버지께로"(요 16:10) 가면 보혜사 성령을 보낼 것이라고 말씀하셨다. 그리고 "내가 떠나가지 아니하면 보혜사가 너희에게로 오시지 아니할 것"(요 16:7)이라고 하셨다. 이것은 '예수님의 떠나심', 즉 '아버지께로 가심'이 성령이 오시는 데 선취되어야 할 필수 조건이란 말이다.

2) 개역한글판과 새번역성경에는 "성령을 선물로"라고 되어 있다. 이것은 믿음(회개)과 세례와 성령받음이 하나로 엮어져 있다는 사실을 뒷받침해 주는 번역이다. 즉, 회개하여 예수님의 이름으로 세례를 받고 죄사함을 받으면 동시에 성령을 선물로 받는다는 것이다.

3) John Calvin, *Calvin's Commentaries on the Acts of the Apostles*, v. XVIII (Grand Rapids: Baker, 1984), p. 331.

4) 성령 세례를 주장하는 이들은 바울의 성령 체험도 2차적으로 성령을 받은 예로 든다. 사도행전 9장에 기록된 말씀에 의하면 바울이 다메섹 도상에서 주님을 만난 후 3일 후에 아나니아가 그를 찾아가 안수하니 성령으로 충만했다고 하였다(행 9:17-19 참조). 그러나 바울이 예루살렘에 올라가 유대인들 앞에서 자신의 개종에 대해 진술하면서 아나니아가 자신을 찾아와 이렇게 말했다고 전한다. "이제는 왜 주저하느냐. 일어나 주의 이름을 불러 세례를 받고 너의 죄를 씻으라"(행 22:16). 여기서 확실하게 드러나는 것은 아나니아의 말대로 바울이 주의 이름을 불러 세례를 받고 죄 사함을 받을 때 이와 동시에 성령으로 충만하였다는 점이다. 이 사건에서도 믿음(회개)과 세례와 성령받음이 하나로 연결되어 있다. 아주 정상적인 패턴에 속한 성령 체험이다. 바울의 회심은 다메섹에서 주님을 만난 후 아나니아에게 세례를 받을 때까지 3일에 걸쳐 일어난 사건으로 볼 수 있다. 회심은 단회적인 사건이지만 꼭 찰나적으로 완성되는 사건으로만 볼 수 없다. 대개 성령의 조명을 받아 죄를 자각하고 회개하여 믿음을 갖기까지 어느 정도의 시간이 걸릴 수 있다. 이런 점에서 하나님을 우리 시간의 노예로 만들 수 없다.

5) 성령으로 세례를 받는다는 표현이 신약 성경에 7번 등장하는데 각 복음서에 한 번씩 그리고 사도행전에 두 번, 바울 서신에 한 번 나타난다(마 3:11; 막 1:8; 눅

3:16; 요 1:33; 행 1:5, 11:16; 고전 12:13 참조).
6) 빌 헐, p. 178.
7) A. B. Simpson, *When the Comforter Came* (Harrisburg: Wingspread Pub), Fifth day.

6장 오순절로 돌아가는 길

1) E. Stanley Jones, *Abundant Living* (Nashville: Abingdon, 1970), p. 153.
2) 제씨 펜 루이스, 「십자가의 도」, 채대광 역 (서울: 좋은씨앗, 2008), p. 50.
3) A. W. Tozer, *The Tozer Pulpit Vol. 2* (Harrisburg: Christian Pub., 1968), p. 73.
4) A. W. 토저, 「홀리 스피리트」, 이용복 역 (서울: 규장, 2006), p. 101.
5) 신약 성경, 특히 바울 서신이 증거하고 있는 신자의 삶은 근본적으로 그리스도와 함께 다시 살리심을 받은 삶, 곧 부활의 삶이다. 그리스도인의 삶은 예수님의 부활에 근거하고 있다. 예수님의 부활은 미래에 임할 신자의 부활의 보증이 될 뿐 아니라 현재의 신자의 삶, 하나님께 대해 다시 사는 부활의 삶의 바탕이 된다. 그리스도인의 육체의 부활은 마지막 때에 이루어진다. 그러나 그리스도인은 이미 그리스도와 함께 다시 살리심을 받음으로 이 땅 위에서 부활의 능력과 생명을 누리게 되었다. 신약 성경은 이 부활의 이미 실현된 면을 부활의 아직 미완성된 측면과 함께 조화롭게 강조하고 있다. 바울 사도는 하나님이 허물과 죄로 죽은 우리를 다시 살리셨다고 선언한다(엡 2:1, 6 참조). 그러므로 "너희가 그리스도와 함께 다시 살리심을 받았으면 위의 것을 찾으라"(골 3:1)고 권면하고 있다. 우리를 그리스도와 함께 다시 살리신 것은 우리로 선한 일 가운데서 행하게 하시기 위함이라고 하였다(엡 2:10 참조). 로마서 6장에서 바울 사도는 이 진리를 좀더 논리적으로 설명하고 있다. 우리가 예수님을 믿어 세례를 받음으로 예수님의 죽으심과 부활에 연합하게 되어 죄에 대해 죽고 하나님께 대해 다시 살게 되었다는 것이다(롬 6:1-5 참조). 예수님의 부활의 중요한 목적과 결과는 우리를 그리스도와 함께 다시 살리셔서 "새 생명 가운데서 행하게 하려"(롬 6:4) 하심이다. 그리스도와 함께 부활한 것이 신자의 새로운 삶의 성격을 결정짓는 근본적인 요소다.
6) '성령 충만'이라는 말의 의미를 구약적 배경을 통해 이해할 필요가 있다. '충만'이라는 표현은 우선적으로 성전과 깊은 연관성이 있다. 구약의 성막과 성전에 하나님의 임재를 상징하는 구름이 가득했다는 말씀이(출 40:34-35; 왕상 8:10-11; 대하 5:13-14, 7:1-2; 겔 10:4, 43:5, 44:4; 학 2:7 참조) 에베소서에서 바울 사도

가 성령으로 충만하라고 한 말씀의 배경을 형성한다. 바울은 교회를 새로운 성전으로 이해하고(엡 2:21-22 참조) 구약 성전에 하나님의 영광이 가득했던 것같이 새로운 성전인 교회에 하나님의 성령이 충만해야 한다고 말하였다(엡 5:18 참조).

더 나아가 바울은 에스겔이 환상에서 본 성전에서 생명수가 흘러나오듯이 새로운 성전인 교회로부터 성령의 생수가 흘러넘쳐 온누리를 적시고 만물을 충만하게 하는 비전을 제시하였다. 여기서 '충만'이라는 단어는 '가득 채워짐'을 뜻할 뿐 아니라 '흘러넘침'이라는 의미도 내포하고 있다. 이런 문자적인 의미에서 성령 충만이란 개인과 교회 안에 성령의 임재와 능력과 영향력이 가득하여 흘러넘침을 뜻한다.

바울은 교회가 성령 충만한 성전일 뿐 아니라 교회 안의 각 개인의 몸도 성전으로서 성령으로 충만해야 한다고 말했다. 성령이 거하시는 성전인 몸을 음행으로 더럽히지 말아야 하며(고전 6:18-19 참조) 술에 취하게 하지 말라고 하였다. 성령으로 충만한 것이 술 취함과 비교된 데에서 그 비유적 의미가 내포되어 있다. 술에 취하면 알코올의 영향과 지배를 받는 것처럼, 성령으로 충만하면 성령의 강력한 영향력에 압도된다. 그러므로 성령 충만이란 말은 성령이 가득할 뿐만이 아니라 성령에 의해 '주관되다'는 의미로 사용되었다.

바울은 성령으로 주관되는 삶을 다양하게 묘사했다. "성령을 따라 행하라"(갈 5:16), "성령의 인도함을 받으라"(롬 8:14; 갈 5:18 참조)는 표현을 "성령으로 충만하라"는 말과 비슷한 의미로 사용했다[그 외에도 "성령으로 살라"(갈 5:25상), "성령으로 행하라"(갈 5:25하) 등의 표현이 있다]. 성령 충만이란 말은 이런 용어들이 의미하는 바를 더 효과적으로 부각시키는 강력한 은유적 표현이라고 볼 수 있다[Gordon D. Fee, *God's Empowering Presence* (Peabody: Hendrickson, 1994), p. 721]. 성령이 우리를 인도하실 때 그 충만한 은혜와 능력으로 인도하신다는 것은 너무도 자명한 일이다. 성령 충만이라는 용어는 특별히 우리를 향한 성령의 능력과 은혜의 풍성함을 부각시킨다. 「성령」(서울: 새물결플러스).

7) 박영돈, 「성령충만, 실패한 이들을 위한 은혜」(서울: SFC, 2008), p. 56.

일그러진 성령의 얼굴

초판 발행 2011년 2월 7일
초판13쇄 2025년 8월 20일

지은이 박영돈
펴낸이 정모세

편집 이성민 이혜영 심혜인 설요한 박예찬
디자인 한현아 서린나 | 마케팅 오인표 | 영업·제작 정성운 이은주 조수영
경영지원 이혜선 이은희 | 물류 박세율 정용탁 김대훈

펴낸곳 한국기독학생회출판부 | 등록번호 제2001-000198호(1978.6.1)
주소 04031 서울시 마포구 동교로 156-10
대표 전화 (02) 337-2257 | 팩스 (02) 337-2258
영업 전화 (02) 338-2282 | 팩스 080-915-1515
홈페이지 http://www.ivp.co.kr | 이메일 ivp@ivp.co.kr
ISBN 978-89-328-1230-4

ⓒ 박영돈 2011

책값은 뒤표지에 있습니다.
무단 전재와 복제를 금합니다.